Thomas Behr (Hrsg.)

Aufbruch Pflege

Hintergründe – Analysen –
Entwicklungsperspektiven

1. Ausgabe

Herausgeber
Dr. Thomas Behr
Diakonie Haus Elisabeth gGmbH
Management
Hadamar
Deutschland

ISBN 978-3-658-06720-5   ISBN 978-3-658-06721-2 (eBook)
DOI 10.1007/978-3-658-06721-2

Die Deutsche Nationalbibliothek verzeichnet diese Publikation in der Deutschen Nationalbibliografie; detaillierte bibliografische Daten sind im Internet über http://dnb.d-nb.de abrufbar.

Springer Gabler
© Springer Fachmedien Wiesbaden 2015

Lektorat: Stefanie Brich | Claudia Hasenbalg

Gedruckt auf säurefreiem und chlorfrei gebleichtem Papier

Springer Fachmedien Wiesbaden GmbH ist Teil der Fachverlagsgruppe Springer Science+Business Media
(www.springer.com)

Aufbruch Pflege

Geleitwort

Nicht zuletzt durch die Auswirkungen des demografischen Wandels rücken der Arbeits- und Gesundheitsschutz auch in der (Alten)Pflege immer stärker ins Blickfeld. Die Anzahl der Pflegebedürftigen steigt. Gleichzeitig altern die Beschäftigten in den Pflegeberufen. Und auch insgesamt ändert sich die Situation der Branche. Die rechtlichen und wirtschaftlichen Anforderungen wachsen. Qualitätssicherung bei zunehmendem ökonomischen Druck, Bürokratisierung, Arbeitsbelastung, Personalmangel, würdevolles Pflegen und würdevolles Arbeiten sind nur einige der Stichworte, mit denen sich die Beschäftigten konfrontiert sehen. Dabei ist der Pflegeberuf oftmals physisch ebenso wie psychisch belastend, und zwar auch dann, wenn er als menschlich erfüllend und sinnvoll empfunden wird. Pflegende sind in der Regel hoch motiviert und engagieren sich stark für ihre Aufgabe. Trotzdem erhöhen sich Krankenstände und die Zahl frühzeitiger Berufsausstiege. Hinzu kommt, dass die Vielzahl belastender Faktoren die Bereitschaft potentieller Nachwuchskräfte hemmt, sich für den Pflegeberuf zu entscheiden.

Mit ihrer Kampagne „Aufbruch Pflege" hat die Berufsgenossenschaft für Gesundheitsdienst und Wohlfahrtspflege (BGW) bereits 2006 eine öffentliche Diskussion über gesundheitliche Belastungen insbesondere in der Altenpflege angestoßen, die noch immer höchst aktuell ist und die sich seitdem ständig weiterentwickelt hat. Zusammen mit Partnern aus Ministerien und Parteien, Pflegeeinrichtungen und Pflegeorganisationen, Fach- und Berufsverbänden, Wohlfahrtsverbänden, Sozialpartnern und Sozialversicherungsträgern arbeitet die BGW daran, dass sich aus dieser Kampagne ein breites Aktionsbündnis für bessere Arbeitsbedingungen in der Pflege bildet. Um Pflegende zu entlasten, sind Personalmindeststandards im Pflegebereich sowie eine Begrenzung von Dokumentationspflichten und Bürokratie notwendig. Neben einer Reform der Pflegeausbildung ist eine Aufwertung des Berufs geboten.

Auch die Bundesregierung sieht diese Notwendigkeiten, wie der aktuelle Koalitionsvertrag zeigt. Unter anderem will sie die Pflegebedürftigkeit besser anerkennen, um die Situation der Pflegebedürftigen und Angehörigen, aber auch derer, die in der Pflege arbeiten, zu verbessern. Dazu strebt sie an, den neuen Pflegebedürftigkeitsbegriff auf der Grundlage der Empfehlungen des Expertenbeirates in dieser Legislaturperiode so schnell wie möglich einzuführen, damit insbesondere Menschen mit Demenzerkrankungen bessere und passgenauere Leistungen erhalten. Bis zur Umsetzung des neuen Pflegebedürftigkeitsbegriffs will sie zügig vor allem die schon bestehenden
Betreuungsleistungen weiter ausbauen und auf alle Pflegebedürftigen ausdehnen.

Eine von der BGW berufene Expertenkommission, besetzt mit Fachleuten aus den unterschiedlichen Bereichen der Sozialwirtschaft, hat Positionspapiere zu unterschiedlichen Themen erarbeitet, die für die Pflegebranche relevant sind. Vor diesem Hintergrund ist das Buch „Aufbruch Pflege" entstanden. Es enthält reflektierte Experteneinschätzungen zu den Themen Altenpflegeausbildung und Integrierte Versorgung sowie Empfehlungen

zur Refokussierung auf den Kernprozess Pflege, zur Entbürokratisierung der Pflegedokumentation, zu psychischer Gesundheit und zu einem nationalen Aktionsplan. Neben
wissenschaftlichen Ergebnissen stehen aktuelle, umfassende Recherchen und authentische
Interviews.

Führungs- und Leitungskräfte in Organisationen, Betrieben und Verbänden der Altenhilfe und -pflege erhalten hier Impulse zum Nach- und Weiterdenken über Veränderungsprozesse in ihren jeweiligen Verantwortungsbereichen und darüber hinaus.

Studierende und Interessenten gewinnen einen gut recherchierten und aktuellen Ein-
blick in die wichtigsten Themen der Pflegebranche.

Betriebe und Einrichtungen können das Buch zudem als Arbeitsmittel nutzen, das sie
bei der Organisation und Implementierung von Maßnahmen zum Gesundheitsschutz der
Beschäftigten in der Pflege auch langfristig kompetent begleitet.

Empfehlenswert ist die Lektüre für alle, die sich mit dem Thema Pflege und der aktuellen Situation und Diskussion um die Pflegebranche umfassend auseinandersetzen möch-
ten.

Hamburg, im August 2014
Prof. Dr. Stephan Brandenburg, Hautgeschäftsführer der Berufsgenossenschaft für Gesundheitsdienste und Wohlfahrtspflege

Vorwort

Für die Entstehung dieses Werkes gilt mein Dank der Berufsgenossenschaft für Gesundheitsdienste und Wohlfahrtspflege, in besonderer Weise Herrn Bjørn Kähler für die Bereitschaft den Projektgedanken so engagiert und wohlwollend aufzunehmen und umzusetzen. Dank gilt den Experten, die seit 2006 in der Expertenkommission tätig waren und sich trotz vielfältiger Belastung bereitwillig und engagiert an diesem Buchprojekt mit ihren Expertisen beteiligt haben. Ein besonderer Dank gilt Frau Kathrin-Rika Freifrau von Hirschberg, ohne deren Arbeit die Positionspapiere nicht in der Form hätten erscheinen können. Dank auch an Frau Sabrina Reinhart für die abschließende Fertigstellung der Manuskripte.

Puchheim, im August 2014   Dr. Thomas Behr

Inhalt

Die Autoren

Prof. Dr. phil. habil. Thomas Bals
Professor für „Berufspädagogik" im Fachbereich Kultur- und Erziehungswissenschaften an der Universität Osnabrück

Dr. phil. Thomas Behr
Vorstand und Geschäftsführer in der Diakonie Fürstenfeldbruck

Dr. h. c. Jürgen Gohde
Vorsitzender des Kuratoriums Deutsche Altershilfe (KDA), Vorsitzender des Beirats zur Überprüfung des Pflegebedürftigkeitsbegriffs

Kathrin-Rika Freifrau von Hirschberg
Dipl.-Soziologin, Dresden

Rolf Höfert
Geschäftsführer – Deutscher Pflegeverband (DPV) e.V., Experte für Pflegerecht

Michael Huneke
Geschäftsführer – Deutscher Berufsverband für Pflegeberufe (DBfK) Nordwest e.V.

Bjørn Kähler
Moderation – Koordination und Projektmanagement: Berufsgenossenschaft für Gesundheitsdienst und Wohlfahrtspflege – BGW

Prof. Dr. phil. Bernd Reuschenbach
Professor für Gerontologische Pflege an der Katholischen Stiftungsfachhochschule München

Claudia Stiller-Wüsten
Pädagogikreferentin: Berufsgenossenschaft für Gesundheitsdienst und Wohlfahrtspflege – BGW

Teil A

Einleitung

Aufbruch Pflege? Philosophischer Versuch einer Annäherung an das Faktische

Thomas Behr

Im Jahre 2006 initiierte die BGW die Kampagne „Aufbruch Pflege" mit dem Ziel, die Situation der Pflegekräfte in der Altenhilfe in Deutschland zu thematisieren und zu verbessern. Die im Zuge dieser Kampagne ins Leben gerufene Expertenkommission hat in den Folgejahren im Versuch des proaktiven Denkens als Think Tank wichtige Themen der Altenhilfe bearbeitet und in fünf Positionspapieren zu den Themen Altenpflegeausbildung, Integrierte Versorgung, Refokussierung auf den Kernprozess Pflege, Nationaler Aktionsplan und als Ergebnis des Wartburg Symposiums 2014 ein Papier zur Entbürokratisierung der Öffentlichkeit zugänglich gemacht

In diesem ersten Teil soll sich der Situation auf eine eher philosophisch- fragende und mögliche „Aber man muss doch realpolitisch denken"-Bedingtheiten übergehende Form genähert werden, ehe die Betrachtung der Experten das Faktische in den Fokus nimmt und das Faktische der Daten ausführlich dargestellt wird (v. Hirschberg) und in Interviews eine Erhellung erfährt (Kähler / Behr)

Wer aufbricht, hat in aller Regel einen Grund dazu. Häufig ist ein gegenwärtiger Ort oder eine aktuelle Lage Anlass, diese in die Zukunft gerichtet aufbrechend zu verändern. Aufbrüche verheißen Neues, zukünftig Mögliches, neues an Chancen und Gestaltungsmöglichkeiten. In jedem Falle bricht nur auf, wem ein Verharren nicht mehr lohnend erscheint oder möglich ist. Unterstellt wird in aller Regel der Aufbruch in die bessere Zukunft. Wer aufbricht, hat am besten ein Ziel, ob der Aufbruch erfolgreich war, weiß er erst bei Erreichung des Zieles.

Sieht man die Entwicklung in der Altenpflege in Deutschland seit 2006, so kann mit Gewissheit gesagt werden, dass sich die Problemlagen der Branche in den Jahren seit 2006 nicht verringert haben. Die Risiken und Probleme u. a. durch den demografischen Wandel, den eklatanten Mangel an Fachkräften, Finanzierungsproblematiken, unklare Ausbildungsregelungen, eine sich ausweitende Bürokratisierung und Verregelung und somit eine Zunahme an Komplexität in allen Sektoren haben sich jährlich potenziert und dies weitaus schneller als es angemessene Lösungen der Situation im Sinne der betroffenen Pflegebedürftigen und deren Pflegekräfte ergeben konnte.

Es scheint, dass eine wirksame Problemlösungsfähigkeit im politischen Bereich und im System der Altenhilfe deutlich schwächer entwickelt ist als die Dynamik und die Kraft der Problemerzeugung.

Die Probleme entwickeln sich dynamisch, die Lösungsversuche sind in aller Regel reaktiv und haben erst Wirkung, wenn sich schon längst neue Probleme aufgetan haben.

Woran mag das liegen?

Es liegt vielleicht an der Unterschiedlichkeit der vielen Lösungs- und Gestaltungsaufbrüche, die es in unterschiedliche Richtungen und mit sehr unterschiedlichen Interessenlagen in der Vergangenheit im System der Altenhilfe seit Einführung der Pflegeversicherung gegeben hat. Schwer zu sagen, wer da die richtige und verlässliche Orientierung hatte. Um es in einer Beschreibung des amerikanischen Psychoanalytikers R.D. Laing zu sagen, weiß man es in der Betrachtung vom Erdboden her eben nicht genau, ob in der großen Flugformation am Himmel die richtige Richtung verortet ist oder nicht doch bei den ein, zwei Abweichlern. Man dürfe nie annehmen, eine Gruppe sei auf Kurs, nur weil sie formiert ist, und „Wenn die Formation selbst vom Kurs abgekommen ist, muss, wer wirklich Kurs halten will, die Formation verlassen.[4]" Man kann sich täuschen. Vielleicht war der formierte Aufbruch in die Pflegeversicherung ein Fehler... Vielleicht deuten auch die vielen gesetzlichen Änderungen und Ergänzungen mit ihren zunehmend unverständlicheren Bezeichnungen auf etwas nicht eben ausreichend Eindeutiges und Klares in der Gesetzeslage hin. Andererseits gab es in diesem System zudem Aufbrüche von Akteuren mit ausgesprochen klaren Zielen und Interessenlagen.

Die, die in der praktischen Tätigkeit der Hilfe und Pflege den Sinn Ihrer Arbeit schöpfen, die Pflegekräfte in der Altenhilfe, sie scheinen in der Art ihres Tuns in großer Zahl eher nicht aufgebrochen zu sein. In Auslegung der Formulierung des Philosophen Peter Sloterdijk über den Mündungsbereich des Lebens scheinen sie in eben diesem Mündungsbereich, also dort wo zum Ende des Lebens der Pflegebedürftigen ein stetiger Umgang mit Sterben und Tod den Alltag ausmacht, in ihrer Sinngebung so selbstverständlich sicher stehen geblieben zu sein, weil es keine Aufbruchsnotwendigkeit in andere Optimierungswellen gibt, wo das Ende der zu Pflegenden naht. Zum besseren Verständnis das etwas längere Zitat: „Ich erinnere an die berühmte Metapher von Thomas Hobbes, nach der das Leben ein Wettrennen bedeutet: Ständig überholt zu werden ist Unglück, ständig andere zu überholen ist Glück, sagt der Philosoph. Für diejenigen hingegen, die im Mündungsbereich stehen, hören das Überholen und das Überholtwerden auf, weil solche Bewegungen nur am Anfang einer Optimierungsreihe sinnvoll sind und sie ihren Zweck verlieren, wenn man die Lösung gefunden hat. Macht man dann immer noch weiter, ist man einer bloßen Gewohnheit zum Opfer gefallen [8]. "[1]

Viele der in der Altenpflege Tätigen scheinen trotz der vielen Neuerungen in ihrer Grundhaltung stehengeblieben, wo man vor Einführung der Pflegeversicherung schon

---

[1] Vgl. Bundesministerium für Gesundheit 2014: „So würde auf Basis einer dauerhaft konstanten altersspezifischen Pflegewahrscheinlichkeit die Zahl der Pflegebedürftigen in der sozialen Pflegeversicherung auf 3,22 Millionen im Jahr 2030 bzw. 4,23 Millionen im Jahr 2050 steigen. Bereits heute leben in Deutschland rund 2,54 Millionen Pflegebedürftige (Stand: 2012)" [12].

zu Hause war. Im guten Bewusstsein, das helfend und sorgend Richtige zu tun. Während im Treiben vor den Mündungsbereichen die Notwendigkeit des Überholens und Nicht-Überholtwerdens das Handeln der Akteure bestimmt ist dies im Mündungsbereich des Lebens, dem Bereich des Umgangs mit Pflegebedürftigkeit, Sterben und Tod nicht mehr notwendig. Die Praxis in der Pflege scheint hier in ihrem zentralen handlungsleitenden Sinnkonstrukt im Handeln kompetent und gut aufgehoben zu sein, weil durch die Klarheit des Standpunktes, der Haltung ein Aufbruch nicht sinnleitend war und vermutlich nie sein braucht.

Sie sind stehen geblieben und wurden überholt von dem durch die Pflegeversicherung ausgelösten Aufbruch in die ökonomisch-technokratische Durchnormung der praktischen Pflege mittels einer Einführung von durchgerasterten und geldwerthinterlegten und in Personalbedarfsplanungen umzurechnenden Zeittaktungen in Stufen der Pflegebedürftigkeit. Das war wohl der Aufbruch, das Diktat des Wirtschaftlichen Imperativs, der so prägend für die Entwicklung sein sollte. Begleitet wurde er vom Aufbruch der inhaltlichen Technokraten (zum Begriff des Technokraten wird verwiesen auf Pitcher [6]), die zunächst den pflegebedürftigen Menschen in Existenzsegmente aufgliederte und die notwendigen Verrichtungen in der Handlungsgestaltung über den Weg der Qualitätssicherung standardisierte.

Die anderen, die sich gegenseitig beständig überholen wollenden Erfinder neuer Verordnungen, und Standardisierungen, Prüfer, allgemeine Experten, Experten verwiesen schaftlicher Ausdifferenzierungen, Produkte und Dienstleistungsanbieter, Verbandsfunktionäre, sie alle halten sich für unabdingbar im Betrieb der Altenhilfe, propagieren in ähnlichen Gesinnungsmeldungen ihren Willen zur Qualitätssicherung (zum Begriff auch Höhmann [3]) und evidenzbasierten Qualitätsentwicklung und tragen durch ihr ungeregeltes Zusammenwirken zu den beklagenswerten das gesunde Maß überschreitenden Prozessen und Situationen bei, die am Ende alle wiederum beklagen. N. Elias hat das in seinem Werk „Über den Prozess der Zivilisation" in der Verursachung eindrücklich beschrieben: „Pläne und Handlungen, emotionale und rationale Regungen der einzelnen Menschen greifen beständig freundlich und feindlich ineinander. Die fundamentale Verflechtung der einzelnen menschlichen Pläne und Handlungen kann Wandlungen und Gestaltungen herbeiführen, die kein einzelner Mensch geplant und geschaffen hat. Aus ihr, aus der Interdependenz der Menschen, ergibt sich eine Ordnung von ganz spezifischer Art, eine Ordnung, die zwingender und stärker ist als Wille und Vernunft, die sie bilden.[2]"

Letztlich schwer zu beeinflussen sind diese Dynamiken, weil das zielführende Interesse der Akteure immer die Erhaltung der eigenen Profession, der Ausbau des Wirkbereiches des eigenen Subsystems ist. In der Systemtheorie wird hier von der Selbstreferenz und Autopoesie sozialer Systeme gesprochen.

Dass dies so ist und ein wesentlicher Grund für die problematische Situation in der Altenhilfe ist, mag natürlich niemand so gerne zugeben.

Es scheint, das die Interessenlagen all derer, die nicht direkt die praktische Pflege und Betreuung sichern, das Geschehen im System der Altenhilfe zunehmend dominieren, wenn nicht gar beherrschen. Sie fliegen in der Formation und bestimmen die Richtung der scheinbaren Notwendigkeiten, die wenigen, aus der Formation ausgebrochenen Abweichler sind die Verirrten, die offenkundig die Wendigkeiten der Not in der Altenhilfe, aber nicht die Gesetzmäßigkeiten der dominierenden Formation l erkannt haben.

In der öffentlichen Formation wird das Themenfeld der Altenhilfe leider in den Medien fortlaufend skandalisiert. Man könnte mit Sloterdijk vermuten, dass es zum Funktionieren einer Gesellschaft notwendig ist, einer sorgeninduzierten Stressgemeinschaft auf diese Weise ihre Identität zu sichern. „Tatsächlich ist der psychopolitische Großkörper, den wir Gesellschaft nennen, nichts anderes als eine von medial induzierten Streß - Themen in Schwingung versetzte Sorgengemeinschaft [7]." Das Thema Altern in Heimen eignet sich offenkundig gut, für derlei sorgenmachende Inszenierungen.

Die Wirklichkeit in den so skandalisierten Heimen wird tatsächlich ohne jede öffentliche Skandalisierung in eine Übermacht der Qualitätssicherungsmechanik hineingezwängt, die die von fachlicher Fürsorge und menschlicher Anteilnahme geprägte Wirklichkeit in der Pflege in ein „Dasein in der Theorie" hinein zu zwingen scheint. Der Philosoph Emil Cioran beschreibt dies für Daseinsentwicklungen, in denen das Bewusstsein überhandnimmt „Das Bewußtsein ist überall hin eingedrungen und sitzt nun im Mark. So lebt auch der Mensch nicht mehr im Dasein selbst, sondern in der Daseinstheorie„ [1]. Eben dies könnte man als die bedenkliche Entwicklung in der Altenhilfe erkennen, in der sich in einem fulminanten Aufbruch eine machtvolle Theorieebene etablieren konnte, die mit der praktischen Pflegewirklichkeit größere Kontaktprobleme hat und offenkundig eben nicht die vom alten Menschen gewünschte Qualität vermitteln kann und der Sinnfundierung der Pflegenden hinderlich entgegen steht. Genau an diesem Punkt hat möglicherweise der Mangel an Pflegekräften in der öffentlichen Skandalisierung durch die Medien und durch die standardisierte Technokratisierung der Pflegewirklichkeit ihre wahren Ursachen.

Irrtümliche Aufbrüche produzieren nicht selten falsche Flugrichtungen und die in der Formation gelandeten entdecken möglicherweise zu spät, dass die Verheißungen und vermeintlichen Fortschritte die Antriebskräfte der Selbstzerstörung sind „...das war die suggestivste Idee der älteren kritischen Theorie. Sie ging von der Beobachtung aus, daß die Intelligenz sich in der Richtung irren kann und Selbstzerstörung mit Selbsterhaltung verwechselt" [8]."

Möglicherweise werden wir dies über die Entwicklung in der Altenhilfe sagen müssen, wenn wir gemerkt haben, das zugunsten ökonomischer Interessen der Schutz des Ethischen im Bereich des Alt- und Pflegebedürftigwerdens geopfert wurde, die Technokratisierung und Standardisierung des Praktischen in diesem Sorgebereich die helfende Grundhaltung aufzulösen droht und diese Situation zu viele Pflegekräfte in die Spreizung zwischen einer inneren moralischen Werte- und Handlungsausrichtung und einer systemisch vermittelten wirtschaftlichen Zeittaktung des Handelns gebracht hat, was klassisch in ein krankmachendes Dilemma der doppelten Bindung führen musste. Besorgniserregend ist der kürzlich von einem Vertreter einer Gesundheitskasse gesagte Satz: die Pflege wird kranker!

Die offenkundige Krise der Altenhilfe birgt eine Chance, wenn man erkennt, das auf der letzten Strecke fehlgeleiteter Aufbrüche die Krise erscheint: „Sie ist die einzige Instanz, die genügend Autorität besitzt, um uns zu veranlassen, unser Leben zu ändern. Unser Ausgangspunkt ist eine niederschmetternde, offenkundige Wahrheit: So können wir nicht weiter machen" [10]. Dies sagt der Philosoph Sloterdijk über den Zustand unserer Gesellschaft. Die Altenpflege ist ein bedeutsamer Teil dieser Gesellschaft.

Die Chance liegt zunächst im Eingeständnis der Krise, der Tatsache, vor Jahren in die falsche Richtung aufgebrochen zu sein, von falschen Führern vom guten Ausgangsort weg. Denn der Ausgangsort im Mündungsbereich verlangte nicht diese Art von Aufbruch in die Maßlosigkeit von Ökonomie und Technokratie. Die Menge macht Gift, das wusste schon Paracelsus. Übermaß schadet.

Was wir im Mündungsbereich des Lebens benötigen, ist die Priorisierung der Gestaltungskraft des Ethisch-moralischen im Alltäglichen vor der Regulierungsmacht des Technokratischen und Wirtschaftlichen. Wir müssen wieder einfacher und entschiedener praktisch werden im sorgenden Tun. Dann werden auch wieder viel mehr (jüngere) Menschen in diesem Arbeitsfeld arbeiten wollen und das demografiebedingte Pflegekräfteproblem beheben.

Dieses Einfacherwerden könnte auch eine Antwort und Lösung sein auf die von Sloterdijk beschriebenen großen gesellschaftlichen Problematiken des Hiatus (Schichtlücke), „wonach die Summe der Freisetzungen von Energien im Zivilisationsprozess regelmäßig die Leistungsfähigkeit kultivierender Kräfte übersteigt" [11]. Auf die Altenhilfe übersetzt heißt dies schlicht: es wird im System mehr an gesetzlicher, theoretischer, fachlicher und sachlicher Masse produziert, als die im System Tätigen bewältigen und beherrschen können.

Ein probates Mittel wäre eine systematische „ Müllabfuhr" , d. h. die konsequente Trennung von allem Überflussigen, so wie es F. Malik für gutes und wirksames Management beschreibt [5] und ein neuer Aufbruch, der eine Rückkehr und Rückbesinnung sein kann auf klare und einfache Sorge, Fürsorge, Dasein und Mitsein für und mit allen denen, die im Mündungsbereich ihres Lebens angekommen sind. Kein Wachstumsmarkt unter dem Diktat von Ökonomie, sondern ein Ort /Zeitraum für notwendige Fachlichkeit und Wirtschaftlichkeit bei größtmöglicher Zeit für die Begleitung in der letzten Phase der verbleibenden Lebenszeit.

Was es nicht geben darf, ist, in der Ahnung des Irrtümlichen den Weg fortsetzen, der offenkundig nicht zielführend ist. Besser für all die, die der Obhut, der Pflege und Betreuung auch zukünftig bedürfen, jetzt innezuhalten und neu aufzubrechen oder zumindest entschieden die Flugrichtung zu ändern. „Die moderne Welt wird sich als eine Zeit erweisen, in der die Wünsche durch ihr Wahrwerden das Fürchten lehren" [11]. Dies ist die gegenwärtig schlimmste Vision für die Entwicklung der Altenpflege. Sie darf so nicht wahr werden. Ein Beitrag für einen neuen Aufbruch soll dieses Buch sein.

1.1 Literatur

[1] Cioran, E.: Lehre vom Zerfall. 7. Auflage, Klett-Cotta, Stuttgart 2010

[2] Elias, N.: Über den Prozess der Zivilisation, Soziogenetische und psychogenetische Untersuchungen. Band 2. Suhrkamp-Verlag, Berlin 1979.

[3] Höhmann, U.: Ambivalente Folgen des Qualitätsentwicklungsaktivismus in Einrichtungen der stat. Altenhilfe. Pflegen (2/3):13-14, 2009

[4] Laing, R. D.: Phänomenologie der Erfahrung. Suhrkamp-Verlag, Frankfurt am Main 1969

[5]   Malik, F.: Führen, Leisten, Leben. Wirksames Management für eine neue Zeit. Campus Verlag, New York, Frankfurt 2006.

[6]   Pitcher, P.: Das Führungsdrama: Künstler, Handwerker und Technokraten im Management. Klett-Cotta 2008.

[7]   Sloterdijk, P.: Streß und Freiheit. Edition Suhrkamp, Berlin 2012

[8]   Sloterdijk, P.: Das heilige Feuer der Unzufriedenheit. Peter Sloterdijk über den Fortschritt. In: Sloterdijk, P. Ausgewählte Übertreibungen. Gespräche und Interviews. Suhrkamp-Verlag, Berlin 2013 (a)

[9]   Sloterdijk, P.: Auch ein Gott kann uns nicht retten. In: Sloterdijk, P. Ausgewählte Übertreibungen. Gespräche und Interviews. Suhrkamp-Verlag, Berlin 2013 (b)

[10]   Sloterdijk, P.: Gibt es einen Ausweg aus der Krise der Abendländischen Kultur? In: Sloterdijk, P. Ausgewählte Übertreibungen. Gespräche und Interviews. Suhrkamp-Verlag, Berlin 2013 (c)

[11]   Sloterdijk, P.: Die schrecklichen Kinder der Neuzeit. Suhrkamp-Verlag, Frankfurt am Main 2014

Von der Strategie vorausgreifenden Denkens - Die Arbeit des Think Tank seit 2006

Bjørn Kähler

Anfang 2006 startete die Berufsgenossenschaft für Gesundheitsdienst und Wohlfahrtspflege (BGW) die Kampagne „Aufbruch Pflege" mit einem zentralen Anliegen: Politik und Altenpflegeeinrichtungen sollen sich stärker dafür einsetzen, dass die in der Pflege tätigen Menschen in ihrem Beruf langfristig gesund und motiviert bleiben. Hintergrund dieser Forderung sind die oft schwierigen Rahmenbedingungen in Pflegeheimen und bei Pflegediensten.

Viele Altenpflegeeinrichtungen befinden sich in einem Dilemma, das sich spürbar auf die Qualität der Pflege auswirken kann: Fachkräfte fallen aufgrund hoher physischer und psychischer Arbeitsbelastungen häufig wegen Krankheit aus und geben deswegen oft sogar frühzeitig ihren Beruf auf. Die entstehenden Personallücken müssen in der Regel mit Aushilfskräften geschlossen werden – aus finanziellen Gründen und weil der berufliche Nachwuchs zunehmend ausbleibt. Letzteres liegt zum einen am Geburtenrückgang und zum anderen am schlechten Image des Pflegeberufs. Den Beschäftigten in der Pflege fehlen vielfach Perspektiven für ihre berufliche Weiterentwicklung. Hinzu kommt, dass ihre Arbeit häufig eher schlecht bezahlt wird. Dabei leisten Pflegende einen wertvollen Beitrag zur Erfüllung einer gesellschaftlichen Aufgabe, die angesichts der demografischen Entwicklung immer herausfordernder wird. Bis zum Jahr 2030 steigt die Zahl der Pflegebedürftigen in der sozialen Pflegeversicherung voraussichtlich auf 3,22 Millionen; bis 2050 voraussichtlich auf 4,23 Millionen Menschen. Bereits heute leben in Deutschland rund 2,54 Millionen Pflegebedürftige[1].

Eine gute, professionelle, menschliche und effiziente Pflege ist nur mit gesunden Pflegekräften möglich. Die Kampagne „Aufbruch Pflege" hat für alle betroffenen Beteiligten aus der Pflegebranche ein Forum geschaffen und fördert den Austausch von Informationen

---

[1] Vgl. Bundesministerium für Gesundheit 2014: „So würde auf Basis einer dauerhaft konstanten altersspezifischen Pflegewahrscheinlichkeit die Zahl der Pflegebedürftigen in der sozialen Pflegeversicherung auf 3,22 Millionen im Jahr 2030 bzw. 4,23 Millionen im Jahr 2050 steigen. Bereits heute leben in Deutschland rund 2,54 Millionen Pflegebedürftige (Stand: 2012)" [2].

und Standpunkten. Als Initiatorin bringt die BGW dabei ihre Kompetenz als Branchenkennerin und Beraterin ein.

Bereits seit etwa 2005 befasst sich die Berufsgenossenschaft mit der Problematik des Demografischen Wandels und einer alter(n)sgerechten Arbeitsgestaltung, zunächst vor allem in der Pflege.

Mit einem Vorwort von Bundeskanzlerin Dr. Angela Merkel erschien 2007 der zweite Pflegereport der BGW [1], der die Auswirkungen des demografischen Wandels auf die Beschäftigten in der Altenpflege analysiert. Die Problematik ist mehrdimensional: Sie umfasst nicht nur die unaufhaltsam steigende Zahl älterer, insbesondere auch hochaltriger Menschen und als direkte Folge davon einen zunehmenden Bedarf an pflegerischer Versorgung und Personal. Sie umfasst ebenso die Tatsache, dass es auch immer mehr ältere Pflegekräfte geben wird. Der berufliche Nachwuchs fehlt, die Belegschaften altern. Die wachsenden Anforderungen der Arbeitswelt von morgen und übermorgen müssen also von weniger Fachpersonal und von immer älteren Beschäftigten bewältigt werden.

Angesichts dieser schwierigen Perspektiven für die Branche gründete die BGW ebenfalls 2007 die „Expertenkommission Pflege", in der sich von der Berufsgenossenschaft benannte Experten und Expertinnen in Form einer „Denkwerkstatt" (englisch „Think Tank") mit relevanten aktuellen und zukünftigen Fragestellungen innerhalb der Pflege beschäftigen. Nicht zuletzt soll die Kommission der BGW eine Stimme zu aktuellen Themen und Lageeinschätzungen in der Altenpflege verleihen.

Neben BGW-Mitarbeitern gehören die im Folgenden genannten Journalisten, Politiker und Verbandsvertreter der „Expertenkommission Pflege" an:

Prof. Dr. phil. habil. Thomas Bals
Professor für „Berufspädagogik" im Fachbereich Kultur- und Erziehungswissenschaften an der Universität Osnabrück

Dr. Thomas Behr
Vorstand und Geschäftsführer in der Diakonie Fürstenfeldbruck

Gerd Dielmann
Bereichsleiter Berufspolitik, ver.di - Vereinte Dienstleistungsgewerkschaft, Bundesverwaltung

Dr. Jürgen Gohde
Vorsitzender des Kuratoriums Deutsche Altershilfe (KDA), Vorsitzender des Beirats zur Überprüfung des Pflegebedürftigkeitsbegriffs

Rolf Höfert
Geschäftsführer – Deutscher Pflegeverband (DPV) e.V.

Michael Huneke
Geschäftsführer – Deutscher Berufsverband für Pflegeberufe (DBfK) Nordwest e.V.

Bjørn Kähler
Moderation - Koordination und Projektmanagement: Berufsgenossenschaft für Gesundheitsdienst und Wohlfahrtspflege – BGW

Stefan Neumann
Chefredakteur Verlagsbereich Altenhilfe, Vincentz Network

Petra Selg
Landesvorsitzende – Bündnis 90/DIE GRÜNEN Baden-Württemberg

Claudia Stiller-Wüsten
Pädagogikreferentin: Berufsgenossenschaft für Gesundheitsdienst und Wohlfahrtspflege – BGW

Kathrin-Rika Freifrau von Hirschberg
Dipl.-Soziologin, Dresden

Die Arbeiten der genannten Experten wurden zuweilen ergänzt von weiteren Experten-
runden und Unterstützern, die jeweils aufgrund ihrer ausgewiesenen Expertise einbezogen werden konnten.

Die Expertenkommission bezog im Rahmen ihrer Tätigkeit Position zu konkreten Fragen und Problemen im Bezug auf gesundheitserhaltende Arbeitsplätze in Altenpflegeeinrichtungen. Sie erarbeitete bisher bereits eine Reihe von klaren, vorausschauenden Empfehlungen und Bewertungen, die sie schließlich an die politisch Gestaltenden adressierte.

Sie ist nach wie vor die einzige Kommission, die sich mit Veränderungsprozessen und
deren Auswirkungen auf *die in der Pflege arbeitenden Menschen* – beschäftigt. Vergleichbare andere Gremien widmen sich eher pflegerischen oder medizinischen Themen, un-
ternehmerischen Fragestellungen oder verbandspolitischen Diskussionen. Die BGW stellt
den Rahmen für die Arbeit der Kommission und ihr eigenes Know-how zur Verfügung.

Die *Ausbildung zur Altenpflege* in ihrer länderhoheitlichen Struktur steht seit Jahren
auf der Agenda vieler Gremien, Kongresse und Reformbemühungen. Deshalb hat sich die
Denkwerkstatt diesem Thema als erstes gewidmet und klare Empfehlungen zur Reformierung ausgesprochen. Ebenso wurde sich der Frage zugewandt, warum die Pflege eigentlich in den Konzepten und in der Umsetzung der *Integrierten Versorgung* praktisch nicht
vorkommt bzw. welche Gründe hierfür vorliegen. Allen Ortes wird beklagt, dass der Pflege
die eigentliche Kernkompetenz aus dem Blick geraten sei – also widmete sich die Denkwerkstatt der Frage nach einer *Refokussierung auf den Kernprozess Pflege* – wie er erfolgen
sollte, wie er gelingen könnte und wer hierzu seinen Beitrag leisten müsste. Schlussendlich
wurden Empfehlungen ausgesprochen, wie ein neuer *Pflegedeдürftigkeitsbegriff* definiert
und im Zuge eines Nationalen Aktionsplanes erfolgreich in eine Reformierung münden
könnte – unter Einbeziehung u.a. der Pflegekräfte selbst.

In nur wenigen Diskussionsrunden (ca. 3 bis 4 Treffen) konnte in der heterogenen, interdisziplinären Gruppe von Expertinnen und Experten eine ausgewogene und vielschichtige Diskussion geführt werden. Die gewählte *Strategie des Vorausschauenden Denkens*,
das innerhalb von realistischen Zukunftsszenarien Lösungswege und Potentiale aufzeigt,
erfordert eine derartige Vielfalt, eine Freiraum ohne gedankliche Grenzen und eine de-
mokratische Diskussionskultur. Immer wurde eine 360-Grad-Betrachtung vorgenommen,
um alle beteiligten Akteure einzubeziehen, wenngleich es galt den Blick immer wieder
auf die Zielgruppe, der in der Pflege Arbeitenden, zu fokussieren. Weder der Unterneh-
mer, noch die Bewohner der jeweiligen Einrichtungen oder die Beschäftigten der Altenpflege dürfen isoliert betrachtet werden. Das gesamte Unternehmen war das Objekt der
Betrachtung. Nach dem paritätischen Prinzip der Berufsgenossenschaften kommen die
Sozialpartner und Akteure der Branche durch die Diskussion in einen – auf die Zukunft

gerichteten – sozialen Dialog und haben sich damit den aktuellen und künftigen Herausforderungen der Branche gestellt.

Die bisherigen Arbeitsergebnisse der Expertenkommission wurden schließlich der Politik beziehungsweise der Regierung übergeben. Die BGW pflegt seitdem einen regen Austausch beispielsweise mit den Pflegepolitischen Sprechern der Fraktionen, dem Bundesministerium für Gesundheit (BMG) oder dem Bundeministerium für Familie, Senioren, Frauen und Jugend. Sie wird seither bei wichtigen Reformstrebungen einbezogen – wie beispielsweise im Jahre 2013/14 bei der Neuausrichtung der Pflegedokumentation durch die Ombudsfrau für Entbürokratisierung in der Pflege oder bei Reformen durch den Beauftragten der Bundesregierung für die Belange der Patientinnen und Patienten.

Gegenstand des Dialogs mit Politikerinnen und Politikern waren zunächst die im Folgenden genannten Positionspapiere der Expertenkommission Pflege der BGW, die in diesem Buch veröffentlicht werden und an Aktualität nichts eingebüßt haben.

Bislang hat das Expertengremium vier Positionspapiere, eine Bilanz und ein Memorandum erarbeitet:

1. *„Empfehlungen zur Qualitätssteigerung und -sicherung der Altenpflegeausbildung in Deutschland".* In diesem Papier legt die BGW Empfehlungen zu fünf Qualitätsmerkmalen der Altenpflegeausbildung vor, die nach Einschätzung der Kommission dringend erforderlich sind, um die ausbildenden Einrichtungen nachhaltig zu unterstützen und die Qualität der Ausbildung selbst zu fördern.

2. *„Empfehlungen zur Integrierten Versorgung unter Einbezug der Pflege".* Hier nimmt die Kommission Stellung zur Umsetzung der Integrierten Versorgung. Sie empfiehlt, ambulante und stationäre Pflege gleichberechtigt im System der Integrierten Versorgung zu verankern.

3. *„Pflege raus aus dem Abseits – Empfehlungen zu einer Refokussierung auf den Kernprozess der Pflege".* Hier sieht die Expertenkommission im Wiedererlangen der Sinnhaftigkeit pflegerischen Planens und Handelns einen wesentlichen Schlüssel zur Vereinfachung der Pflege und zur Rückbesinnung auf das Eigentliche – den Kernprozess der Pflege.

4. *„Entwicklung und Umsetzung eines Nationalen Aktionsplans Pflege".* Hier geht es um den neuen Pflegebedürftigkeitsbegriff, der in Deutschland eingeführt werden soll. Dieser wird erhebliche Auswirkungen auf die Arbeit der Pflegekräfte haben. Die Expertenkommission Pflege fordert deshalb einen „Nationalen Aktionsplan Pflege" und die aktive Einbeziehung aller Betroffenen in den anstehenden Reformprozess.

5. In der Veröffentlichung *„Entwicklungen und Handlungsbedarfe Positionspapiere I bis IV – eine Bilanz"* richtet sich der Blick auf die Entwicklungen in den durch die Empfehlungen der Expertenkommission aufgezeigten Bereichen der Pflegebranche. Was hat sich getan oder verändert und wo gibt es nach wie vor Handlungsbedarf?

6. Mit dem Memorandum *„Leitlinien zum Schutz, zur Gesunderhaltung und Berufsbindung von Fachkräften in der Pflege"* hat die Expertenkommission entsprechende Leitlinien erarbeitet.

Darüber hinaus hat ein weiterer Expertenkreis im Frühjahr dieses Jahres auf Initiative der BGW eine Einschätzung abgegeben zu *„Psychischen Belastungen und der Rolle der Pflegedokumentation"*. Zusammenfassend kann heute festgestellt werden, wir haben in der Pflege keine Erkenntnisdefizite, wir müssen in Handlung kommen!

2.1 Literatur

[1] Berufsgenossenschaft für Gesundheitsdienst und Wohlfahrtspflege (Hrsg.): Sieht die Pflege bald alt aus? BGW- Pflegereport 2007.

[2] Bundesministerium für Gesundheit: Pflegekräfte, Pflegefachkräftemangel, Beitrag vom 25.04.2014, www.bmg.bund.de

Teil B

Empfehlungen zu einem nationalen Aktionsplan

Begründungshintergrund der BGW

Claudia Stiller Wüsten

Seit 2009 liegt der Bericht zur Umsetzung eines neuen Pflegebedürftigkeitsbegriffes vor. Die dort beschriebenen Umgestaltungen erfordern von den Pflegekräften eine erneute Anpassung ihres Pflegeverständnisses und bringen außerdem Veränderungen in den Pflegeabläufen mit sich. Diese zwei gravierenden Umstellungen haben erhebliche Auswirkung auf die Arbeit der Pflegekräfte. Aus Erfahrungen in der täglichen Beratung und Qualifizierung von Unternehmern und Beschäftigten in der Pflege, weiß die BGW, welchen massiven Herausforderungen sich diese Branche in den letzten 20 Jahren gestellt hat. Damit Reformen gelingen, muss neben der Weiterentwicklung der Pflege auch die Verbesserung der Arbeitsbedingungen berücksichtigt werden. Die Arbeitszufriedenheit, die Gesundheit und die Berufsidentifizierung sind wesentliche Parameter, die sowohl die Umsetzung neuer Konzepte als auch den notwendigen langfristigen Berufsverbleib sichern. Eine Umfrage der BGW hat ergeben, dass Pflegekräfte „reformskeptisch" sind, und erwarten, dass sie bei der Umsetzung rechtzeitig und qualifiziert unterstützt werden [10]. Diese Aspekte nimmt der *Nationale Aktionsplan Pflege* auf.

Positionspapier: Nationaler Aktionsplan Pflege – Entwicklung und Umsetzung

3

Thomas Bals, Thomas Behr, Gerd Dielmann, Jürgen Gohde, Kathrin-Rika Freifrau von Hirschberg, Rolf Höfert, Michael Huneke, Bjørn Kähler, Stefan Neumann, Petra Selg, Claudia Stiller-Wüsten

„Jeder Mensch hat uneingeschränkten Anspruch auf Respektierung seiner Würde und Einzigartigkeit. Menschen, die Hilfe und Pflege benötigen, haben die gleichen Rechte wie alle anderen Menschen und dürfen in ihrer besonderen Lebenssituation in keiner Weise benachteiligt werden. Da sie sich häufig nicht selbst vertreten können, tragen Staat und Gesellschaft eine besondere Verantwortung für den Schutz der Menschenwürde hilfe- und pflegebedürftiger Menschen"[13].

Die bundesdeutsche Gesellschaft befindet sich inmitten umfassender sozialer und gesundheits-politischer Veränderungsprozesse. Der demografische Wandel ist nicht erst seit heute in aller Munde. Der Anstieg der Zahl pflegebedürftiger Menschen und die damit verbundene Erhöhung des Bedarfs an ambulanter und stationärer Versorgung sind keine vagen Prognosen mehr, sondern Tatsachen. Deren massive Auswirkungen auf und deren Herausforderungen für die pflegerischen Infrastrukturen sowie deren nachhaltige Finanzierung bei begrenzten Ressourcen sind die logischen Folgen dieser Entwicklungen.

Mit der Erarbeitung einer Neudefinition des Pflegebedürftigkeitsbegriffs [15] etabliert sich Pflege – begrüßenswerterweise – endlich als zentrales gesellschafts- und sozialpolitisches Thema und leitet so zunächst eine erste Überprüfungsphase im Rahmen einer umfassenden Reform des Pflegebereichs ein. Diese sollte – im Vorfeld und auf Basis der „Charta der Rechte hilfe- und pflegebedürftiger Menschen" [13] – Anstoß für „(…) *einen breit gefächerten Praxisaustausch um die Ausgestaltung würdevoller Pflege (…)*" [13] sein.

Durch die Aufgabe der Defizitorientierung und die gleichzeitige Hinwendung zur „Selbstständigkeit" als Maßstab zur Erfassung von Pflegebedürftigkeit, werden tradierte Denkmuster vom Verständnis des Pflegebedarfs und seiner Bemessung ebenso verlassen, wie die vom bisherigen Verrichtungsbezug und seinen Routinen geprägten Arbeitsabläufe der Pflegekräfte. Es wäre demnach zu kurz gegriffen, ginge man davon aus, dass es sich bei der anstehenden Veränderung lediglich um die Neufassung einer Begrifflichkeit und ihrer gesetzlichen Verankerung handeln würde. Die Auswirkungen eines neuen Pflegebedürftigkeitsbegriffs werden multidimensional sein. Sie betreffen nicht nur gesetzlich zu schaffende Rahmenbedingungen, Leistungssysteme und -rechte sowie Finanzierungsmodalitäten, sie beeinflussen auch die Anforderungen und Handlungsgrundlagen der Leistungserbringer sowie aller Akteure in der Pflege – informell wie professionell.

Man kann die anstehende Pflegereform also als einen gesellschaftlichen Wandel bezeichnen, dessen Einflüsse und Auswirkungen als Chance gesehen und genutzt werden sollten. Dies kann nur gelingen, wenn man ihm vorbereitet, durchdacht, gerecht und unter Beteiligung aller von ihm Betroffenen begegnet, also proaktiv handelt und nicht „nur" reagiert.

Die entsprechende Aufforderung zu einer aktiven Handlungsorientierung an die Akteure der Pflege findet sich bereits in der „Charta der Rechte für hilfe- und pflegebedürftige Menschen":

„Sie appelliert an Pflegende, Ärztinnen, Ärzte und alle Personen, die sich von Berufs wegen oder als sozial Engagierte für das Wohl pflege- und hilfebedürftiger Menschen einsetzen. Dazu gehören auch Betreiber von ambulanten Diensten, stationären und teilstationären Einrichtungen sowie Verantwortliche in Kommunen, Kranken- und Pflegekassen, privaten Versicherungsunternehmen, Wohlfahrtsverbänden und anderen Organisationen im Gesundheits- und Sozialwesen. Sie alle sollen ihr Handeln an der Charta ausrichten. Ebenso sind die politischen Instanzen auf allen Ebenen sowie die Leistungsträger aufgerufen, die notwendigen Rahmenbedingungen zur Gewährleistung der hier beschriebenen Rechte, insbesondere auch die finanziellen Voraussetzungen, weiterzuentwickeln und sicherzustellen [13]."

Auf eben dieser Grundlage sollte ein „Nationaler Aktionsplan Pflege" in Form eines Maßnahmenkatalogs für alle die Pflege betreffenden Ebenen und Akteure entwickelt und umgesetzt werden, um den Paradigmenwechsel vorzubereiten, ihn mitzugestalten und – im Sinne pflege- und hilfebedürftiger Menschen – erfolgreich zu bestehen.

Die Berufsgenossenschaft für Gesundheitsdienst und Wohlfahrtspflege – BGW ist die gesetzliche Unfallversicherung für nichtstaatliche Einrichtungen im Gesundheitsdienst und in der Wohlfahrtspflege. Als Teil des deutschen Sozialversicherungssystems ist sie eine Körperschaft des öffentlichen Rechts und für mehr als eine Million versicherter Arbeitnehmer (2008) in der Pflegebranche zuständig. Die BGW greift – unter anderem im Rahmen der langfristig angelegten Initiative „Aufbruch Pflege" – bereits seit 2006 aktuelle und wichtige Fragestellungen, insbesondere im Hinblick auf die steigende Zahl pflegebedürftiger Menschen und der damit wachsenden Anforderungen und Belastungen ihrer Versicherten, auf.

In diesem Kontext wurde eine Expertenkommission gebildet, deren Zielsetzung darin besteht, den Dialog zwischen politisch Gestaltenden und Akteuren der Pflege zu fördern, um impulsgebende Empfehlungen zu formulieren und damit Veränderungsprozesse zu definieren und anzustoßen, und um nutzbringende öffentliche wie politische Aufmerksamkeit zu schaffen.

Nach der Schwerpunktsetzung auf die Qualitätssteigerung und -sicherung in der Altenpflegeausbildung [5], der Umsetzung der Integrierten Versorgung unter Einbezug der Pflege [6] sowie der Refokussierung auf den Kernprozess der Pflege [7] legt diese in ihrem vierten Positionspapier nun „Forderungen zur Entwicklung und Umsetzung eines Nationalen Aktionsplans Pflege" vor.

Die Bedeutung der Multidimensionalität der bevorstehenden Pflegereform und die Notwendigkeit ihrer aktiven inter- wie intraprofessionellen Mitgestaltung zu verinnerlichen, ist nach Ansicht der Expertenkommission die wichtigste Voraussetzung, um diese Prozesse mithilfe eines Nationalen Aktionsplans als Chance zu begreifen und mit Erfolg zu nutzen.

3.1   Forderungen der Expertenkommission

- Pflege muss als gesamtgesellschaftliche Aufgabe gedacht, begriffen und praktiziert werden.

- Gute Pflege muss finanzierbar bleiben. Das Risiko der Pflegebedürftigkeit muss solidarisch abgesichert werden.

- Nationaler Aktionsplan Pflege: Schaffung von Rahmenbedingungen und Strukturen sowie Entwicklung und Umsetzung von unterstützenden Maßnahmen auf allen die Pflege betreffenden Ebenen – von der Legislative über Leistungsträger und Bildungsinstitutionen bis hin zur operativen Ebene der Beschäftigten – um den Wandel in der Pflege aktiv und erfolgreich gestalten zu können.

- Einrichtung eines Beirats als Moderations- und Partizipationsebene zur Vorbereitung und Begleitung der Implementierung des neuen Pflegebedürftigkeitsbegriffs; unter Nutzung vorhandener Strukturen.

- Nationaler Pflegebericht: regelmäßige, kennzahlenorientierte und systematische Erhebungen zur Abbildung der Situation in der Pflege und ihren Berufen und zur Bedarfseinschätzung.

- Implementierung eines Berufsgesetzes Pflege mit klarer Aufgabenstellung und Verantwortung, als Plattform für das Selbstverständnis der Pflegeberufe sowie zur notwendigen Stärkung ihrer Autonomie und Selbstständigkeit im Kontext mit anderen Leistungserbringern und dem Ehrenamt.

- Durchführung einer Bildungsoffensive: Implementierung eines flexiblen modularisierten Ausbildungssystems auf generalisierter Basis sowie eines gestuften Qualifizierungssystems im Sinne des lebenslangen Lernens.

- Fokussierung auf den Kernprozess der Pflege, welcher von der ursprünglichen Sinnhaftigkeit – der Pflege von Mensch zu Mensch – geprägt ist und Fachlichkeit und Sozialkompetenz in gleichem Maße miteinander verbindet [5].

- (Mit-) Gestaltung und Etablierung einer Pflegekultur, die, auf den Werten Selbstständigkeit und Freiheit basierend, Orientierung und Transparenz für Pflegebedürftige und

Pflegende schafft, sichtbarer Ausdruck eines gelebten sinnhaften Pflegeverständnisses ist und die die Anerkennung und Wertschätzung des Berufsbildes fördert.

- Aufforderung an alle Akteure des Pflege- und Gesundheitswesens handlungsorientierte Initiative zu zeigen, dabei alte Routinen zu überwinden und das Neue zielgerichtet, nachhaltig und motiviert umzusetzen, eine (lernende) Pflegekultur aktiv mitzugestalten und am Ausbau einer interdisziplinären Informations- und Kommunikationskultur mitzuwirken.

Zielsetzung des Reformprozesses muss es dabei sein, die Handlungsgrundlagen für eine sinnhafte, individuelle, bedarfsgerechte und qualitativ hochwertige Pflege für alle am Pflegeprozess Beteiligten zu entwickeln und zu etablieren. Hierfür ist es notwendig sowohl die Anforderungen und Bedürfnisse des Kernprozesses der Pflege als auch jene der Pflegefachkräfte in das Zentrum der Strategieentwicklung zur Vorbereitung auf den Reformprozess zu stellen [5].

Erst durch die Mitwirkung aller Akteure – auf dem Feld der Pflege wie auf dessen angrenzenden Bereichen – in den Reformprozess, kann die Pflegeinfrastruktur im Rahmen einer beteiligungsorientierten Seniorenpolitik sinnvoll und nutzerorientiert weiterentwickelt werden und somit klarstellen, dass „gute Pflege" auch vor dem Hintergrund der demografischen Entwicklung sowohl realisierbar als auch finanzierbar sein kann.

Ausgangslage – Anstehender Paradigmenwechsel in der Pflege
Der im SGB XI bisher verankerte Begriff der Pflegebedürftigkeit und das hierauf basierende Begutachtungsverfahren wurden von der Pflegewissenschaft bereits seit der Einführung der Pflegeversicherung als zu verrichtungsbezogen, ungerecht und zu einseitig somatisch kritisiert.

Vor diesem Hintergrund hat die Bundesregierung einen Beirat zur Überarbeitung dieses Pflegebedürftigkeitsbegriffs einberufen. Anfang 2009 legte dieser seinen Abschlussbericht zur Neudefinition vor, welche nunmehr nicht mehr nur körperliche Beeinträchtigungen und den Hilfebedarf bei Alltagsverrichtungen in den Mittelpunkt stellt, sondern zudem auch psychische und kognitive Verhaltensauffälligkeiten berücksichtigt. Durch eine ganzheitliche Sicht des Menschen soll jede einseitige Dominanz von Beeinträchtigungen vermieden werden [16]. Diese Definition erfordert „(…) Strategien, die Selbständigkeit zu erhalten, die Aufmerksamkeit auf vorhandene Ressourcen zu lenken und damit das Entstehen oder die Verschlimmerung von Pflegebedürftigkeit so lange wie möglich zu vermeiden" [16].

Das neue Begutachtungsverfahren arbeitet nicht mehr mit dem Maßstab „Defizit" sondern mit dem der „Selbstständigkeit" und berücksichtigt alle wesentlichen Aspekte der Pflegebedürftigkeit. Damit wird es den alltäglichen Problemen und Erfahrungen der Betroffenen, insbesondere der Situation von Menschen mit geistiger und psychischer Beeinträchtigung sowie von kranken oder behinderten Kindern besser gerecht [16].

Im Rahmen einer Umsetzungsstudie hat der Beirat zudem mögliche Strategien und konkrete Umsetzungsschritte bei der Einführung eines neuen Pflegebedürftigkeitsbegriffs sowie eines neuen Begutachtungsverfahrens in das SGB XI geprüft. Ziele der Umsetzung [16] sind dabei vor allem die Förderung der ambulanten und wohnortnahen Versorgung, die Sicherung der Vernetzung von ambulanten und stationären Leistungen, die Stärkung der Infrastruktur aus Leistungen der gesetzlichen Pflegeversicherung (zum Beispiel durch den Ausbau der Pflegeberatung) sowie sozialräumlicher Orientierung, ein besseres Zusammenwirken der Sozialleistungssysteme sowie eine stärkere Personenorientierung.

3.1.1 Konsequenzen des neuen Pflegebedürftigkeitsbegriffs für die Pflegewissenschaft und -branche

Die Umsetzung des neuen Pflegebedürftigkeitsbegriffs wird somit einen umfassenden Paradigmenwechsel zur Folge haben, der sich auch maßgeblich auf die Arbeitsweise und -abläufe der professionell Pflegenden auswirken wird. „Der beschriebene Paradigmenwechsel von der Maßgeblichkeit des Umfangs des Pflegebedarfs zur Feststellung des Grades der Beeinträchtigung der Selbständigkeit zwingt zur Aufgabe tradierter Denkmuster" [15].

Trotz umfassender Überprüfungen im Umsetzungsbericht sind jedoch die Fragen nach den möglichen Konsequenzen für die Pflegebranche, wegen der noch fehlenden politischen Festlegungen und Umsetzungsziele, ungeklärt [16].

Gerade in Bereichen der Pflegeabläufe, der Kompetenzen, der Ausbildungscurricula sowie des Pflegeverständnisses selbst, ergeben sich Anpassungsnotwendigkeiten, für die entsprechende Umsetzungshilfen dringend erforderlich werden. Nur dann können die dargelegten, positiven Auswirkungen des neuen Pflegebedürftigkeitsbegriffs erreicht und die Umsetzung des neuen Pflegeverständnisses durch die professionell Pflegenden gewährleistet werden. Hierzu müssen diese aber im Vorfeld „an die Hand genommen", informiert, angeleitet und autorisiert werden. Dabei gilt es, Neuregelungen nicht von „außen" an sie weiterzugeben, sondern den Dialog mit ihnen zu nutzen, um vorbereitende Maßnahmen für sie und damit für die professionelle Pflege zu entwickeln.

3.1.2 Neues Pflegeverständnis als Chance nutzen

Die anstehenden grundlegenden Veränderungen in der Pflegestruktur sind für die Branche und ihre Beschäftigten durchaus als eine Chance zu sehen, die Selbstständigkeit von Menschen mit Pflegebedarf durch den Einsatz des ganzen Spektrums pflegerischer Unterstützungs- und Betreuungsangebote zu fördern, die Aufgaben und Arbeitsabläufe entsprechend neu zu strukturieren und/oder zu optimieren sowie motiviert durch diese Effekte eine umfassende, die Profession leitende, Pflege-Kultur zu revitalisieren.

Die generelle Zielsetzung der Forderungen ist es, die Pflegebranche und ihre Beschäftigten durch diesen Veränderungsprozess zu begleiten. Hierfür sollte ein nationaler Aktionsplan entwickelt werden, der nicht nur den Struktur- sondern auch den Kulturwandel der Branche unterstützt.

3.2   Forderungen

3.2.1 An den Gesetzgeber

- Forcierung der rechtlichen Implementierung des neudefinierten Pflegebedürftigkeits-begriffs. Schaffung eines einheitlichen Pflegebegriffs in SGB XI und XII.

- Reformierung der Leistungsgesetze auf Grundlage eines Gesamtkonzeptes der Betreu-ung und Versorgung pflegebedürftiger, behinderter und alter Menschen mit sozial-rechtsübergreifender Wirksamkeit.

- Nationaler Aktionsplan Pflege: Schaffung von rechtlichen Rahmenbedingungen und Strukturen sowie Förderung der Entwicklung und Umsetzung von die Pflegereform unterstützenden Maßnahmen auf allen die Pflege betreffenden Ebenen – von der Le-gislative über Leistungsträger und Bildungsinstitutionen bis hin zur operativen Ebene der Beschäftigten.

- Einrichtung eines Beirats zur Evaluation, Vorbereitung und Begleitung der Implemen-tierung des neuen Pflegebedürftigkeitsbegriffs; unter Nutzung vorhandener Strukturen.

- Nationaler Pflegebericht: Schaffung der rechtlich notwendigen Voraussetzungen und Strukturen für regelmäßige, kennzahlenorientierte und systematische Erhebungen zur Abbildung der Situation in Pflege- und Gesundheitsberufen und der Bedarfsein-schätzung.

- Stärkung der Kundensouveränität.

- Schaffung der gesetzlichen Voraussetzungen für bessere Wahlmöglichkeiten zwischen Geld- und Sachleistungen unter Einschluss von trägerübergreifenden Pflege-Budgets und der Förderung neuer Versorgungsformen.

- Schaffung und Umsetzung der rechtlichen Grundlagen für ein Berufsgesetz für Pflege-berufe und der Rahmenbedingungen für eine Bildungsoffensive.

Grundlage der Feststellung der Pflegebedürftigkeit ist nunmehr die Beeinträchtigung der individuellen Selbstständigkeit von Menschen, deren Ausmaß zukünftig den Grad der Ab-hängigkeit von personeller und professioneller Hilfe bestimmt [15]. Ein Ansatz, der auf breiter Ebene begrüßt wurde.

Alte Denkmuster, die vom zeitlich begrenzten Verrichtungsbezug ausgehen und bisher das Verständnis von Pflege prägten, werden mit Einführung des neugefassten Pflegebe-dürftigkeitsbegriffs aufgelöst. Damit vollzieht sich ein Paradigmenwechsel [15].

Ein solch fundamentaler Wandel, der – weit mehr noch als in den vorangegangenen Pflegereformen – Auswirkungen auf die unterschiedlichsten Bereiche von Pflege – von den pflegenden Angehörigen, über Leistungsträger zum -erbringer und -empfänger bis hin zur gesamten Gesellschaft – hat, kann nur gelingen, wenn ihm außer akzeptierten Vorschlägen für eine nachhaltige Finanzierung auch eine eindeutige und streitfreie gesetzliche Struktur zugrunde gelegt wird.

Aufgrund der Multidimensionalität der anstehenden Pflegereform werden unterstützende Maßnahmen sowie eine aktive inter- wie intraprofessionelle Vernetzung und Mitgestaltung unabdingbar. Hierfür sollte ein Nationaler Aktionsplan Pflege mit den entsprechenden flankierenden rechtlichen Rahmenbedingungen und Strukturen implementiert werden.

In diesem Kontext empfiehlt die Expertenkommission die Einrichtung eines Beirats zur Evaluation und Begleitung der Implementierung des Pflegebedürftigkeitsbegriffs; unter Nutzung vorhandener Strukturen.

Im Sinne des Veränderungsmanagements [38] sollte der Beirat als Moderations-, Partizipations- und Multiplikationsebene agieren, notwendige Strategien zum Umgang mit dem Wandel in der Pflegebranche definieren, Veränderungs- und Umsetzungsprozesse begleiten und den Fortschritt evaluieren.

Die begriffliche Fassung von Pflegebedürftigkeit ist im Leistungsrecht der Kranken-, Pflege- und Unfallversicherung für leistungsrechtliche Ansprüche ebenso wie im SGB IX, in der Eingliederungshilfe, der Hilfe zur Pflege sowie im Bundesversorgungsgesetz von Bedeutung [16]. Dies bedingt, dass, mit isolierter Implementierung des neuen Pflegebedürftigkeitsbegriffs, im Hinblick auf die (noch) bestehenden, gesetzlich verankerten Definitionen und Leistungsbezugsgrundlagen zusätzliche Überschneidungsbereiche entstehen.

Der Beirat zur Überprüfung des Pflegebedürftigkeitsbegriffs erkannte diesbezügliche Wechselwirkungen. Insbesondere Leistungen nach dem SGB V, SGB IX, SGB XI sowie dem SGB XII, der „Hilfe zur Pflege", der „Eingliederungshilfe" für Menschen mit Behinderung, der häuslichen Krankenpflege sowie der Altenhilfe sind hiervon betroffen [16][21]. „Mit der Einführung eines neuen Pflegebedürftigkeitsbegriffs ist auch das Verhältnis der Leistungen bei Pflegebedürftigkeit und der Umfang der Gewährung von Eingliederungshilfe neu zu bestimmen, da sich beide Bereiche in weit größerem Maß als bisher überschneiden. Hieraus ergibt sich auch die Notwendigkeit, die Zusammenarbeit zwischen den zuständigen Stellen in der Pflegeversicherung und der Sozialhilfe neu zu gestalten."[1]

Zusammenspiel und Durchlässigkeit der einzelnen Systeme sowie der entsprechenden Leistungen im Sinne der Personenorientierung werden entscheidend dazu beitragen, inwieweit der neue Pflegebedürftigkeitsbegriff die angestrebte Qualität der individuellen Selbstständigkeit und Teilhabe pflegebedürftiger Menschen – und damit auch deren Akzeptanz in der Gesellschaft – fördert.

Somit ist die Lösung der bereits im Beiratsbericht dargelegten rechtlichen Probleme die wichtigste Grundlage sowohl für eine erfolgreiche Implementierung des neuen Pflegebedürftigkeitsbegriffs, die Realisierung der Möglichkeiten des neuen Begutachtungsverfahrens und die individuelle Pflege- und Versorgungsplanung als auch für eine deutlich veränderte Dokumentation, die Verwaltungsvereinfachungen mit sich bringt.

Eine Reform des Pflegebedürftigkeitsbegriffs bedingt folglich auch eine Reform des Leistungs- und Leistungserbringungsrechts (vgl. Kapitel 3.2.2).

Die rechtliche Verankerung eines Pflegebedürftigkeitsbegriffs, der alle Leistungssysteme und Zuständigkeiten der unterschiedlichen Leistungsträger berücksichtigt, bietet diesem, bei Beachtung aller Aspekte der Betreuung, Unterstützung und Versorgung pflegebe-

---

[1] 86. Arbeits- und Sozialministerkonferenz: Beschlussprotokoll: 20.

dürftiger, behinderter und alter Menschen, gegenüber einer sektoralen Betrachtung eine bessere Chance breite Akzeptanz zu finden.

Der Einsatz eines solchen Gesamtkonzeptes wurde anlässlich der 86. Arbeits- und Sozialministerkonferenz (ASMK) von allen MinisterInnen und SenatorInnen für Arbeit und Soziales der Länder als Notwendigkeit gefordert: „Die Einführung eines neuen Pflegebedürftigkeitsbegriffs unterstreicht die Notwendigkeit, an einem Gesamtkonzept für die Unterstützung und Versorgung Pflege bedürftiger und Menschen mit Behinderung zu arbeiten, in das sowohl die Reformimpulse des neuen Pflegebedürftigkeitsbegriffs als auch die ASMK-Vorschläge zur Reform der Eingliederungshilfe einfließen."

Ziel eines solchen Konzeptes sollte es sein, mittels einer Rahmenbeschreibung, die Leistungen für pflegebedürftige, behinderte und alte Menschen besser aufeinander zu beziehen, die Zusammenarbeit zwischen zuständigen Stellen in der Pflegeversicherung und der Sozialhilfe neu sowie die Übergänge zwischen den unterschiedlichen Leistungsbereichen fließend zu gestalten und somit Versorgungslücken zu schließen [19]. Die Ausgestaltung dieser strukturellen Regelungen erfolgt auf der Landes- sowie auf kommunaler Ebene, da diese bereits für die Planungen (wie etwa beim „Heimrecht" oder der „Altenhilfeplanung") zuständig sind.

Erfahrungen aus den unterschiedlichen Modellprojekten [27] haben gezeigt, dass sich der Einsatz eines persönlichen (Pflege-)Budgets in rein monetärer Form positiv auf Pflegearrangements auswirken könnte [26]. In den Modellversuchen konnte ein höheres Versorgungsniveau erreicht [26], der Verbleib in der Häuslichkeit verlängert, Angehörige entlastet [26] und positive Auswirkungen auf den Gesundheitszustand [27] sowie die Lebensqualität der betroffenen pflegebedürftigen Menschen „(…) hinsichtlich des subjektiven Erlebens, der erhöhten Selbstbestimmung als auch hinsichtlich der objektiv verbesserten Teilhabekonstellation (…)" [26] festgestellt werden.

Somit könnte die Flexibilität und Individualität von Pflegeleistungen gesteigert werden. Wie unter den gegebenen Bedingungen bei steigenden Anforderungen eine bedarfsgerechte Versorgung erreicht werden kann, die bezahlbar bleibt, ist offen. Personalwirtschaftliche Fragen haben daher höchste Bedeutung für die Gestaltung von Pflegearrangements, sowohl auf professioneller wie informeller Ebene, als auch bei der Gestaltung von Modellen des Hilfemix.

Die Neufassung des Pflegebedürftigkeitsbegriffs wird sich auch fundamental verändernd auf die Pflegebranche und damit auf ihre Beschäftigten auswirken. In diesem Kontext wird – für alle Akteure der Pflege ebenso wie gesamtgesellschaftlich – die Sensibilisierung für die aktuelle Situation, die Bedürfnisse, Anforderungen und möglichen Problematiken der Pflege- und Gesundheitsberufe zur notwendigen Handlungsvoraussetzung. Um diese jedoch nutzbringend systematisch abbilden, erfassen und analysieren zu können und die hierauf reagierenden Maßnahmen einzuleiten, wird die Implementierung eines Nationalen Pflegeberichts, im Sinne eines regelmäßigen kennzahlenorientierten Monitorings, erforderlich sein.

Ebenso machen die anstehenden Veränderungen eine Bildungsoffensive erforderlich, die zum Ziel haben muss, ein flexibles, modularisiertes Ausbildungssystem auf generalisierter Basis sowie ein, im Sinne des lebenslangen Lernens, gestuftes Qualifizierungssystem zu etablieren. Hierzu bedarf es gesetzlich flankierender Rahmenbedingungen.

Ferner sind die Aufgaben und Verantwortungen der Alten- und Krankenpflege bisher lediglich in den jeweiligen Ausbildungsgesetzen (KrPflG, AltPflG)[2] [21][23] zielführend definiert. Auch die in den einzelnen Bundesländern existierenden Berufsordnungen[3] schaffen nicht den nach wie vor fehlenden bundeseinheitlichen Rahmen berufsrechtlicher Verbindlichkeit.

Vor dem Hintergrund eines anstehenden Paradigmenwechsels in der Pflege wird jedoch ein solches rahmengebendes Gesetz, welches die beruflichen Aufgaben und Ziele, das berufsethische Verständnis von klientenorientierter Pflege sowie die Arbeitsbedingungen und Fortbildungsstrukturen von derzeit 1,2 Millionen Pflegefachkräften regelt, unverzichtbar.

Als Grundlage hierfür könnte das Gesundheits- und Krankenpflegegesetz GuKG für die Republik Österreich[4] herangezogen werden. Dort sind außer den Berufspflichten auch das Berufsbild und die Tätigkeitsbereiche klar definiert. Ergänzend zu den Schwerpunkten des österreichischen Gesetzes wären für ein deutsches Berufsgesetz Pflege allerdings noch die Registrierungs- und Fortbildungsmodalitäten zu regeln.

Die Implementierung sollte zeitnah vorgenommen und durch Pflegekammern oder ähnliche Institutionen der Selbstverwaltung realisiert werden. Nicht zuletzt würde das Berufsgesetz Pflege die Etablierung einer notwendigen und umfassenden Pflegekultur fördern und die Anerkennung des Berufsbilds Pflege steigern.

3.2.2 An die Leistungsträger

- Ausbau der Vernetzung und Kooperation zwischen Leistungsträgern und Leistungserbringern.

- Förderung der „Leistungen aus einer Hand" durch Autorisierung und Implementierung einer auf die neuen Anforderungen und Abläufe passenden unabhängigen, wohnortnahen und trägerüber-greifenden Beratungs- und Qualitätssicherung unter Nutzung vorhandener Strukturen des Case und Care Managements und beispielsweise der Pflegestützpunkte.

- Vernetzung von gesundheitlicher Versorgung und Pflege nach dem GKV Wettbewerbsstärkungs-gesetz und dem SGB XI (Modellversuche nach § 92 SGB XI) mit sozialraumorientierten Konzepten.

- Schaffung entbürokratisierter Vertrags- und Abrechnungsmodalitäten.

---

[2] Gesetz über die Berufe in der Krankenpflege (KrPflG) G. v. 16.07.2003 BGBl. I S. 1442; zuletzt geändert durch Artikel 15 G. v. 28.05.2008 BGBl. I S. 874; Geltung ab 01.01.2004; Gesetz über die Berufe in der Altenpflege (AltPflG), neugefasst durch B. v. 25.08.2003 BGBl. I S. 1690; zuletzt geändert durch Artikel 16 G. v. 28.05.2008 BGBl. I S. 874; Geltung ab 01.08.2003.

[3] Berufsgesetze existieren seit 2005 in Bremen, seit 2007 im Saarland und seit 2009 in Hamburg.

[4] Gesundheits- und Krankenpflegegesetz – GuKG, BGBl. I Nr. 108/1997, zuletzt geändert durch das Bundesgesetz BGBl. I Nr. 101/2008 und die Bundesministeriengesetz-Novelle 2009, BGBl. I Nr. 3.

Mit der rechtlichen Implementierung des neuen Pflegebedürftigkeitsbegriffs ist auch die Chance verbunden, innerhalb der Pflegeversicherung für mehr Leistungsgerechtigkeit zu sorgen [41].

Eine Reform der Pflegeversicherung muss allerdings über eine reine Neudefinition des Begriffs der Pflegebedürftigkeit hinausgehen (vgl. hierzu Kap. 3.2.1). Sie wird nur dann vermittelbar sein und Akzeptanz finden, wenn der Erweiterung des Pflegebedürftigkeitsbegriffs auch entsprechende Leistungen zugeordnet werden. Allerdings darf eine Neuausrichtung von Zuständigkeiten „(…) nicht zu neuen „Verschiebebahnhöfen" unter den beteiligten Leistungsträgern führen (…) [24]."

Durch die Koordination von Leistungsangeboten und Versorgungsstrukturen sowie der gleich-berechtigten Kooperation und Kommunikation der Leistungsträger untereinander und der Schaffung eines qualitätssichernden Prüfungssystems ergeben sich Chancen, um die Kostenentwicklung im Griff zu behalten und die Selbstständigkeit von Pflegebedürftigen zu fördern.

Mit Einführung des neuen Pflegebedürftigkeitsbegriffs ist davon auszugehen, dass das Leistungsrecht zukünftig noch flexibler werden muss, um sich den jeweiligen Bedarfs- und Ressourcenkonstellationen anpassen zu können und pflegebedürftigen Menschen ihre persönliche Wahlfreiheit wohnortnah zu gewährleisten. Dies kann allerdings nur gelingen, wenn die Leistungsträger „Leistungen aus einer Hand" entsprechend akzeptieren und fördern.

In diesem Kontext kommt dem Case und Care Management eine zentrale Rolle zu [6]. Dessen Strukturen eignen sich in besonderer Weise dazu, in einem multipolaren Interessenfeld sowohl auf der Fall- als auch auf der Systemebene zu agieren[26] und so eine Flexibilisierung sowie eine bessere Verzahnung der Leistungen der Pflegeversicherung zu bewirken [27].

Ergebnisse bereits durchgeführter Modellprogramme, wie zum Beispiel „Case und Care Management im Rahmen trägerneutraler Pflegeberatung"[5] [25], haben gezeigt, dass das Case und Care Management in der Lage ist, die notwendige Verbindung zwischen Makro-, Meso- und Mikroebene der Pflege(-abläufe) – also zwischen Gesetzgeber, Pflege- und Krankenkassen, Wohlfahrtsverbänden und Leistungserbringern bis hin zum Leistungsempfänger – her- und sicherzustellen.

Durch den Ausbau des Case und Care Managements – unter Nutzung bereits vorhandener Beratungsstrukturen und Pflegestützpunkte – zu einer klar definierten und trägerübergreifenden Kooperations- und Beratungsinstanz, wird die Koordination der einzelnen Versorgungsbereiche gewährleistet, werden professionelle wie informelle, zivilgesellschaftliche Versorgungsangebote effizient verknüpft und Versorgungsleistungen im Sinne der pflegebedürftigen Menschen sinnvoll erschlossen [6].

„Es dient dem Ziel einer selbstbestimmteren Lebensführung und einer erhöhten Erschließung von Teilhabechancen, auch in der Wahl und Gestaltung einer organisierten Unterstützung [6]." In diesem Zusammenhang spielen verstärkte Wahlmöglichkeiten zwi-

---

[5] GKV-Spitzenverband/Institut für Pflegewissenschaft: Modellprogramm zur Weiterentwicklung der Pflegeversicherung gem. § 8 Abs.3 SGB XI. Modellprojekt „Case und Care Management im Rahmen trägerneutraler Pflegeberatung." Endbericht. Hannover, Januar 2009b.

schen Geld- und Sachleistungen, unter Berücksichtigung der Erfahrungen mit Modellver-suchen Persönlicher Budgets, eine zentrale Rolle.[6]

Im Sinne der Teilhabeorientierung ist zudem eine kundenorientierte Qualitätssiche-rung gefragt [26]. Bisher eingesetzte Verfahren des Case und Care Managements haben gezeigt, dass diese auch erfolgreich als Mittel der Qualitätssicherung eingesetzt werden können.

Zudem wird deutlich, dass die Kontrolle der Leistungsträger und -erbringer, im klas-sischen Rahmen eines Top-Down-Kontraktmanagements der Pflegesicherung, zukünftig nicht mehr passgenau sein wird.

In der Umsetzung des neuen Pflegebedürftigkeitsbegriffs kommt einer vernetzten und entbüro-kratisierten Zusammenarbeit der Leistungsträger und -erbringer sowie transpa-renten Vertrags- und Abrechnungsstrukturen eine zentrale Bedeutung zu. Versorgungs-brüche und Doppelstrukturen können hierdurch vermieden, interprofessionelles Handeln und Hilfemixes gefördert und die Konzentration auf den Kernprozess der Pflege, im Sinne einer kundenorientierten, effizienten und umfassenden Leistungserbringung, ermöglicht werden [7].

Zukünftig wird es insbesondere auch für Leistungsträger wichtig sein, die Grundlagen für mehr Nachhaltigkeit, Bedarfs- und Ergebnisorientierung, Integration sowie Transpa-renz [24] in der gesundheitlichen und pflegerischen Versorgung zu schaffen.

3.2.3 An die Leistungserbringer

- Nutzung der anstehenden Pflegereform als Chance für mehr Professionalität in der Pflege sowie zur Etablierung einer mitarbeiterorientierten Kommunikations- und Pfle-gekultur.

- Fokussierung auf den Kernprozess der Pflege [7].

- Stärkung der sozialräumlichen Vernetzung unter Wahrnehmung zivilgesellschaftlicher Ressourcen.

- Beteiligungsorientierte Prozessgestaltung sowie Unterstützung und Begleitung der professionell Pflegenden durch den Veränderungsprozess. Aktiv praktizierter Wissen-stransfer sowie Vermittlung einer transparenten, verständlich nachvollziehbaren und sinnhaften Handlungsebene sowie von interkultureller Sensibilität und Genderkompe-tenz

und damit

- Aufgabenerweiterung der Führungsebene, hin zu einer sozial unterstützenden, motiva-tionsgebenden, informationsvermittelnden und koordinierenden Instanz mit gelebter Vorbildfunktion, neuem Rollenverständnis und neuer Pflegekultur.

---

[6] Der GKV-Spitzenverband beabsichtigt ab dem 1. April 2010 ein Modellvorhaben zum Thema „Budgets in der sozialen Pflegeversicherung" auf Grundlage des §8 Abs. 3 SGB XI durchführen zu lassen.

- Auswahl und Umsetzung geeigneter Methoden und Strategien einer nachhaltigen und integrativen Organisations- und Personalentwicklung unter Berücksichtigung des Prinzips des gesundheitsheitsfördernden Führens.

- Pflege der personellen Ressourcen und Stärkung der Personalbindung sowie der Positiveinstellung zum wertschöpfenden Beschäftigten.

- Anpassung der Arbeitsaufgaben und -zeiten an die unterschiedlichen Bedürfnislagen der Beschäftigten (wie etwa Personaleinsatzmatrix, (Alters-)Teilzeit oder Wiedereinstiegsmöglichkeiten) sowie Umsetzung einer bedarfsorientierten Gesundheitsförderung.

- Schaffung regelmäßiger und lebensaltersunabhängiger Qualifizierungsmöglichkeiten zur Erhaltung und Erweiterung der Kompetenzen aller Mitarbeiterinnen und Mitarbeiter.

Dem neuen Pflegebedürftigkeitsbegriff und der damit verbundenen Erweiterung individueller Pflegebedürfnisse entsprechend müssen adäquate Versorgungsmöglichkeiten entwickelt und bereitgestellt werden.

Mit der Abwendung vom reinen Verrichtungsbezug werden differenzierte nachfrage- und bedarfsorientierte Pflege- und Beratungsleistungen, Überleitungs- und Demenzmanagement sowie geronto-psychiatrische Aufgaben deutlicher als bisher in das Zentrum des Portfolios der Leistungserbringer und damit pflegerischer Berufspraxis rücken. Eine zentrale Rolle spielen hierbei Bemühungen zur Verbesserung der Situation von Menschen mit Pflegebedarf, die in ihren Alltagskompetenzen beeinträchtigt sind.

Zudem erfordert die Konzentration auf das Prinzip „ambulant vor stationär" eine Neuordnung der Aufgabenverteilung und eine Verstärkung der Kooperation und Koordination zwischen den unterschiedlichen Leistungserbringern. Somit müssen sich die einrichtungsinternen Strukturen und Prozesse, nicht zuletzt auch im Hinblick auf die wirtschaftlich immer wichtiger werdende Kundenorientierung und -bindung, an diesen Anforderungen neu ausrichten.

In diesem Zusammenhang wird deutlich, dass sich mit der Umsetzung des neuen Pflegebedürftigkeitsbegriffs die Chance zur Etablierung einer neuen Pflegekultur ergibt. Gerade Krisen spielen in der Entstehung und Entwicklung von Kulturen eine wichtige Rolle, da „(…) die stärkere emotionale Teilnahme in solchen Perioden die Intensität des Lernens erhöht. Krisen verstärken Ängste und der Abbau von Ängsten stellt eine besonders wirkungsvolle Lernmotivation dar [36]."

Eine neue Pflegekultur, die auf den Grundprinzipien von Sinnhaftigkeit, Verstehbarkeit und Handhabbarkeit beruht, muss allerdings für die Beschäftigten in der Pflege erfahrbar, begreifbar, akzeptierbar und spürbar sein. Nur dann wird sie sich in ihrem Denken und Handeln verankern, zum festen Bestandteil ihrer berufsethischen Auffassung und ihrer täglichen Berufspraxis und damit „gelebt" werden können.

In diesem Entwicklungskontext kommt den Führungsebenen der Pflegeeinrichtungen und -dienste eine entscheidende Rolle als Multiplikator, Vorbild und Coach für die Beschäftigten zu. Wissen und Informationen müssen vermittelt, soziale Unterstützung und Motivation sollten gegeben sowie ein entsprechendes Rollenverständnis vorgelebt werden.

Die anstehende Pflegereform ist auch eine Chance für mehr Professionalität in der Pflege [41], für eine Stärkung der Mitarbeiterbindung und die Pflege personeller Ressourcen. Mit der geeigneten Auswahl und Anwendung entsprechender zielgruppenspezifischer Versorgungs- und zuwendungsorientierter Pflegekonzepte, von Methoden der integrativen Organisations- und Personalentwicklung und des gesundheitsfördernden Führens sowie von bedarfsgerechten Qualifizierungsmaßnahmen, kann diese Chance im Sinne der Pflegebranche und ihrer Beschäftigten effektiv genutzt, können Systembrüche reduziert werden.

Der Erfolg des neuen Pflegebedürftigkeitsbegriffs hängt in der Hauptsache vom Gelingen und Funktionieren seiner Umsetzung ab. Daher wird es von besonderer Wichtigkeit sein, dass Leistungserbringer und ihre jeweilige Managementebene geeignete Rahmenbedingungen zur unterstützenden Begleitung und Anleitung ihrer Beschäftigten etablieren – während und durch die Pflegereform.

Wichtigste Grundlagen der einrichtungsinternen Veränderungsprozesse sind die Einbindung der Beschäftigten (Beteiligungsorientierung) in diese Prozesse sowie die Auswahl und Umsetzung geeigneter Methoden und Strategien einer integrativen und nachhaltigen Organisations- und Personalentwicklung [1][29]. Diese sollten darauf ausgerichtet sein, vorhandene Pflegekonzepte und -modelle in den Kontext neuer Anforderungen zu integrieren und somit eine Balance zwischen Stabilität und Veränderung zu schaffen, die letztlich auch die Unternehmensidentität stärkt.

Weitere Ansatzpunkte sind in diesem Kontext die Anwendung von Wissensvermittlungs- und Motivationskonzepten, die Gestaltung von Pflegeprozessen und kundenorientierten Pflegeleistungen, gesundheitsförderndes Führungsverhalten, die Modifikation von Leitlinien, Handlungsanweisungen und Stellenbeschreibungen sowie das Erschließen von Netzwerken.

Wie Studienergebnisse bestätigen [33][34], wird die Etablierung einer wertschätzenden Informations- und Kommunikationskultur, die den Dialog fördert und fordert, die Identifikation und Motivation der Beschäftigten steigern [39], Arbeitsbelastungen und Konflikte reduzieren sowie die Arbeitszufriedenheit und Gesundheit der Mitarbeiter erhöhen. Letztlich wird sich dies auch positiv auf den „Unternehmenserfolg", im Sinne effektiver, professioneller und guter Pflegeleistungen, auswirken. Die notwendigen Personalentwicklungsmaßnahmen sollten einrichtungsintern bedarfsorientiert geplant, realisiert und evaluiert werden [2].

Im Zentrum aller Aktivitäten sollte die Zielsetzung stehen, die Beschäftigten sozial zu unterstützen und sie durch Vermittlung spezifischer Kompetenzen dazu zu befähigen, ihre Arbeitsaufgaben erfolgreich, gesund und effizient zu bewältigen und sich neuen Herausforderungen motiviert zu stellen. Hierzu bedarf es, außer lebensaltersunabhängiger Qualifikations- und Weiterbildungsmaßnahmen, auch solcher Maßnahmen, die die Arbeitszufriedenheit, die Leistungsbereitschaft und das berufliche Engagement der Pflegekräfte steigern und die sowohl deren Identifikation mit ihren Aufgaben und dem jeweiligen Pflegeunternehmen stärken als auch Kreativität und Innovationsfreudigkeit stimulieren.

Durch die Veränderung des Aufgabenfelds der Pflege und den Anstieg der Anforderungen, insbesondere durch die vorhersehbare Zunahme multimorbider und demenzerkrankter Pflegebedürftiger, werden die physischen und psychischen Belastungen der Fachkräfte zunehmen [4]. Die Gesundheitsförderung der Beschäftigten in der Pflege muss daher als wichtige Führungsaufgabe begriffen und mit geeigneten Maßnahmen umgesetzt werden. Mit der Gesunderhaltung der Mitarbeiterinnen und Mitarbeiter und der damit verbundenen Steigerung ihrer Berufszufriedenheit und -motivation kann der Fluktuation und dem Berufsausstieg entgegengewirkt werden [9].

Beachtung finden muss in diesem Kontext auch der bereits heute festzustellende Anstieg der Altersstruktur bei Beschäftigten in der Pflege.[7] Daher gilt es Maßnahmen einzusetzen, die den Verbleib im Pflegeberuf auch für ältere Beschäftigte ermöglichen und die zugleich deren Arbeitsbewältigungsfähigkeit erhalten [3][8] und/oder ihren beruflichen Wiedereinstieg erleichtern.

Die notwendige Vermittlung neuer Anforderungen und Inhalte, die Verdeutlichung der Sinnhaftigkeit der neuen Pflegestrukturen und -abläufe sowie der Chancen eines Kulturwandels in der Pflege, lässt sich nur dann flächendeckend, nachvollziehbar und transparent gestalten, wenn sie mittels klarer Kommunikationsstrategien erfolgt. Es wird also wichtiger werden, Führungskräften die hierfür notwendigen Kompetenzen dahingehend zu vermitteln, dass sie mit der entsprechenden Wertorientierung als Vorbild und Multiplikator innerhalb der Pflegeunternehmen agieren können.

Es gilt hier, eingebettet in eine angepasste Pflegekultur, neue Zukunftsperspektiven zu vermitteln und dafür das Vertrauen der Beschäftigten zu gewinnen.

3.2.4 An die Pflegekräfte

- Die Umsetzung des neuen Pflegebedürftigkeitsbegriffs als Chance begreifen, selbst aktiv zu werden und nutzen.

- Aktive (Mit-)Gestaltung an der Umsetzung und Etablierung einer neuen, lernenden Pflegekultur.

- Entwicklung und „Leben" eines gemeinsamen Leitbilds (Corporate Identity) mit entsprechenden Werten, Normen und Handlungsmustern sowie einer offenen dialogischen Lernkultur.

- Verstärkung der Bildungs-, Wandlungs- und Toleranzbereitschaft.

- Beteiligung an und Akzeptanz von anstehenden Organisations- und Personalentwicklungsmaßnahmen.

- Ausbau von Mitbestimmungs- und Partizipationsmöglichkeiten und Steigerung der Problemlösungs-, Leistungs- und Erneuerungsfähigkeit innerhalb der Pflegeeinrichtungen und -dienste.

---

[7] Der Anteil über 50-Jähriger in Gesundheitsberufen stieg zwischen 1997 und 2007 von 18,3 Prozent auf 24,8 Prozent. Vgl. Quelle: Bundesministerium für Gesundheit: Sachverständigenrat zur Begutachtung der Entwicklung im Gesundheitswesen 2009a: 43.

[8] Unter Arbeits(bewältigungs)fähigkeit wird die Summe von Faktoren verstanden, die eine Person in einer bestimmten Situation in die Lage versetzt, eine an sie gestellte Aufgabe erfolgreich zu bewältigen [3].

- Mitwirkung an einer wertschätzenden Informations- und Kommunikationskultur.

- Akzeptanz informell Pflegender und ihre sinnvolle Einbindung in Pflegestrukturen und -abläufe sowie Förderung dieser Vernetzung zur gegenseitigen Entlastung (Hilfemix).

- Förderung von Selbstbestimmung und Selbstständigkeit von Menschen mit Pflegebedarf.

Der anstehende Veränderungsprozess in der deutschen Pflegelandschaft erfordert ein konsequentes Umdenken, welches auch für professionelle Pflegekräfte vielschichtige Veränderungen und damit Herausforderungen mit sich bringt.

Besonders bei der Begleitung von Menschen mit Beeinträchtigungen ihrer Alltagskompetenz stehen Beratung und Anleitung von pflegenden Angehörigen, gerontopsychiatrische Kompetenzen sowie unterstützende Strukturen deutlich stärker im Vordergrund als bisher.

Erkennbar höhere Anforderungen werden auch an die individuelle Planungs- und Kooperationsfähigkeit gestellt, um eine zwischenmenschliche pflegerische Beziehung tatsächlich ermöglichen und ein möglichst hohes Maß an Eigenständigkeit und Lebensqualität für die Pflegebedürftigen aufrecht-erhalten zu können [7]. Auf der Grundlage der Werte Selbstständigkeit und Freiheit wird hier die Profession in ihrem ureigenen Verständnis von Pflege angesprochen.

Die Etablierung einer neuen (lernenden) Pflegekultur – mit ihren Grundprinzipien von Sinnhaftigkeit, Verstehbarkeit und Handhabbarkeit – kann in diesem Kontext (vgl. Kap. 3.2.3) nur durch eine aktive (Mit-)Gestaltung durch die Beschäftigten selbst erfolgreich sein und ihnen den nötigen Raum zur Identifikation sowie Stabilität und Rückhalt geben, um in den anstehenden Veränderungsprozessen zu bestehen.

Jeder einzelne in der Pflege Beschäftigte muss dazu beitragen, alte Routinen und Sichtweisen zu überwinden und das Neue zielgerichtet, nachhaltig und motiviert umzusetzen. Denn sie sind es, die „(…) die Hauptrolle bei der Festlegung und Umsetzung von Standards für die Pflegepraxis, das Pflegemanagement, die Pflegeforschung und Pflegebildung" übernehmen [31].

Um die anstehenden Veränderungsprozesse als Chance zu nutzen und erfolgreich zu bestehen, sind die Pflegekräfte aufgefordert, sich nicht als Einzelkämpfer innerhalb des Veränderungsprozesses zu sehen. Dies macht die Bereitschaft zur Vertiefung und Revitalisierung ihrer fachlichen, sozialen und berufsethischen Kompetenzen, ihrer interdisziplinären Kooperationsbereitschaft, Team- und Konfliktfähigkeit sowie ihrer Flexibilität und Ambiguitätstoleranz, die ein Aushalten von Widersprüchen und Mehrdeutigkeiten ermöglicht, erforderlich.

Darüber hinaus wird die Funktionstüchtigkeit der jeweiligen (Pflege-)Teams – geprägt durch gemeinsame Verhaltensnormen und Zielsetzungen, durch Zugehörigkeitsgefühl, wechselseitige Beziehungen und direkte Kommunikation – eine wesentliche Rolle im Etablierungsprozess einer Pflegekultur spielen [35].

Gelingt es innerhalb der jeweiligen Pflegeteams die Balance zwischen der Sach-, Beziehungs- und Organisationsebene herzustellen [37], so können durch Synergieeffekte Aufgaben besser bewältigt, die Identifikation mit einrichtungsinternen Zielen verbessert sowie – durch Partizipation, einen praktizierten kommunikativen Arbeitsstil und funktionierenden Informationsfluss – auftretende Probleme und Konflikte zeitnah gelöst werden. Letztlich kann der individuelle Wunsch nach Anerkennung innerhalb eines solchen Teams besser realisiert werden.

Die Sicherstellung einer adäquaten pflegerischen Versorgung und die erfolgreiche Umsetzung des neuen Pflegebedürftigkeitsbegriffs werden ebenso davon abhängen, inwieweit es gelingt, sowohl das Potenzial informeller Pflege zu stärken als auch ein funktionstüchtiges Zusammenwirken von wohnortnahen professionellen und informellen Hilfen (Quartiersorientierung) zu erreichen [14]. Die Etablierung und flächendeckende Einführung eines strukturierten, qualitätsgesicherten Hilfemixes spielt dabei eine zentrale Rolle.

Eine solche Einbindung der informellen Pflege in professionelle Pflegeabläufe ist bisher kaum realisiert worden. Pflegende Angehörige und ehrenamtlich Pflegende benötigen hier – weitaus mehr als bisher – professionelle Begleitung, Beratung und Unterweisung. Grundvoraussetzung hierfür ist dabei der Ausbau der Akzeptanz seitens professioneller Pflegekräfte und die Förderung einer sinnvollen Integration informeller Unterstützung in Pflegeabläufe.

Die Sicherung der Pflege- und Arbeitsqualität wird zukünftig in entscheidendem Maße von der aktiven Mitwirkung der einzelnen Beschäftigten, dem Commitment in Pflegeteams und vor allem von der erlebten und gelebten Sinnhaftigkeit des eigenen Tuns abhängen. Hierzu ist die Überwindung der häufig zu beobachtenden „Klagekultur" unter Pflegenden anzustreben.

3.2.5 An die Bildungsakteure

- Implementierung eines flexiblen, modularen Ausbildungssystems auf generalisierter Basis für Berufe im Pflege- und Gesundheitsbereich sowie Vereinheitlichung der Berufsbezeichnungen.

- Verstärkung der Praxisorientierung des Curriculums und der Förderung der Persönlichkeits- und Sozialkompetenz sowie Einbindung präventiver, rehabilitativer, gerontopsychiatrischer, palliativer sowie gesundheitsfördernder Module in Aus- und Weiterbildung.

- Etablierung eines gestuften Qualifizierungssystems im Sinne des lebenslangen Lernens, welches ebenso vertikale wie horizontale Karrieren sowie die Vernetzung von Berufsstrukturen und Spezialisierungen ermöglicht und auch ältere Beschäftigte fördert.

- Entwicklung und Umsetzung von bedarfsgerechten Qualifizierungsprogrammen für den semiprofessionellen und informellen Bereich der Pflege.

- Nationaler Pflegebericht: Ermöglichung und Unterstützung umfassender kennzahlenorientierter Erhebungen der Qualifizierungssituation sowie des Bildungs- und Fortbildungsbedarfs in Pflege- und Gesundheitsberufen sowie Förderung der Qualifikationsforschung.

- Anpassung und Vereinheitlichung des Ausbildungsgesetzes.

- Schaffung und Etablierung bundeseinheitlicher Berufsordnungen und Integration dieser im noch zu schaffenden Berufsgesetz.

„Wir wollen ein Berufsbild in der Altenpflege attraktiver gestalten. Darüber hinaus wollen wir die Pflegeberufe in der Ausbildung durch ein neues Berufsgesetz grundlegend modernisieren und zusammenführen [32]."

Die Anforderungen an die professionelle Pflege werden immer komplexer. Anstelle der reinen Kompensation krankheitsbedingter Einschränkungen werden künftig – mit der Umsetzung eines neuen Pflegebedürftigkeitsbegriffs – die Förderung der Gesundheit und Selbstständigkeit sowie die individuelle Begleitung und Beratung pflegebedürftiger Menschen zu den zentralen Aufgaben der Pflege [18]. Dabei werden bisher noch vorhandene Beschränkungen, wie beispielsweise auf bestimmte Altersgruppen, Betreuungsformen und -orte, durchlässig, zum Teil sogar völlig aufgehoben und eine Leistungserweiterung – insbesondere in Bereichen wie dem Umgang mit speziellen Zielgruppen (beispielsweise Demenzerkrankungen oder chronisch-degenerative Krankheitsbilder), der Palliativpflege sowie der Versorgungskoordination – erforderlich.

Menschen mit Pflegebedarf müssen auch zukünftig erwarten können, dass Pflegefachkräfte „(…) entsprechend ihrer Aufgabe ausgebildet, fortgebildet, weitergebildet oder angeleitet sind und die notwendige Qualifikation aufweisen, die Ihrem Bedarf an Unterstützung, Pflege und Behandlung entspricht. Die Methoden und Maßnahmen müssen dem aktuellen Stand medizinischer und pflegerischer Erkenntnisse entsprechen [13]."

Zur Bewältigung dieser komplexen Pflegesituationen in äußerst heterogenen Settings wird jedoch ein Kompetenzprofil benötigt, welches weit über die bisherige Systematik hinausgeht und das spezifisches Wissen sowie neue Berufsbilder erfordert, an die sich Aus- und Fortbildungsinhalte entsprechend anpassen müssen.

„In einer modernen Pflegeausbildung stehen demnach eine Gesundheits-, Personen- und Prozessorientierung im Mittelpunkt, die (–) unabhängig (von) der Systematik nach Altersgruppen (–) Phänomene der Pflege, Pflegekonzepte und die individuelle Betrachtung des Menschen und seiner sozialen Bezüge fokussiert [28]."

Hierzu ist die Durchführung einer Qualifizierungsoffensive unabdingbar, deren Ziel es sein muss, eine flexible modulare Ausbildungsstruktur mit generalisierter Basis sowie ein gestuftes Weiterbildungs-system im Sinne des lebenslangen Lernens zu etablieren. Dieses muss die Innovationsfähigkeit der Pflege – und damit die Fach- und Handlungskompetenz sowie die Persönlichkeits- und Sozialkompetenz der Auszubildenden und Fachkräfte – nachhaltig fördern, vertikale sowie horizontale Karrieren und die Vernetzung von Berufsstrukturen ermöglichen, und damit letztlich auch den Wandel des Pflegeverständnisses maßgeblich unterstützen.

Eine – der gesamten Reformentwicklung kontraproduktiv entgegenwirkende – Entfremdung der professionellen Pflege [30] von ihrer Gestaltungskraft und dem Kernprozess der Pflege [7] im Sinne lebensweltnaher Unterstützungsleistungen und therapeutischer Beziehungsgestaltung, gilt es auch im Hinblick einer Aus-und Weiterbildungsoffensive zu vermeiden. In diesem Kontext begrüßt die Expertenkommission die aktuellen „Empfehlungen zur Weiterentwicklung der Pflegeausbildung", deren Inhalte sie im Wesentlichen teilt [28].

Ergebnisse unterschiedlicher Ausbildungsmodellprojekte bestätigten das Vorhandensein einer großen Schnittmenge bei den unterschiedlichen Pflegeausbildungen, sodass eine Aufhebung der bisherigen Trennung nicht nur sinnvoll sondern auch praktikabel ist [28]. Nach Meinung der Expertenkommission ist ein modularisiertes Ausbildungssystem mit generalisierter Basis am besten dazu geeignet, den aktuellen und künftigen Anforderungen an die Pflegeberufe gerecht zu werden. Dieses schafft eine einheitliche Kompetenz- und Wertgrundlage für das sinnhafte Handeln im Kernprozess einer individuell bedarfsorientierten Pflege und fördert die notwendige Gestaltungskraft und Innovationsfähigkeit der Pflegeprofession.

Mit einer Vereinheitlichung der Berufsbezeichnung wird zudem eine Transparenz und Homogenisierung geschaffen, welche die inter- und intraprofessionelle wie auch die gesamtgesellschaftliche Akzeptanz und Anerkennung der Profession erhöhen kann [28]. Letztlich ist eine Ausbildungsreform ein wichtiger Schritt hinsichtlich der europäischen Angleichung der Pflegequalifikationen und deren gegenseitiger Anerkennung [18].

Im Hinblick auf die Problematik der Nachwuchsgewinnung und des demografischen Effekts, der sich auch auf die Erhöhung des durchschnittlichen Lebensalters der Pflegefachkräfte auswirkt, ist sowohl eine Stabilisierung der Zukunftsfähigkeit als auch eine Attraktivitätssteigerung der Pflegeberufe erforderlich.

Hierzu gehört auch, dass auf der Bildungsebene Möglichkeiten zur professionellen Weiterqualifizierung sowie Maßnahmen und Anreize zum Verbleib im Beruf und zur Erhaltung der Arbeitsbewältigungsfähigkeit erfahrener älterer Beschäftigter geschaffen werden und dass auch „Wiedereinsteigern", durch entsprechende Qualifizierungsmaßnahmen, eine attraktive Wiedereingliederung in den Pflegeberuf ermöglicht wird [8]. Nach Ansicht der Expertenkommission ist ein gestuftes, sich am Konzept des lebenslangen Lernens orientierendes, Qualifizierungssystem, welches vertikale sowie horizontale Karrieren und eine Vernetzung von Berufsstrukturen ermöglicht, in der Lage diese Zielsetzungen sinnvoll und erfolgversprechend zu unterstützen.

Um innerhalb der Pflegeberufe die Voraussetzungen für ein lebenslanges Lernen zu schaffen – mithin zukünftig eine kontinuierliche Anpassung zwischen sich weiter entwickelnden Anforderungen und einer bedarfsgerechten Aus- und Weiterbildung zu gewährleisten – hält die Expertenkommission darüber hinaus eine Förderung der Qualifikationsforschung für äußerst wichtig. Hierzu gehört nicht nur, wie bereits begonnen, die Etablierung von pflegewissenschaftlichen Forschungsinstituten. Ebenso wird, im Sinne der Bedarfsorientierung und Dynamisierung des Theorie-Praxis/Praxis-Theorie-Transfers [28], die Durchführung regelmäßiger kennzahlenorientierter Erhebungen der Qualifizierungssituation sowie des Aus- und Fortbildungsbedarfs in Pflege- und Gesundheitsberufen in Form eines Nationalen Pflegeberichts notwendig. (vgl. Kap. 3.2.1)

Zudem bedarf es nach Ansicht der Expertenkommission eines, dem modularen Ausbildungssystem angepassten, einheitlichen Ausbildungsgesetzes sowie der Integration der Festschreibung berufsethischer Aufgaben und Verantwortungen sowie der zielführenden Definition eines gestuften Qualifikationssystems in einheitlich zu schaffende Berufsordnungen. Diese wiederum sollten im bundeseinheitlichen Rahmen berufsrechtlicher Verbindlichkeit, im notwendigen Berufsgesetz, integrierbar sein.

3.3   Fazit

Die Einführung des neuen Pflegebedürftigkeitsbegriffs ist eine Antwort auf die Auswirkungen des demografischen Wandels und auf finanzielle Herausforderungen, aber vor allem auf die veränderten Einstellungen und Wünsche der Pflegebedürftigen und Pflegenden. Die Wandlungsfähigkeit aller Akteure nimmt daher eine herausragende Stellung bei der Bewältigung dieses Prozesses ein.

Die Reformnotwendigkeiten innerhalb der Pflegebranche haben deshalb eine andere Bedeutung als in der Vergangenheit. Aufbauend auf den Erfahrungen der vorangegangenen Pflegereform müssen nun die Weichen für die zukünftige Struktur der Pflege gestellt werden. Hierin besteht letztlich die besondere Herausforderung: in der Konzeptionierung und Umsetzung von den für die anstehenden Veränderungsprozesse entwickelten Maßnahmen in Form eines Nationalen Aktionsplans Pflege, der auf legislativer, organisationaler, personeller sowie kultureller Ebene die notwendigen Anpassungen und Weiterentwicklungen anleitet und unterstützt.

Ein solcher Prozess kann nur dann Erfolg haben, wenn er teilhabeorientiert gestaltet wird. Als flankierende Maßnahmen werden deshalb die regelmäßige Abbildung der Situation in der Pflege und ihren Berufen sowie die Bedarfseinschätzung mittels systematischer und kennzahlenorientierter Erhebungen in Form eines Nationalen Pflegeberichts notwendig.

Die anstehende Pflegereform sollte auch als Chance genutzt werden, um die Pflegekultur zu reflektieren und sie an neue Bedürfnisse anzupassen. Es kann davon ausgegangen werden, dass eine lebendige und gelebte Pflegekultur die Anpassung an Veränderungsprozesse erleichtert und zudem Einfluss auf das Image des Berufsbilds nach außen und innen hat. Die Pflegenden müssen deshalb selbst zu einer Innovationskraft werden.

Eine Imageverbesserung wäre also durch eine Revitalisierung und Stabilisierung der Pflegekultur und eine Überwindung der häufig zu beobachtenden Klagekultur erreichbar. Damit kann die Attraktivität des Berufs erhöht werden. Diese hat für die personalwirtschaftliche Konstellation der nächsten Jahre erste Priorität. Es wird ersichtlich, dass die Gesamtheit des Wandels nicht nur die Veränderung und/oder Optimierung fachlicher und organisatorischer Abläufe sowie von Strukturen zum Gegenstand dieses Wandels macht. Zu seinen Veränderungsbereichen gehören ebenso die individuellen und beruflichen Qualifikationen, das Rollenverständnis, die Wissensvermittlung, der Ausbau der Selbstverantwortung, zwischenmenschliche Verhaltens- und Kommunikationsmuster sowie die in der Einrichtung vorherrschenden Werte, Normen, Handlungsmuster und Hierarchien.

Letztlich muss das wesentliche Ziel darin bestehen, Pflegeeinrichtungen und -dienste sowie deren Beschäftigte auf den anstehenden Paradigmenwechsel rechtzeitig und umfassend vorzubereiten und zu unterstützen. Eine sich entwickelnde, tragende, wertstarke Pflegekultur kann Unsicherheiten und Orientierungsschwierigkeiten bei den Pflegenden auffangen und abfedern und sie dabei unterstützen, ihren Beruf gesund, mit Freude und qualitativ hochwertig auszuführen.

3.4　Literatur

[1]　Amberger, W.: Integrative Konzepte. IntKon Organisationsentwicklung. Online, o.J. http://www.intkon.de/cms/website.php?id=/de/index/projekte/organisationsentwicklung.htm& sid =283abba9abd9963da34fd1b60ca53870 (Abruf 2010)

[2]　Becker, M.: Personalentwicklung, Bildung, Förderung und Organisationsentwicklung in Theorie und Praxis. 4. aktualisierte und überarbeitete Auflage, Schaeffer-Poeschel, Stuttgart 2005

[3]　Berger, G., Teufel, S., Zimber, A.: Alter(n)sgerechte Arbeitsplätze in der Altenpflege II. Eine Handreichung für Pflegeeinrichtungen. Ergebnisse eines Modellprojektes im Rahmen des EQUALProjektes „Dritt-Sektor-Qualifizierung" in der Altenhilfe in Baden-Württemberg. Kiel, Heidelberg 2005 http://www.equal-altenhilfe.de/files/Arbeitsplatz_Altenhilfe/AP_04/AP_04.pdf (Abruf 2010)

[4]　Berufsgenossenschaft für Gesundheitsdienst und Wohlfahrtspflege – BGW: Gesundheit als Führungsaufgabe. BGW empfiehlt gesundheitsförderndes Führen und gibt Tipps zur Umsetzung. Positionspapier. Hamburg 2009 http://www.bgw-online.de/internet/generator/Inhalt/OnlineInhalt/Medientypen/Fachartikel/ Gesundheitsfoerdernd-fuehren-Positionspapier,property=download.pdf (Abruf 2010)

[5]　Berufsgenossenschaft für Gesundheitsdienst und Wohlfahrtspflege – BGW/ Expertenkommission Pflege: Empfehlungen zur Qualitätssteigerung und -sicherung der Altenpflegeausbildung in Deutschland. Positionspapier. Hamburg 2006 http://www.bgw-online.de/SharedDocs/Downloads/DE/Medientypen/bgw-themen/Expertenkommission_AP_Positionspapier_Download.pdf?__blob=publicationFile (Abruf 29.07.14)

[6]　Berufsgenossenschaft für Gesundheitsdienst und Wohlfahrtspflege – BGW/ Expertenkommission Pflege: Empfehlungen zur Umsetzung der Integrierten Versorgung unter Einbezug der Pflege. Positionspapier. Hamburg 2007 http://www.bgw-online.de/SharedDocs/Downloads/DE/Medientypen/bgw-themen/Expertenkommission_Integrierte_Versorgung_Gesamt.pdf?__blob=publicationFile (Abruf 29.07.14)

[7]　Berufsgenossenschaft für Gesundheitsdienst und Wohlfahrtspflege – BGW/ Expertenkommission Pflege: Pflege raus aus dem Abseits – Empfehlungen zu einer Re-Fokussierung auf den Kernprozess der Pflege. Positionspapier. Hamburg 2009

[8]　Berufsgenossenschaft für Gesundheitsdienst und Wohlfahrtspflege – BGW/ v. Hirschberg, Kathrin-Rika/Kähler, Bjørn/Kromark, Kathrin: Demografischer Wandel und Pflegeberufe. Auf den Spuren Elisabeths von Thüringen. Hamburg 2009

[9]　Berufsgenossenschaft für Gesundheitsdienst und Wohlfahrtspflege – BGW/Zimber, Andreas/ Gregersen, Sabine: „Gesundheitsfördernd führen": eine Pilotstudie in ausgewählten BGW-Mitgliedsbetrieben. Bisherige Entwicklungsschritte mit Testmaterialien. Projektdokumentation. Hamburg 2007 http://www.bgw-online.de/SharedDocs/Downloads/DE/Medientypen/Fachartikel/Projektbericht-Gesundheitsfoe-Fuehren_Download.pdf?__blob=publicationFile (Abruf 29.07.14)

[10]　Berufsgenossenschaft für Gesundheitsdienst und Wohlfahrtspflege - BGW/GPD: Evaluation des Informationsstandes und der Erwartungen sowie Befürchtungen bei Einführung des neuen Pflegebedürftigkeitsbegriffs. 568 Interviews mit Beschäftigten der Pflegebranche. „Altenpflege Kongress 2010" (unveröffentlicht)

[11] Beschlussprotokoll der 86. Konferenz der Ministerinnen und Minister, Senatorinnen und Se-
      natoren für Arbeit und Soziales der Länder. Berchtesgaden, 25./26. November 2009
      http://www.stmas.bayern.de/wir/asmk2009/ergebnis-asmk2009.pdf (Abruf 2010)

[12] Bundesgesetz über Gesundheits- und Krankenpflegeberufe (Gesundheits- und Krankenpfle-
      gegesetz – GuKG) BGBl 1 108/1997 idgF BGBl l 95/1998, BGBl I 65/2002, BGBl I 6/2004,
      BGBl I 69/ 2005 und BGBl I 90/2006 und BGBl I 57/2008 sowie Bundesministeriengesetz-
      Novelle 2009, BGBl I Nr. 3
      http://www.oegkv.at/index.php?id=2986&L=0%20onf
      http://www.oegkv.at/fileadmin/docs/GuKG/GuKG_Novelle2009.pdf (Abruf 2010)

[13] Bundesministerium für Familie, Senioren, Frauen und Jugend/Bundesministerium für Ge-
      sundheit: Charta der Rechte hilfe- und pflegebedürftiger Menschen. 7. Auflage, Berlin 2009
      http://www.bmfsfj.de/RedaktionBMFSFJ/Broschuerenstelle/Pdf-Anlagen/Charta-der-
      Rechte-hilfeund-pflegebed_C3_BCrftiger-Menschen,property=pdf,bereich=bmfs-
      fj,sprache=de,rwb=true.pdf (Abruf 2010)

[14] Bundesministerium für Gesundheit/Sachverständigenrat zur Begutachtung der Entwicklung
      im Gesundheitswesen: Koordination und Integration – Gesundheitsversorgung in einer Ge-
      sellschaft des längeren Lebens. Kurzfassung, Sondergutachtung 2009 (a)
      http://www.htw-saarland.de/Members/robert.rossbruch/aktuelles/gutachten-studien/son-
      dergutachten-des-sachverstandigenrates-2009-kuzfassung (Abruf 2010)

[15] Bundesministerium für Gesundheit (BMG): Bericht des Beirats zur Überprüfung des Pflege-
      bedürftigkeitsbegriffs. 26. Januar 2009 (b)
      http://www.bmg.bund.de/nn_1168300/SharedDocn/Publikationen/DE/Pflege/Neuer
      Pflegebed_C3_BCrtigkcitsbegr,templateId=raw,property–publicationFile.pdf/NeuerP-
      flegebed%C3%BCrtigkeitsbegr.pdf (Abruf 2010)

[16] Bundesministerium für Gesundheit (BMG): Umsetzungsbericht des Beirats zur Überprüfung
      des Pflegebedürftigkeitsbegriffs vom 20. Mai 2009 (c) http://www.bmg.bund.de/cln_179/
      nn_1168248/SharedDocs/Downloads/DE/Pflege/Umset zungsbericht_20Pflegebed_C3_BCr
      tigkeitsbcgriff,templateId=raw,property=publicationFile.pdf/ Umsetzungsbericht%20Pflege-
      bedurtigkeitsbegriff.pdf (Abruf 2010)

[17] Deutscher Bildungsrat für Pflegeberufe: Positionspapier. Es geht voran: neuer Pflegeberuf
      kommt! Aktuelle Studie der Universität Bremen stützt das innovative Konzept „Pflegebildung
      offensiv" des Deutschen Bildungsrates für Pflege berufe (DBR) mit Forschungsergebnissen.
      Berlin, Dezember 2009
      http://www.iap.uni-bremen.de/pdf/2009%2012%2012%20%20DBR_Ein%20neuer%20
      Pflegeberuf%20kommt1.pdf (Abruf 2010)

[18] Deutscher Pflegerat e.V.: Memorandum zur Pflegebildung. Berlin im Mai 2009 http://www.
      deutscherpflegerat.de/dpr.nsf/BDEE1037FC7F5143C12575C6005B1964/$File/   DPR_%20
      Memorandum_Pflegebildung_090528_out.pdf (Abruf 2010)

[19] Deutscher Verein für öffentliche und private Fürsorge e.V.: Diskussions-
      papier des Deutschen Vereins zur Abgrenzung der Begriffe und Leistun-
      gen in einem neuen Verständnis der Pflegebedürftigkeit 1 v. 1.10.2008
      http://www.deutscher-verein.de/05-empfehlungen/empfehlungen2008/pdf/DV%2029-08.pdf
      (Abruf 2010)

[20] Deutscher Verein für öffentliche und private Fürsorge e.V.: Weiterentwicklung der Pflegeaus-
      bildungen. Empfehlungen des Deutschen Vereins. Berlin 18. März 2009
      http://www.deutscher-verein.de/05-empfehlungen/2009/pdf/DV%2039-08.pdf (Abruf 2010)

[21] Evers-Meyer, K.: Thesen der Beauftragten der Bundesregierung für die Belange behinderter
      Menschen zum neuen Begriff der Pflegebedürftigkeit und zum neuen Begutachtungsinstru-
      ment unter dem Gesichtspunkt der „Konvergenz zum Rehabilitations- und Teilhaberecht des

SGB IX" vom 19. Januar 2009. In: BMG: Bericht des Beirats zur Überprüfung des Pflegebedürftigkeitsbegriffs. 26. Januar 2009: 91-94

[22] Gesetz über die Berufe in der Altenpflege (Altenpflegegesetz – AltPflG): neugefasst durch B.v. 25.08.2003 BGBl. I S.1690; zuletzt geändert durch Artikel 16 G.v. 28.05.2008 BGBl. I S.874; Geltung ab 01.08.2003
http://www.buzer.de/gesetz/3223/ (Abruf 2010)

[23] Gesetz über die Berufe in der Krankenpflege (Krankenpflegegesetz – KrPflG): G.v. 16.07.2003 BGBl. I S. 1442; zuletzt geändert durch Artikel 15 G.v. 28.05.2008 BGBl. I S. 874; Geltung ab 01.01.2004
http://www.buzer.de/gesetz/6634/ (Abruf 2010)

[24] GKV-Spitzenverband: Perspektiven für Reformen. Die Positionen des GKV-Spitzenverbandes für ein zukunftsfestes Gesundheitssystem. Beschlossen vom Verwaltungsrat am 26. November 2009a
http://www.gkv-spitzenverband.de/upload/Positionen_web_single_10812.pdf (Abruf 2010)

[25] GKV-Spitzenverband/Institut für Pflegewissenschaft: Modellprogramm zur Weiterentwicklung der Pflegeversicherung gem. § 8 Abs.3 SGB XI. Modellprojekt „Case und Care Management im Rahmen trägerneutraler Pflegeberatung." Endbericht. Hannover, Januar 2009b
http://www.gkv-spitzenverband.de/upload/Endbericht_SoVD_10287.pdf (Abruf 2010)

[26] GKV Spitzenverband/Klie, T., /Blinkert, B.: Das Pflegebudget. Abschlussbericht 2008
https://www.gkv-spitzenverband.de/upload/1Anlage_PB-Gesamtzusammenfassung_3271.pdf (Abruf 2010)

[27] GKV Spitzenverband/Klie, T., Siebert, A.: Integriertes Budget. Abschlussbericht 2008
https://www.gkv-spitzenverband.de/upload/Abschlussbericht_Integriertes__Budget_3256.pdf (Abruf 2010)

[28] Görres, S. Stöver, M., Schmitt, S., Bomball, J., Schwanke, A.: Qualitätskriterien für Best Practice in der Pflegeausbildung. Synopse evaluierter Modellprojekte. Abschließender Projektbericht. Zeitraum: 01.10.2008-31.12.2009 http://www.public-health.uni-bremen.de/downloads/abteilung3/abschlussbericht_best_practice.pdf (Abruf 2010)

[29] Graf, H., Grote, V.: Betriebliche Gesundheitsförderung als Personal- und Organisationsentwicklung in Klein- und Mittelunternehmen aus Sicht von Führungspersonen. Rosegg 2003
http://www.netzwerk-bgf.at/mediaDB/MMDB124433_Helmut-Graf.pdf (Abruf 2010)

[30] Hulsken-Giesler, M.: Vom Nahsinn zum Fernsinn. Zur Neuordnung von Aufgaben, Kompetenzen und Verantwortlichkeiten einer professionalisierten Pflege. In: Institut für Public Health und Pflegeforschung: IPP Info. Im fokus: Professionalisierung in der Pflege. Newsletter des IPP Bremen. Ausgabe 07, Winter 2009:5
http://www.public-health.uni-bremen.de/downloads/ippinfo/IPP_info_no7_online_rz.pdf (Abruf 2010)

[31] International Council of Nurses (ICN)/Deutscher Berufsverband für Pflegeberufe: ICN-Ethikkodex für Pflegende. In der Fassung des Jahres 2000
http://www.dbfk.de/download/ICN-Ethikkodex-DBfK.pdf (Abruf 2010)

[32] Koalitionsvertrag zwischen CDU, CSU und FDP: Wachstum. Bildung. Zusammen halt v. 26.10.2009 http://www.cdu.de/doc/pdfc/091026-koalitionsvertrag-cducsu-fdp.pdf (Abruf 2010)

[33] Leiter, M. P., Harvie, P., Frizzell, C.: The correspondence of patient satisfaction and nurse burnout. Social Sciences Medicine 47(1998), 10: 1611-1617

[34] McNeese-Smith, D.: Job satisfaction, productivity and organizational commitment. The result of leadership. Journal of Nursing Administration 25(1995), 9: 17-26

[35] Rogall, R., Joskus, H., Adam, G., Schleinitz, G.: Professionelle Kommunikation in Pflege und Management. Ein praxisnaher Leitfaden. Schlütersche, Hannover 2005

[36]   Schein, E. H.: Unternehmenskultur. Campus, Frankfurt 1995

[37]   Schmidt, E. R., Berg, H. G.: Beraten und Kontakt. Burckhardthaus-Laetare Verlag, Offenbach 1995

[38]   Stolzenberg, K., Heberle, K.: Change Management. Veränderungsprozesse erfolgreich gestalten, Mitarbeiter mobilisieren. 2. aktualisierte und erweiterte Auflage. Springer, Heidelberg 2009

[39]   Tonnemacher, J.: Mitarbeiterkommunikation. In: Merten, K., Zimmermann, R. (Hrsg.): Das Handbuch der Unternehmenskommunikation. Luchterhand, Köln, 1998: 99-105

[40]   Vahs, D.: Organisation. Einführung in die Organisationstheorie und -praxis. Schäffer-Poeschel, Stuttgart, 2003

[41]   Wingenfeld, K.: Mögliche Auswirkungen der Umsetzung eines neuen Pflegebedürftigkeitsbegriffs. Vortrag anlässlich der Fachkonferenz „Optionen eines neuen Pflegebedürftigkeitsbegriffs", Deutscher Verein für öffentliche und private Fürsorge e.V. Berlin, 23. Juni 2009 http://www.deutscher-vercin.de/03-events/2009/gruppe4/pdf/Prasentation%20Wingenfeld. pdf (Abruf 2010)

Expertenexpertise

Jürgen Gohde

4

20 Jahre nach Einführung der Sozialen Pflegeversicherung zeigt sich erheblicher Modernisierungsbedarf. Die Voraussetzungen haben sich geändert: Die demografische Entwicklung, die Entwicklung der Demenz und Multimorbidität, veränderte Lebensformen und Bedarfe verlangen einen Konversionsprozess, der gleich wichtig wie die Reform der Kinderbetreuung oder der Energiewende ist. Es handelt sich um ein zentrales Zukunftsthema

Dennoch: Ein zukunftsfähiges Gesamtkonzept für Pflege, Teilhabe und Betreuung und dessen verbindliche Umsetzung zur Lösung der Herausforderungen des demografischen Wandels lassen weiter auf sich warten. Der von der Expertengruppe geforderte Nationale Aktionsplan Pflege ist steckengeblieben auch wenn inzwischen wesentliche Weichenstellungen wieder aufgegriffen worden sind.

Veränderte Altersbilder und Wünsche vom selbstbestimmten Leben, veränderte Anforderungen an pflegerische Versorgungssysteme zeigen, dass es weiter so wie bisher nicht mehr geht.

Die Statik der Pflegeinfrastruktur stimmt nicht mehr. Knapp sind künftig nicht nur die finanziellen, sondern vor allem die personellen Ressourcen. Schon heute herrscht Fachkräftemangel, aber zugleich geht die Fähigkeit der Familien zurück, für Angehörige da zu sein. So wird die Versorgung durch Angehörige mehr und mehr zur Schwachstelle. Aber: Die Bereitschaft, sich stärker dem sozialen Miteinander zu widmen, und die Einsicht in die Notwendigkeit einer neuen Sorgekultur sind verbreitet und wachsen. Dabei spielen gerade ältere Menschen eine wichtige Rolle; sie sind heute länger leistungsfähig, wollen möglichst lange aktiv bleiben und sich für andere engagieren. Dieses Potenzial gilt es stärker zu nutzen, um Menschen bei Hilfe- und Pflegebedürftigkeit möglichst lange ein selbstständiges Leben im gewohnten Umfeld zu ermöglichen.

Eine nachhaltige Pflege- und Teilhabepolitik muss auf Konzepte mit höherem Wirkungsgrad und auf Pflegevermeidung durch bessere Rehabilitation setzen. Sie muss tragfähige Hilfenetzwerke in den Lebensräumen der Menschen vor Ort fördern. Nötig sind generationengerechte und -übergreifende Wohnangebote und Infrastruktur vor Ort sowie neue lokale Verantwortungsgemeinschaften, die in den Quartieren gezielt gefördert werden.

Eine nachhaltige an Teilhabe orientierte Pflegereform braucht daher Investitionen in die Gestaltungsfähigkeit der Kommunen durch klare Zuständigkeiten für eine gute Pflege vor Ort. Das Leitbild dafür sind „caring communities".

Ältere Menschen mit chronischen Erkrankungen, Multimorbidität und/oder Pflegebedürftigkeit sind auf eine integrierte und kontinuierliche vernetzte Langzeitversorgung vor Ort angewiesen.

Eine an Teilhabe orientierte Pflegereform muss das neue (alte) Pflegeverständnis, das Menschen nicht als Defizitwesen sondern mit Gestaltungsmöglichkeiten sieht, als Chance nutzen.

Die Einführung des neuen Pflegebedürftigkeitsbegriffs ist überfällig, um damit einen wirksamen Beitrag zur Überwindung von Ungleichheiten zu leisten, denen Menschen mit demenziellen Erkrankungen und Behinderungen ausgesetzt sind. Sie ist auch überfällig, um ein nicht segregierendes Leistungs- und Angebotssystems zu entwickeln. Hierzu notwendig sind die notwendigen Dynamisierungen der Leistungen, die die Entwicklungsnotwendigkeiten des stationären Bereichs beachten, sowie die angestrebte Besserstellung pflegender Angehöriger. Dafür ist aber ein Perspektivwechsel erforderlich.

Die Expertengruppe der BGW hat vorgeschlagen 2010 diesen grundlegenden Veränderungsprozess mit einem Nationalen Aktionsplan Pflege zu gestalten.

„Die anstehenden grundlegenden Veränderungen in der Pflegestruktur sind für die Branche und ihre Beschäftigten als eine Chance zu sehen, die Selbständigkeit von Menschen mit Pflegebedarf durch den Einsatz des ganzen Spektrums pflegerischer Unterstützungs- und Betreuungsangebote zu fördern, durch die Möglichkeit Aufgaben und Arbeitsabläufe entsprechend neu zu strukturieren und/oder zu optimieren sowie motiviert durch diese Effekte eine umfassende, die Profession leitende, Pflege-Kultur zu revitalisieren.

Die Pflegebranche und ihre Beschäftigten sind Schlüsselakteure in diesem Veränderungsprozess, sie muss sich aktiv beteiligen und Verantwortung übernehmen.

Deshalb hat die Expertenkommission der BGW die Einführung eines neuen Pflegebegriffs 2009 begrüßt und die zögerlichen Umsetzungsschritte beklagt. Die Chancen liegen in der Berücksichtigung der wesentlichen Aspekte der Pflegebedürftigkeit. Es entsteht mehr Gerechtigkeit für Menschen mit dementiellen Erkrankungen, Behinderungen und Kinder. Das Neue Begutachtungsverfahren (NBA) definiert Pflegebedürftigkeit nicht länger defizitorientiert, sondern drückt den Grad der Einschränkung der „Selbstständigkeit" aus. Damit bietet es Chancen für die qualitative Weiterentwicklung der pflegerischen Versorgung, die Aufhebung fachlich fragwürdiger methodischer Verkürzungen in der Pflegepraxis und erstellt die Grundlage für die individuelle Pflege- und Versorgungsplanung. Die Einschätzung des Bedarfs an medizinischer Rehabilitation erfolgt systematischer als im heutigen Verfahren und liefert mehr Transparenz.

Die vorgeschlagenen Änderungen in Struktur und Leistungsrecht kommen nicht nur der Situation der Betroffenen entgegen, sie fordern auch von den Pflegenden Selbstständigkeit und Verantwortung. Damit scheint die Pflege endlich einen ihrer enormen Bedeutung angemessenen Stellenwert in der gesellschafts- und sozialpolitischen Diskussion zu erhalten.

Zur Gestaltung der anstehenden Veränderungsprozesse in der Pflege hat die Expertenkommission unter aktiver Einbeziehung aller Beteiligten als Gemeinschaftsaufgabe einen *„Nationalen Aktionsplan Pflege"* vorgeschlagen, um den Paradigmenwechsel zu gestalten."

Zu den zentralen Forderungen gehören folgende Punkte:
Schaffung von Rahmenbedingungen und Strukturen sowie Entwicklung und Umsetzung von unterstützenden Maßnahmen auf allen die Pflege betreffenden Ebenen – von der Legislative über Leistungsträger und Bildungsinstitutionen bis hin zur operativen Ebene der Beschäftigten.

Partizipationsorientierte Umsetzung des neuen Pflegebedürftigkeitsbegriffs.

Nationaler Pflegebericht:
Implementierung eines Berufsgesetzes Pflege mit klarer Aufgabenstellung und Verantwortung, als Plattform für das Selbstverständnis der Pflegeberufe sowie zur notwendigen Stärkung ihrer Autonomie und Selbstständigkeit im Kontext mit anderen Leistungserbringern und dem Ehrenamt. Schaffung und Umsetzung der rechtlichen Grundlagen eines Berufsgesetzes für Pflegeberufe und der Rahmenbedingungen für eine Bildungsoffensive.

Leistungsrechtliche Elemente.
Schaffung der gesetzlichen Voraussetzungen für bessere Wahlmöglichkeiten zwischen Geld- und Sachleistungen unter Einschluss von trägerübergreifenden Pflege-Budgets und der Förderung neuer Versorgungsformen.

Personalwirtschaftliche Perspektiven:
Anpassung der Arbeitsaufgaben und -zeiten an die unterschiedlichen Bedürfnislagen der Beschäftigten (wie etwa Personaleinsatzmatrix, (Alters-) Teilzeit oder Wiedereinstiegsmöglichkeiten) sowie Umsetzung einer bedarfsorientierten Gesundheitsförderung."
„Ein Nationaler Aktionsplan Pflege (kann) dazu beitragen, dass der notwendige Strukturwandel in der Pflege mit einem Kulturwandel in der Branche einhergeht, von dem alle Beteiligten und Betroffenen profitieren. Es muss ein teilhabeorientierter Prozess in Gang gesetzt werden, der auch dazu beiträgt, dass langfristig genügend gesunde, leistungsfähige und motivierte Pflegekräfte zur Verfügung stehen. Nur so lässt sich die Zukunft dieser gesellschaftlich überaus bedeutenden Dienstleistungsbranche sichern."

Eine Chance hat die Pflege allerdings nur dann, wenn alle Verantwortlichen in ein strategisches Konzept investieren:
In Ressourcen, in Menschen und nicht zuletzt in Vertrauen in die Pflege.

Teil C

Refokussierung auf den Kernprozess der Pflege

Begründungshintergrund der BGW

Claudia Stiller-Wüsten

Auf verschiedenen Veranstaltungen und in zahlreichen Seminaren erfährt die Berufsgenossenschaft für Gesundheitsdienst und Wohlfahrtpflege (BGW) immer wieder, wie hoch die Motivation der professionell Pflegenden ist. Sowohl die Berufsauswahl als auch -ausübung sind geprägt von dem Anspruch etwas Sinnvolles für hilfsbedürftige Menschen zu tun und einen Beitrag für die Gesellschaft zu leisten. Gespräche lassen aber auch deutlich werden, dass die Zunahme der burokratischen Anforderungen und das mangelnde Vertrauen in die professionelle Arbeit die Pflegekräfte spürbar belasten. Der Einfluss, den Dritte auf die Pflege haben, ist in den letzten Jahren weiter gestiegen. Die Komplexität hat zugenommen und Entscheidungen sind nicht immer nachvollziehbar. Sich auf den Kernprozess der Pflege zurück zu besinnen und den Einfluss pflegeperipherer Ebenen auf das Nötigste zu reduzieren, kann ein Betrag sein, den pflegerischen Alltag zu entlasten.

Vorhandene Führungs- und Organisationsstrukturen sollten stärker darin unterstützt werden, den pflegerischen Alltag von unnötiger Komplexität zu entlasten und sinnvolles pflegerisches Planen und Handeln in den Mittelpunkt stellen [4].

Positionspapier: Pflege raus aus dem Abseits – Empfehlungen zu einer Refokussierung auf den Kernprozess der Pflege

5

Thomas Behr, Gerd Dielmann, Rolf Höfert, Michael Huneke, Bjørn Kähler, Stefan Neumann, Petra Selg, Claudia Stiller-Wüsten

Die mit der demografischen Entwicklung steigende Zahl potenzieller Pflegebedürftiger – sowie das wachsende Bedürfnis nach individueller Pflege – wurden von der Bundesregierung in den letzten Jahren begrüßenswerterweise erkannt und berücksichtigt. So rückten mit den Reformbestrebungen, die unter anderem durch das Pflege-Weiterentwicklungsgesetz 2008 manifestiert wurden, sowie der Definition und der anstehenden Umsetzung eines neuen Pflegebedürftigkeitsbegriffs, bedürfnis- und teilhabeorientierte Pflegeleistungen in den Fokus gesetzgeberischer Aktivitäten.

In diesem Kontext ist Pflege jedoch nicht als ein Gesetz oder eine Verordnung zu verstehen, sondern als ein zum Leben gehörendes, gesamtgesellschaftliches Thema zu begreifen, wie Bundesgesundheitsministerin Ulla Schmidt anlässlich des Bundesratsbeschlusses zum Pflege-Weiterentwicklungsgesetz bereits betonte: „Die Pflegereform ist eine besondere Reform. Sie erkennt Pflege als soziales Schicksal an. Sie will die Pflege in die Mitte der Gesellschaft rücken [14]."

Eine ideale Vorstellung, deren Umsetzung nicht nur von gesetzlichen Vorgaben, sondern vor allem von den Menschen selbst und insbesondere von jenen, die pflegen, abhängt. Ein solcher Wandlungsprozess stellt mit seinen grundsätzlichen Neuerungen nicht nur Pflegebedürftige und ihre Angehörigen vor neue Gegebenheiten, er erfordert zudem ein konsequentes Umdenken, welches auch für professionelle Pflegekräfte vielschichtige Herausforderungen mit sich bringt.

Der Pflegebereich wird zukünftig zu den wichtigsten Dienstleistungssektoren zählen. Das zweite Konjunkturpaket der Regierungskoalition, von Anfang 2009, identifiziert ihn bestätigend als bedeutende Zukunftsbranche. Die gesellschaftliche Anerkennung der Pflegetätigkeit wächst mit dieser Erkenntnis allerdings noch immer nicht im gleichen Maße mit. Der persönliche Einsatz professioneller Pflegekräfte wird, ebenso wie der berufliche Druck, der auf ihnen lastet, häufig nicht gesehen.

Durch neue Gesetze, Vorschriften, Qualitätssicherungsvorgaben und Pflegestandards, die von außen an die Pflegebranche herangetragen werden, soll die Struktur-, Prozess- und Ergebnisqualität ihrer Leistungen verbessert werden. Parallel zu diesen Anforderungen steigen auch die Belastungen des Pflegepersonals, die, verstärkt durch Zeit- und Personalmangel, die Arbeitsbedingungen maßgeblich verschlechtern und Fachkräfte von dem abhalten, was ihre eigentliche Aufgabe und Berufung ist – der Pflege von Menschen.

Im Zentrum des Pflegeprozesses soll die systematische, an den persönlichen Bedürfnissen und der Lebensqualität des Patienten orientierte, fachlich-qualifizierte Pflege stehen. Diese soll, außer der direkten allgemeinen und speziellen Pflege sowie der Übernahme ärztlich delegierter Tätigkeiten, auch die sozialen Rahmenbedingungen der Pflegebedürftigen berücksichtigen.

Das Verständnis dieses Kernprozesses der Pflege basiert auf den rechtlich verankerten Grundsätzen der Gesetze über die Berufe der Kranken- und Altenpflege (KrPflG, AltPflG) [21][22][1]. Unter Einbeziehung präventiver, rehabilitativer, palliativer, geriatrischer sowie gerontopsychiatrischer Maßnahmen ist die Pflege auf die Förderung, (Re-)Aktivierung und Verbesserung der physischen sowie psychischen Gesundheit der Pflegebedürftigen auszurichten [21][22].

Zum Kernprozess der Pflege gehören zudem die eigenverantwortliche Erhebung und Feststellung des Pflegebedarfs, die Planung, Organisation, Durchführung und Dokumentation der Pflege ebenso wie deren Evaluation, die Sicherung und Entwicklung ihrer Qualität sowie die Beratung, Betreuung, Anleitung und Unterstützung von zu pflegenden und alten Menschen und ihrer Bezugspersonen sowie die Förderung ihrer sozialen Kontakte [21][22].

Die im Kontext der Weiterentwicklung der Pflege in rasantem Tempo zunehmende Komplexität der Anforderungen, Bürokratisierungen sowie einflussgebender Ebenen und Instanzen, befördert diesen Kernprozess der Pflege jedoch an den Rand des Geschehens, anstatt ihn, seiner Definition gemäß, in den Mittelpunkt zu stellen. Dies ist eine oftmals verkannte, schleichende Entwicklung, die sich im Hinblick auf die Zielvorgaben einer individuellen, teilhabe-orientierten Pflege – die sich in der Mitte der Gesellschaft integrieren soll – bereits kontraproduktiv auswirkt und weiter auswirken wird. Pflegefachkräfte sind derzeit mehr damit beschäftigt diese Komplexität zu begreifen als tatsächlich zu pflegen.

Das Erkennen dieser Situation und der Notwendigkeit einer konsequenten Umsetzung der Reformziele – welche sich nicht nur von „außen nach innen" vollziehen kann, sondern die praktizierenden Pflegenden deutlicher in den Fokus rücken muss – ist nach Einschätzung der Kommission für das Gelingen der Pflegereform ebenso dringend erforderlich, wie die Unterstützung der Pflegefachkräfte bei diesem Prozess.

Positionen der Expertenkommission:

- Vor dem Hintergrund der Zielsetzungen der Pflegereform sowie der Umsetzung eines neuen Pflegebedürftigkeitsbegriffs, muss der Kernprozess der Pflege aus dem Abseits

---

[1] Gesetz über die Berufe in der Krankenpflege (KrPflG) G. v. 16.07.2003 BGBl. I S. 1442; zuletzt geändert durch Artikel 15 G. v. 28.05.2008 BGBl. I S. 874; Geltung ab 01.01.2004; Gesetz über die Berufe in der Altenpflege (AltPflG), neugefasst durch B. v. 25.08.2003 BGBl. I S. 1690; zuletzt geändert durch Artikel 16 G. v. 28.05.2008 BGBl. I S. 874; Geltung ab 01.08.2003.

der Überlagerungen durch Verrechtlichung, Bürokratisierung und Ökonomisierung hervorgeholt werden und wieder in den Mittelpunkt rücken, um so zum Ausgangspunkt zukünftiger Aktivitäten werden zu können.

- Dieser Refokussierung entsprechend, sieht es die Expertenkommission als erforderlich an, Maßnahmen nicht nur von außen zu empfehlen, sondern die professionell Pflegenden bei der Umsetzung aktiv zu unterstützen und zu begleiten. Mit einer Vereinfachung der Komplexität der Anforderungen und Vorgaben durch einen aktiv praktizierten wechselseitigen Wissenstransfer kann, so die Meinung der Expertenkommission, Transparenz, gegenseitiger Austausch, Verstehen und Verständnis sowie Praxisorientierung gefördert werden. Elementare Voraussetzungen für eine erfolgreiche Weiterentwicklung der Pflegebranche.

- Einrichtungsintern kann den Pflegekräften und damit auch dem Pflegeprozess durch die Umsetzung eines solchen Wissenstransfers pflegewissenschaftlicher Erkenntnisse wieder eine sichere, verständliche Handlungsebene geboten werden.

- Der Pflege als Zukunftsbranche muss nicht nur eine deutlichere gesellschaftliche Anerkennung zukommen, pflegerische Tätigkeit muss vielmehr wieder mit ihrem ursprünglichen Sinn – der Pflege von Mensch zu Mensch – erfüllt werden. Hierfür müssen sich fachliche Kompetenzen und Menschlichkeit miteinander verbinden können. Es gilt, sowohl die Wahrnehmung als auch die Selbständigkeit der Pflegebranche zu fördern, die therapeutische Beziehung zwischen Pflegebedürftigen und Pflegefachkräften sowie die interdisziplinäre Kooperationen zu stärken und einer allzu deutlichen Theorieüberfrachtung der Pflegepraxis entgegenzuwirken.

In der so zu erreichenden Wiedererlangung der Sinnhaftigkeit pflegerischen Planens, Handelns und der Evaluation, sieht die Expertenkommission einen wesentlichen Schlüssel zur Vereinfachung der Pflege und zur Rückbesinnung auf das Eigentliche – den Kernprozess der Pflege.

5.1 Ausgangslage – Überlagerungen des Kernprozesses der Pflege

Der Kern des Pflegeprozesses beinhaltet die patienten- und bedarfsgerechte, an der Lebensqualität orientierte, fachlich-qualifizierte Pflege, welche der sozialen Beziehung zwischen dem Pflegebedürftigen und dem Pflegenden große Bedeutung beimisst und somit eine individuelle Pflege ermöglicht [38]. Die Qualität dieses Prozesses wird dabei im Wesentlichen von verschiedenen Faktoren, wie dem Zugang zur Pflegeleistung, der zeitlichen Verfügbarkeit, der wirtschaftlichen Angemessenheit, der sozialen Vernetzung sowie der Wirksamkeit pflegerischer Maßnahmen, beeinflusst.

Von außen an den Pflegeprozess übertragene, stark angestiegene Anforderungen, wie rechtliche Vorgaben, Standards, Qualitätsprüfungen oder Dokumentationspflichten, haben zu einer deutlichen Zunahme einflussnehmender „peripherer Ebenen" geführt, die mittlerweile den Pflegeablauf dominieren. Sie befördern zudem die eigentliche Pflege von Mensch zu Mensch in ein Abseits. Eine solche „Pflege in der Peripherie" wirkt sich nicht nur hemmend auf die Ausübung der Pflegeleistungen selbst aus, sondern geht auch mit einem Anstieg der psychischen und physischen Belastungen der Pflegekräfte einher. Ein Anstieg der Erkrankungszahlen, wachsende Berufsflucht und mangelnde Nachwuchsgewinnung sind hier durchaus als Folge ungelöster Probleme, zusätzlicher Verwaltungsaufgaben und unzulänglicher Arbeitsbedingungen zu werten [5].

5.1.1 Verrechtlichung

Ambulante wie stationäre Altenpflege haben seit 1996 eine stetig zunehmende und umfangreiche Verrechtlichung, beispielsweise durch das Pflegequalitätssicherungsgesetz (PQsG), die Novellierung des Heimgesetzes (HeimG) und das Pflege-Weiterentwicklungsgesetz, erfahren, welche die Träger vor weitreichende Veränderungen sowohl der Finanzierung und Buchhaltung als auch der Qualitätssicherung gestellt hat [10]. Die Liste der Anforderungen, Vorschriften und Vorgaben ist lang. Zwischen Heimüberwachung (§15 Heimgesetz), öffentlichen Prüfungen (§ 114 SGB XI), Wirtschaftlichkeitsprüfungen (§ 79SGB XI), Prüfungen des Personalbereichs (§ 80a Abs. 5 SGB XI), Lebensmittelkontrollen, Hygieneüberwachungen und unterschiedlichen Sachverständigenprüfungen, um nur einige Beispiele zu nennen, wird deutlich, wie sehr die Pflegeeinrichtungen und -dienste mit Regulierungen und Überprüfungen belastet sind und wie überfrachtet damit der Kernbereich des Pflegeprozesses ist.

Das Institut für Gerontologie der Universität Dortmund kommt in einer vom Bundesministerium für Familie, Senioren, Frauen und Jugend geförderten Studie zu dem Ergebnis, dass allein 980 relevante Rechtsvorschriften, die Klie (2003) benennt, einen erheblichen Zuwachs an verbindlich zu erfüllenden Leistungen in Sozialeinrichtungen darstellen.

Und auch der Runde Tisch Pflege stellt in seinem Bericht fest [10]: „Die Leistungserbringung in der Pflege ist gekennzeichnet durch eine Fülle gesetzlicher und untergesetzlicher Vorgaben und Verfahrensvorschriften zur einrichtungsinternen und zur externen Prüfung dieser Leistungen. Nach Auffassung vieler Beteiligter fehlt es oft an ausreichender Koordination und zum Teil sind auch widersprüchliche Anforderungen feststellbar [10]."

Diese Überlagerung des Pflegeprozesses mit teilweise widersprüchlichen Regelungen und Vorschriften führt bei Pflegekräften zu Verunsicherungen und bedingt einen erheblichen Mehraufwand. In Abhängigkeit von der jeweiligen Personalausstattung und Arbeitsorganisation können nach Angaben des Verbandes Deutscher Alten- und Behindertenhilfe e.V. (VDAB) bis zu 50 Prozent der Bruttoarbeitszeit von Pflegekräften nicht als effektive Pflegezeit genutzt werden [17].

5.1.2 Bürokratisierung

In diesem Kontext nimmt auch die Bürokratisierung in der Pflege erheblich zu. Der Kritik hieran widmet sich die Bundesregierung bereits seit 2005 [9][10].[2] Die in diesem Zu-

---

[2] Beispielsweise mit den „10 Eckpunkten zur Entbürokratisierung des Heimrechts" und der Arbeitsgruppe Entbürokratisierung des Runden Tischs Pflege.

sammenhang durchgeführten Untersuchungen zeigen im Ergebnis, dass in Bezug auf das „Leistungspaket Pflege" nach wie vor, insbesondere von Heimen, eine stetig steigende Belastung durch wachsende Aufgabenfülle, übergeordnete Bürokratie und damit enger werdende Handlungsspielräume beklagt wird [10]. Ebenso rauben Überdokumentation, eine Vielzahl unterschiedlicher Qualitätssicherungsmaßnahmen sowie Doppelt- und Mehrfachprüfungen der eigentlichen Pflegeaufgabe viel Zeit und Potenzial. Nicht zuletzt haben sich hierdurch, die Situation zusätzlich belastend, auch einrichtungsinterne bürokratische Strukturen entwickelt.

5.1.3 Ökonomisierung

Neben Verrechtlichung und Bürokratiebelastung nimmt auch die Ökonomisierung der Pflege zu. Die wirtschaftlichen Interessen vieler Anbieter im Gesundheitswesen sind (zwangsläufig) in den Vordergrund gerückt. Damit werden Prinzipien der Wirtschaft (Gewinnmaximierung), der industriellen Produktion (Standardisierung) oder der Verwaltung (Bürokratie) auf diagnostische sowie therapeutische Prozesse übertragen. Damit, so stellt Käppeli fest, tritt an die Stelle des „therapeutischen Bündnisses" [28][3] ein Vertragsverhältnis, welches Pflegefachkräfte zu Leistungserbringern und die Pflege und Behandlung zum Produkt werden lässt [28]. Diese Entwicklung ist insofern bedenklich, als die Bedeutung des therapeutischen Bündnisses besonders in jenen Situationen von großer Wichtigkeit ist, in denen der Beistand der Pflegenden über das vertraglich geregelte Leistungsminimum hinaus erforderlich ist, da es den „menschlichen Kontext" der Behandlung und Pflege deutlich positiv verändert [28].

Pflegekräfte stehen damit häufig im Spannungsfeld zwischen ihrer ethisch-fachlichen Berufsauffassung, individuellen Erfordernissen, den Wünschen von Pflegebedürftigen und ihren Angehörigen sowie wirtschaftlichen Notwendigkeiten. Arbeitsprozesse verdichten sich hierdurch belastend, Mehrarbeit bleibt jedoch unvergütet.

Aus diesen Gründen sollte die Ausrichtung des Wettbewerbs nicht ausschließlich ökonomischen Charakters sein, sondern den Qualitätswettbewerb im Sinne einer ganzheitlichen Pflege deutlicher in den Vordergrund stellen.

Die mittlerweile zu beobachtenden vielschichtigen Dysfunktionen im Pflegeprozess sind also durchaus auch darauf zurückzuführen, dass sich der Kernprozess der Pflege zwischen Recht, Bürokratie, Ökonomie, der verwirrenden Vielfalt an qualitätssichernden Maßnahmen und der tatsächlichen Pflegerealität aufreibt. Prioritäten des Kernprozesses, nämlich die individuelle Pflege und die soziale Betreuung der Pflegebedürftigen sind häufig verschoben und wandern an den äußeren Rand des Prozesses. So ist es nicht verwunderlich, dass sich viele Pflegefachkräfte fragen, welcher Stellenwert ihren pflegefachlichen

---

[3] Unter dem therapeutischen Bündnis wird hier das Paradigma verstanden, welches der Beziehung zwischen Arzt und Patient oder Pflegeperson und Patient zugrunde liegt. Es ist die moralische Vereinbarung zwischen der Medizin, der Kranken- und Altenpflege und den Mitgliedern der Gesellschaft und gewährleistet einen verantwortungsvollen Umgang mit ihnen. Die Wurzeln dieses Bündnisses haben in der Medizin säkulare Wurzeln und finden sich im hippokratischen Eid, während die Krankenpflege es auf biblische Ursprünge zurückführt [28].

Kenntnissen, praktischen Fertigkeiten und Erfahrungen noch beigemessen wird [27] und welchen Sinn ihre Tätigkeit überhaupt hat.

5.2 Positionen

5.2.1 Rückbesinnung auf den Kernprozess der Pflege sowie Erteilung von Verordnungskompetenzen für die Pflege – insbesondere für Hilfsmittel und Prophylaxen in der häuslichen Krankenpflege

Bereits 2005 äußerte sich die damalige Bundesministerin für Familie, Senioren, Frauen und Jugend, Renate Schmidt: „Wir wollen die Pflege-Vorschriften von überflüssigen Paragrafen befreien, damit sich die Verantwortlichen und das Pflegepersonal wieder stärker ihrer eigentlichen Aufgabe widmen können: der Betreuung und Pflege älterer und hilfsbedürftiger Menschen [11]."

Trotz dahingehendem positiven Engagement der Bundesregierung, wie zum Beispiel der Etablierung des „Runden Tisches Pflege" oder der Entbürokratisierungsbestrebungen, bleibt es, insbesondere vor dem Hintergrund der Zielsetzungen des Pflege-Weiterentwicklungsgesetzes (2008), sowie der zu erwartenden Wandlungsprozesse innerhalb pflegerischer Tätigkeiten durch die Etablierung eines neuen Pflegebedürftigkeitsbegriffs, dringend erforderlich, den Kernprozess der Pflege aus dem Abseits heraus wieder in den Fokus zukünftiger Aktivitäten und Handlungen zu rücken.

Mit dem Einsatz von zusätzlichen Betreuungskräften erweitert sich aktuell der Kreis der am Pflegeprozess Beteiligten unmittelbar um eine weitere Ebene. Doch die hiermit angestrebte Entlastung von Pflegekräften kann sich bei falscher Umsetzung durchaus ins Gegenteil umkehren. Antragsverfahren, Anpassungen der Pflegedokumentation, der internen Arbeitsabsprachen, der Betreuungsabläufe sowie der Erweiterung der Qualitätssicherung werden voraussichtlich der direkten Pflege weitere wichtige Ressourcen entziehen und die Fachkräfte mit neuen „Verpflichtungen" belasten. Dem muss durch geeignete und vor allem einheitliche Maßnahmen rechtzeitig vorgebeugt werden.

Der Einsatz von zusätzlichen Betreuungskräften ist nur dann in seiner ursprünglichen Zielsetzung sinnvoll und effektiv, wenn dieser in Abstimmung mit dem Kernprozess der Pflege geschieht und als entlastende Ergänzung, keinesfalls aber als „Fachkraft-Ersatz", etabliert wird [6].

Ein weiteres aktuelles Beispiel für die von „außen" ins Abseits verlagerten Kernkompetenzen von Pflegefachkräften ist die nach wie vor fehlende Verordnungsfähigkeit der Pflege in der häuslichen Krankenpflege, insbesondere Prophylaxen betreffend.

Unterschiedliche leistungsrechtliche Rahmenbedingungen hinsichtlich der Dekubitusprophylaxe und -therapie schaffen zwischen der ambulanten und der stationären Pflege deutliche Kompetenz- und damit Handlungsunterschiede. Diese behindern nicht nur die Ausübung ambulanter Pflegeleistungen, sondern er schweren auch Qualitätskontrollen, zum Beispiel durch den Medizinischen Dienst der Krankenversicherung (MDK) [32].

Während die Dekubitustherapie in der stationären Pflege im Leistungsspektrum der Pflegeversicherung enthalten ist, ist sie dagegen in der ambulanten Pflege – im Rahmen der häuslichen Krankenpflege – Leistungsgegenstand der Krankenversicherung und kann nur vom Arzt verordnet werden (§ 37 SGB V) [32]. Ausschlaggebend hierfür sind die Rahmenempfehlungen zur Sicherung der Qualität und Wirtschaftlichkeit der Leistungserbringung, die von den Spitzenverbänden der Krankenkassen sowie den Spitzenorganisationen der Pflegedienste gemäß § 132a SGB V abgeschlossen werden [20].[4] Diese Richtlinien, die sich ausschließlich an Ärzte richten, exkludieren allerdings aus Sicht der Pflege wesentliche Leistungen. Insbesondere Präventionen und Prophylaxen sind nur bedingt, nicht aber gesondert, verordnungsfähig. Im Hinblick auf eine Dekubitusprophylaxe heißt es: „Ist aus medizinischer Sicht eine besondere Lagerungsform erforderlich, ist dies auf der Verordnung einer anderen Leistung anzugeben [20]."

Ist dagegen ein Hautdefekt entstanden, wird dieser dann als „bestehender Dekubitus" verordnungsfähig [20]. Hier zeigt sich das Defizit am Beispiel eines, im Pflegeprozess sinnvollen und notwendigen, Zusammenspiels zwischen pflegerelevanten Diagnosen und Pflegediagnosen überdeutlich. Zwar stellen ambulante Pflegefachkräfte den Prophylaxebedarf fest, sie dürfen aber aufgrund fehlender Verordnungsfähigkeit keine präventiven Maßnahmen verordnen. Prophylaktische Maßnahmen fallen somit in das Aufgabengebiet der Leistungskomplexe. Eine gesonderte Vergütung ist somit nicht vorgesehen. Im Falle des tatsächlichen Ausbruchs einer Erkrankung, wie Dekubitus, kann im weiteren Verlauf durch den MDK ein „Mangel an Pflege" festgestellt und die zuständige Pflegefachkraft oder der Pflegedienst zivil- und strafrechtlich zur Rechenschaft gezogen werden.

Dies ist sowohl ein großes Manko für Patienten, denen mit rechtzeitig verordneten prophylaktischen Maßnahmen Schmerzen erspart werden könnten, als auch eine erhebliche Belastung der Pflegekräfte, denen wider ihrer beruflichen Kompetenzen[5] und ihres ethischen Verständnisses „die Hände gebunden sind" und die – im Falle eines aus einer solchen Situation entstandenen „Mangels an Pflege", den sie selbst nicht verursacht haben – zur rechtlichen Verantwortung gezogen werden.

Nicht zuletzt entstehen den Sozialversicherungssystemen hierdurch – nach einer Studie von Prof. Pelka – bei rund 800.000 betroffenen Patienten jährlich bis zu 1,5 Milliarden Euro Kosten [35].

Eine Fall-Kontrollstudie zu den Ursachenzusammenhängen der Dekubitusentstehung [30] kam bereits 2004 zu dem Ergebnis, dass „(...) eine bedarfsgerechte Versorgung nur erreicht werden [kann], wenn entgegen den Vorgaben der Kostenträger Hilfsmittel bereits zur Prophylaxe verordnet werden. Die bestehende Regelung ist nach dem aktuellen Wissensstand zur Prävention von Dekubitalgeschwüren kontraproduktiv und widerspricht der Situation in Pflegeeinrichtungen, die adäquate Hilfsmittel vorhalten müssen, eben um prophylaktisch arbeiten zu können [30]."

Vor dem Hintergrund des Ausbaus des sektorenübergreifenden Fallmanagements [3], der Ausrichtung „ambulant vor stationär" sowie der geplanten Etablierung einer integrierten Pflegeausbildung mit generalistischer Ausrichtung [3][13], müssen sowohl auf den

---

[4] Zudem müssen die vom Gemeinsamen Bundesausschuss verabschiedeten Richtlinien nach §92 SGB V bei der Vereinbarung der Rahmenempfehlungen berücksichtigt werden.

[5] Vorhandene und angewendete Expertenstandards (z.B. Dekubitus- und Sturzprophylaxe) sind Nachweis für dahingehende Kompetenzen der Pflegekräfte.

Pflegeprozess als auch auf das Berufsbild Pflege kontraproduktiv einwirkende Kompetenz-
behinderungen dringend beseitigt werden.

**Empfehlungen zur Rückbesinnung auf den Kernprozess der Pflege sowie zur Erteilung
von Verordnungskompetenzen für die Pflege – insbesondere für Hilfsmittel und Prophylaxen in der häuslichen Krankenpflege:**

- Rückbesinnung auf den Kernprozess der Pflege als Ausgangspunkt zukünftiger Überlegungen, Aktivitäten und Handlungen.

- Reduzierung der Einflussstärke pflegeperipherer Ebenen auf das für die qualitätsgesicherte und professionelle Pflege wirklich notwendige Maß.

- Einheitliche Vorgehensweise bei der Integration von zusätzlichen Betreuungskräften
  sowie Anpassung und Festlegung sinnvoller Einsatzbereiche, in Abstimmung mit den
  Erfordernissen des Kernprozesses der Pflege, zur tatsächlichen Entlastung der Pflegefachkräfte.

- Verordnungsfähigkeit von Prophylaxen und präventiven Maßnahmen in der ambulanten Pflege und der häuslichen Krankenpflege sowie Erteilung entsprechender Kompetenzen für Pflegefachkräfte.

- Forcierung einer Ausbildungsreform mit dem Ziel einer integrierten Pflegeausbildung.

- Stärkere Orientierung an den aktuellen Leitlinien zu Prävention und Therapie.

- Verkürzung der Entscheidungsprozesse der Kostenträger und schnellere Bewilligung
  von Hilfen.

Die in den letzten Jahren erfolgten, durchaus positiv zu wertenden Umstrukturierungen
und veränderten Vorgaben, wurden in ihren Grundlagen und Zielsetzungen vornehmlich von „außen" an die Pflege herangetragen. Im theoretischen Konstrukt Erfolg verspre-
chend, beschweren sie jedoch derzeit den Pflegealltag. Zum einen orientieren sich diese
in ihren Grundlagen und Strukturen noch nicht umfassend genug an der tatsächlichen
Pflegepraxis. Zum anderen führt ihre Komplexität zu Unverständlichkeiten, zusätzlichen
Belastungen sowie uneinheitlichen und damit zum Teil kontraproduktiven Umsetzungen.
Diese Entwicklung gilt es aufzuhalten, zu reflektieren und an die tatsächlichen Bedürfnisse
des Pflegeprozesses und der -fachkräfte anzupassen.

Die Expertenkommission ist der Meinung, dass sich die Kompetenzerweiterung der
Pflegeberufe langfristig nicht auf die Verordnung von Heil- und Hilfsmitteln beschränken
kann. Insbesondere im Bereich der Vorsorge in der häuslichen Krankenpflege und der
ambulanten Pflege ist zukünftig ein Verordnungsrecht von Pflegenden – gemäß ihrer Aufgaben, ihrer berufsethischen Verantwortung und ihrer Rolle als selbständiger Leistungserbringer – notwendig. Dieses sichert eine, im Sinne des Patienten, qualitätsgesicherte Pflege, die, gemäß der Ausrichtungen „ambulant vor stationär" und „Prävention vor Pflege",
eine medizinische, pflegerische und präventive Versorgung ohne Behandlungsbrüche und
Parallelstrukturen gewährleistet und die sowohl unnötige Erkrankungen und stationäre
Behandlungen als auch Verwaltungsaufwand und Kosten beträchtlich reduziert.

Im Sinne des Verständnisses des neuen Pflegebedürftigkeitsbegriffs, der nicht Defizite sondern das Maß an Eigenständigkeit zum Bewertungskriterium werden lässt, sollte analog nicht nur auf bereits vorhandene Problematiken in der Pflegebranche reagiert, sondern gleichzeitig deren Selbständigkeit deutlicher gefördert und gefestigt werden. Pflegekräften sollte ein größtmöglicher Handlungsspielraum eingeräumt werden, in welchem sie Entscheidungen zur Ausübung und Umsetzung ihrer Profession eigenständig treffen können, ohne diese zuvor mit Dritten verhandeln zu müssen.

Eine solche „Homogenisierung" aller an der Pflege indirekt und direkt beteiligten Ebenen und Instanzen stellt Integration vor Trennung, Dialog vor Monolog, Verstehen vor Vorurteil und nutzt vorhandene Potenziale. Sie schafft einen funktionalen und effektiven Handlungsrahmen und damit Zeit und Raum für die eigentliche Aufgabe – die Pflege von Menschen.

5.2.2 Wahrnehmung eines aktiven, wechselseitigen Wissenstransfers zwischen Wissenschaft, Gesetzgeber, Pflegebranche und -praxis

Wie bereits von der Arbeitsgruppe Entbürokratisierung des Runden Tisches Pflege erkannt, sollten Pflegedienste und -einrichtungen als lernende Systeme begriffen werden, die sich qua Definition immer in Bewegung befinden [10]. Hierzu bedarf es jedoch nicht nur eines geeigneten Führungsverständnisses, sondern auch der (Re-)Aktivierung eines einrichtungsinternen „Instruments", welches die Voraussetzung dafür schafft, dass den Veränderungen und Anforderungen der „Schrecken" der Komplexität und der Verwirrung genommen wird und dass abstrakte Ebenen zwischen gesetzlichen Definitionen, Vorgaben und qualitätssichernden Maßnahmen für alle Mitarbeiterinnen und Mitarbeiter begreifbar und nachvollziehbar werden. Denn das Bedürfnis nach Orientierung steigt in gleicher Relation, in der Leistungsangebote und -anforderungen vielfältiger werden und Belastungssituationen zunehmen. Pflegekräfte müssen in die Lage versetzt werden, veränderte Anforderungen zu verstehen und zu begreifen, damit sie internalisieren, dass es sich lohnt, Veränderungen mit zu tragen und umzusetzen.

Ein solches „Instrument" ist ein aktiv praktizierter Wissenstransfer, welcher im Sinn einer Übersetzungsleistung allen am Pflegeprozess Beteiligten eine gemeinsame Grundlage zur Kommunikation, Interaktion und zu wechselseitigem Austausch bietet. Dieser sollte sich auf der einen Seite zwischen Wissenschaft, gesetzgebenden Instanzen und der Pflegebranche etablieren, auf der anderen Seite aber auch in der Pflegepraxis wahrgenommen werden, um Umsetzungsproblematiken (zum Beispiel von Qualitätssicherungsmaßnahmen) durch Vermittlung reduzieren zu können.

In diesem Kontext kommt es entscheidend darauf an, dass alle Seiten eine entsprechende Sensorik für die Wahrnehmung dieses Wissenstransfers entwickeln. Dies beinhaltet folgende Aufforderungen:

- an die Wissenschaft – zur Nutzung einer „kompatiblen" Sprache und Vermittlung,

- an die gesetzgebenden Instanzen – zur Förderung und Integration eines wechselseitigen Austausches in Diskussionen und Entscheidungsprozessen und

- an die Pflegeleitungsebenen – zur entsprechenden Sensibilisierung für die Notwendigkeit und den Nutzen eines einrichtungsintern praktizierten Wissenstransfers sowie einer, auf diesen ausgerichteten, Neuorganisation zukünftiger Arbeitsprozesse.

Die Verantwortung zur aktiven Durchführung des Wissenstransfers von „außen" nach „innen" liegt bei den Leitungsebenen von Pflegeeinrichtungen und -diensten, da hier die für die Aufgabe erforderliche Kombination von Fachlichkeit, praktischer Kompetenz, Erfahrungswissen und Führungsverständnis gegeben ist. Auch Pflege- und Wohnbereichsleitungen sind geeignete Verbindungspersonen zwischen externen Vorgaben und internen Gegebenheiten – sie können ihre Beschäftigten „abholen" beziehungsweise an die Hand nehmen und die Divergenz zwischen Theorie und Praxis reduzieren.

Um die Bedeutung dieser Aufgabe hervorzuheben, sollte sie zukünftig bereits in Stellenausschreibungen Erwähnung finden.

Empfehlungen zur Wahrnehmung eines aktiven, wechselseitigen Wissenstransfers zwischen Wissenschaft, Gesetzgeber, Pflegebranche und -praxis:

- Aufforderung zum aktiv praktizierten Wissenstransfer zwischen allen am Pflegeprozess Beteiligten zur Schaffung einer gemeinsamen Basis der Kommunikation, Interaktion und des wechselseitigen Austauschs.

- Entwicklung einer für die Wahrnehmung des Wissenstransfers notwendigen Sensorik auf allen Ebenen.

- Nutzung einer für alle Beteiligten „kompatiblen" Sprache und Vermittlung durch Wissenschaft und Forschung.

- Stärkung der Kooperationen zu Hochschulen und Fachhochschulen, um erforderliche Transferleistungen funktionstüchtig zu etablieren.

- Regelhafte Einbindung pflegerischer Fachkompetenz bei gesundheitspolitischen Entscheidungsprozessen.

- Förderung eines wechselseitigen Austausches aller am Pflegeprozess Beteiligten durch Etablierung der dementsprechend erforderlichen Rahmenbedingungen seitens gesetzgebender Instanzen.

- Ausbau und Durchführung des pflege- und einrichtungsinternen Wissenstransfers, im Sinne einer Übersetzungsleistung der Leitungsebene von Pflegeeinrichtungen und -diensten, zur Reduzierung überfordernder Komplexität.

- Filterung und Übersetzung von wissenschaftlichen Erkenntnissen, Anforderungen und (gesetzlichen) Vorgaben zur vereinfachten Weitergabe an die Pflegekräfte.

- Durchführung erforderlicher Schulungen.

- Etablierung einrichtungsinterner sowie übergreifender Kompetenz-Netzwerke.

Mit einer Vereinfachung der Komplexität der Anforderungen und Vorgaben durch einen aktiv praktizierten wechselseitigen Wissenstransfer kann, so die Meinung der Experten-kommission, Transparenz, gegenseitiger Austausch, Verstehen und Verständnis sowie Praxisorientierung gefördert werden. Sie ist die elementare Voraussetzung für eine erfolg-reiche Weiterentwicklung der Pflegebranche und eine Refokussierung auf den Kernpro-zess der Pflege. Einrichtungsintern kann im Sinn einer didaktischen „Übersetzungshilfe" Pflegekräften – und damit auch dem Pflegeprozess – wieder eine sichere, verständliche Handlungsebene geboten werden.

Es gilt, nicht nur das berufsethische „Selbstbewusstsein" der Pflege zu stärken, son-dern, bei zukünftigen Entschlüssen und Festlegungen, den Pflegeprozess – ähnlich einem Bottom-up Ansatz – in seinen praktischen Abläufen umfassender zur Grundlage zukünf-tiger Überlegungen und Aktivitäten zu machen. Durch den Einbezug dieses praktischen Erfahrungswissens und pflegerischer Fachkompetenz in gesundheitspolitische Entschei-dungsprozesse werden Notwendigkeiten und Problematiken bereits im Vorfeld geplanter Umstrukturierungen deutlich und es kann auf diese direkt und praxisorientiert reagiert werden. Potenziellen Überlagerungen, Bürokratisierungen und zusätzlichen Überlastun gen kann wirksam vorgebeugt, bereits vorhandene deutlich reduziert werden. Durch den wechselseitigen Austausch mit Wissenschaft, Forschung und gesetzgebenden Instanzen werden zudem auch Neuerungen zukünftig nicht als fremdbestimmt, sondern als gemein-sam entwickelt empfunden. Dies erhöht nicht nur deren Akzeptanz und die Umsetzungs-motivation deutlich, sondern stellt auch die Praxistauglichkeit sicher.

Letztlich führt der aktiv praktizierte Wissenstransfer einrichtungsintern dazu, dass Pflegekräfte die Anforderungen an ihre Tätigkeit, wie auch ihr Tun selbst, verstehen und nachvollziehen können. Die Handlungsorientierung ihrer Aufgabe wird somit revitalisiert und erlangt ihre ursprüngliche Sinnhaftigkeit zurück.

Dies bestätigen auch unterschiedliche Studienergebnisse, in denen Konzepte der kolle-gialen Beratung [1] ebenso positive Auswirkungen verzeichnen konnten, wie eine gezielte Verbesserung des Informationsflusses, welche sich nicht auf die reine Weitergabe von An-ordnungen reduzierte, sondern Mitarbeiterinnen und Mitarbeitern auch Hintergrundwis-sen vermittelte [19][33].

Ähnlich der Struktur eines Einarbeitungskonzepts, gewährleistet ein so praktizierter Wissenstransfer, dass einrichtungsinterne Abläufe oder Besonderheiten ebenso direkte Berücksichtigung finden, wie individuelle Fähigkeiten und Bedürfnisse der einzelnen Be-schäftigten.

Somit können Vorgaben, Maßnahmen und Neuerungen direkt auf Beschäftigte und Strukturen vor Ort angepasst werden und eingefahrene Abläufe sachgerecht und nachvoll-ziehbar reformiert werden. Dies sichert ein einheitliches Arbeiten, schafft Harmonisierung und Balance in Arbeitsabläufen, vermeidet Doppelarbeit und Reibungsverluste, reduziert Mehrfachbelastungen, steigert die Arbeitszufriedenheit und letztlich, und vor allem, die Qualität der Pflege.

Im Sinne des „lernenden Unternehmens" werden Veränderungen und Neuerungen dann nicht mehr als belastend, sondern als positiver Einfluss und Anregung empfunden, die für einrichtungsinterne Entwicklungsprozesse genutzt werden können, um die Wissensbasis ebenso wie die Handlungsspielräume an neue Anforderungen anzupassen.

5.2.3   Einheitliche Etablierung eines Qualitätsmanagements „ohne Umwege"

Die Reihe der Diskussionen und Bürokratisierungskritiken, bezüglich der vielfältigen und heterogenen Ausprägungen von Grundsätzen, Rahmenbedingungen und Kriterien der Qualitätssicherung für die medizinische wie auch für die pflegerische Arbeit (§§135 a ff. SGB V sowie §§112 ff. SGB XI), ist lang. Insbesondere in der stationären Pflege werden nach wie vor die Belastungen durch die wachsende Aufgabenfülle und die zunehmenden Anforderungen an Dokumentation und Qualitätssicherung – und damit auch die enger werdenden Handlungsspielräume – beklagt [33]. Der eigentlichen Pflege-Aufgabe geht hierdurch viel Potenzial und Zeit verloren [33].

Mit den 2005 vorgelegten „10 Eckpunkten zur Entbürokratisierung des Heimrechts" sowie dem Abschlussbericht der Arbeitsgruppe Entbürokratisierung des Runden Tisches Pflege [10] wurden seitens der Bundesregierung bereits Empfehlungen und Maßnahmen vorgeschlagen, die in die richtige Richtung gehen. Dennoch werden vielfach weiterhin der Mangel an konkreten Hinweisen zu Änderungsbedürfnissen im Einzelfall sowie die Verallgemeinerungen der Argumentation beklagt.

Allerdings ist in diesem Kontext zu betonen, dass das „Warum" von Bürokratien nicht in Frage gestellt wird. Sie sind notwendig und sinnvoll, wenn sie die (Rechts-)Sicherheit für Pflegebedürftige, Beschäftigte und Einrichtungen gewährleisten und in der Lage sind, tatsächlich Ergebnisqualität herzustellen. Es geht vielmehr um das „Wie", das heißt die Formen und Ausprägungen ihres Einsatzes.

Dies wird insbesondere im Zusammenspiel der internen und externen Qualitätssicherungsmaßnahmen in der ambulanten und stationären Pflege deutlich. Ihre eigentliche und sinnvolle Zielsetzung verschwimmt durch verwirrende Vielfalt und Uneinheitlichkeit.

Zur Festlegung und Durchführung von Maßnahmen zur internen Sicherung der Struktur-, Prozess- und Ergebnisqualität sind die Träger von Pflegeeinrichtungen nach §113 SGB XI verpflichtet. Darüber hinaus sind sie durch das Pflege-Qualitätssicherungsgesetz (PQaG) in der Verantwortung, ein internes Qualitätsmanagement einzuführen und weiterzuentwickeln (§§ 72, 80 SGB XI). Zudem sind Pflegeeinrichtungen nach § 112 Abs. 2 SGB XI verpflichtet, erbrachte Leistungen und deren Qualität in regelmäßigen Abständen nachzuweisen.[6]

Eine Möglichkeit, den Aufbau eines solchen internen Qualitätsmanagements zu unterstützen, besteht in der Zertifizierung des Qualitätsmanagements der Pflegeeinrichtung. Bei einer solchen Zertifizierung handelt es sich um eine freiwillige externe Qualitätssi-

---

[6] Diese Anforderung bezieht sich auf die Leistungs- und Qualitätsnachweise (LQN) nach §113 SGB XI, die bekanntlich aufgrund einer fehlenden Rechtsverordnung nicht umgesetzt und vor dem Hintergrund der Entbürokratisierungsdiskussion in Frage gestellt werden.

cherungsmaßnahme [32]. Diese ersetzt jedoch nicht die externe Qualitätssicherung durch den MDK. Einige Einrichtungen haben bereits ihr Qualitätsmanagement durch Gütesiegel oder Zertifikate bewerten lassen [32].[7] Zwar kommen diese dem Ansatz von Leistungs- und Qualitätsnachweisen nahe, sie können aber, im Unterschied zu den Standards des MDK, ohne einheitliche verpflichtende Grundlage erreicht werden [32]. Als problematisch erweist sich in diesem Kontext die unterschiedliche Vorgehensweise der Einrichtungen (zertifiziert/nicht zertifiziert), sowie die Vielfalt der derzeit vorhandenen Zertifikate und Gütesiegel.

Der 2. Bericht des Medizinischen Dienstes des Spitzenverbandes Bund der Krankenkassen e.V. (MDS) nach §118 SGB XI kam darüber hinaus zu dem Ergebnis: „Insgesamt betrachtet unterscheiden sich die Ergebnisse der MDK-Prüfungen von zertifizierten Pflegeeinrichtungen im Vergleich zu den nicht zertifizierten Pflegeeinrichtungen bei den entscheidenden Qualitätsparametern deutlich weniger positiv als erwartet. Dieser Befund ist insbesondere deswegen bemerkenswert, da große Erwartungen und großes Vertrauen in die Qualitätsverbesserung durch Zertifizierungen gesetzt werden."

Damit lässt sich der Kausalzusammenhang, nach dem ein Zertifikat auch ein hohes Qualitätsniveau für die Pflegebedürftigen nach sich zieht, nicht bestätigen. Dies ist ein bedenkliches Ergebnis, nicht zuletzt deshalb, weil den Einrichtungen durch Zertifizierungsverfahren in der Regel ein erheblicher finanzieller und personeller Aufwand entsteht.

Zertifikate und Gütesiegel sind jedoch nur dann sinnvoll, wenn sie einen tatsächlichen Nachweis für ein dauerhaft hohes Qualitätsniveau der Ergebnisqualität einer Pflegeeinrichtung bieten [32].

Mit einer Reduzierung der Vielfalt vorhandener Zertifizierungen und Gütesiegel sowie der Schaffung von einheitlichen Grundlagen bezüglich der Bewertungskriterien können finanzieller, personeller und zeitlicher Aufwand in Pflegeeinrichtungen und -diensten erheblich minimiert und die hierdurch freigesetzten Potenziale wieder dem Pflegeprozess und seiner Ergebnisqualität zugeführt werden.

Empfehlungen zur einheitlichen Etablierung eines Qualitätsmanagements „ohne Umwege":

- Reduzierung der unterschiedlichen internen Qualitätssicherungsmaßnahmen, Zertifikate und Gütesiegel.

- Standardisierung von Bewertungskriterien für Zertifikate und Gütesiegel und damit Schaffung einheitlicher, nachvollziehbarer und pflegerealer Nachweise eines hohen Qualitätsniveaus in Pflegeeinrichtungen und -diensten.

- Zeitnahe und einheitliche Umsetzung der im Rahmen des Modellvorhabens „Qualitätsentwicklung in der Pflege und Betreuung" gewonnenen Ergebnisse in die Praxis [12].

- Beobachtung der Umsetzung des neuformulierten § 113a SGB XI insbesondere im Hinblick auf Transparenz, Praxistauglichkeit sowie einheitliche Vorgehensweisen.

---

[7] Für die Jahre 2004 bis 2006 liegen bundesweite statistische Daten aus 7.951 (3.736 ambulante Pflege, 4.217 stationäre Pflege) MDK-Qualitätsprüfungen vor. Von diesen geprüften Einrichtungen hatten zum Zeitpunkt der Prüfung 3,8 Prozent (140) der ambulanten Pflegedienste und 5,4 Prozent (226) der stationären Pflegeeinrichtungen ein zertifiziertes Qualitätsmanagement [32].

- Verbindliche Etablierung von Pflegeplanungen mit handlungsleitendem Charakter und von Strukturstandards (wie etwa Tagesablauf oder Pflegedokumentation) [27][36].

- Etablierung von Leistungskomplexen anstelle umfangreicher Einzelnachweise.

- Ausbau der Abstimmung zwischen externer und interner Qualitätssicherung.

- Forcierung der Harmonisierung von Heimaufsicht und MDK.

- Leistungsrechtliche Berücksichtigung der Pflegeelemente „soziale Betreuung und All-tagsgestaltung" in der ambulanten Pflege sowie anschließende Aufnahme dieser als Bewertungskriterium (§ 115 Abs. 1a Satz 6 SGB XI) für die ambulante Pflege in die Systematik der Qualitätsprüfungen des MDK.

Empfehlungen des Runden Tischs Pflege [10], des Kuratoriums Deutsche Altenhilfe [18] [36] sowie der INQA [27] zeigen bereits mögliche Schritte zur Reduzierung der Komple-xität im Bereich Qualitätssicherung auf, denen sich die Expertenkommission im Wesent-lichen anschließt. Eine Qualitätssicherung „ohne Umwege" kann nur mit der Schaffung von Transparenz, Einheitlichkeit, Übersichtlichkeit und Verständlichkeit erreicht werden. Hierzu gehört, außer entsprechenden Maßnahmen der Entbürokratisierung und einheit-licher Anpassung qualitätssichernder Maßnahmen, auch die Harmonisierung zwischen externer und interner Qualitätssicherung. Es gilt, gemeinsam Vorgehensweisen und Pri-oritäten festzulegen und mögliche Schwachstellen zu lokalisieren und zu beheben [36].

Die seit dem 1. Januar beziehungsweise 1. Februar 2009 in Kraft getretenen Vereinba-rungen nach § 115 Abs. 1 a Satz 6 SGB XI über die Kriterien der Veröffentlichung sowie die Bewertungssystematik der Qualitätsprüfungen der Medizinischen Dienste der Kran-kenversicherung sowie gleichwertiger Prüfergebnisse in der stationären Pflege beziehungs-weise ambulanter Pflegedienste werden im Sinne der geforderten Qualitäts-Transparenz grundsätzlich begrüßt [24][25]. Vor dem Hintergrund der Ausweitung pflegerisch am-bulanter Tätigkeiten, beispielsweise in alternativen Wohnformen, sowie der Bedeutung der „therapeutisch-sozialen Beziehung" innerhalb des Kernprozesses der Pflege, ist nach Ansicht der Expertenkommission die leistungsrechtliche Berücksichtigung pflegerischer Tätigkeiten im Bereich der sozialen Betreuung in der ambulanten Pflege dringend erfor-derlich. Gleichermaßen sind diese Pflegeleistungen als Bewertungskriterium (§ 115 Abs. 1a Satz 6 SGB XI) für die ambulante Pflege in die Systematik der Qualitätsprüfungen des MDK aufzunehmen.

Die Kategorien „pflegerische Leistungen" sowie „Dienstleistungen" bilden die Tätig-keitsbereiche der ambulanten Pflege nur unzureichend und eindimensional ab und „un-terschlagen" damit wesentliche Elemente des Pflegeprozesses.

5.2.4 Stärkung der therapeutischen Beziehung zwischen Pflegebe-dürftigen und Pflegekräften

Der therapeutischen Beziehung zwischen Pflegekräften und Pflegebedürftigen kommt in-nerhalb einer individuellen und teilhabeorientierten Pflege eine bedeutende Funktion zu. Vor allen qualitätssichernden Vorgaben und Maßnahmen wirken sich die soziale Vernetzung und die zeitliche Verfügbarkeit entscheidend auf den Pflegeerfolg aus. Dieser Beziehungsebene wird jedoch immer mehr die zeitliche Grundlage auf der einen, der Raum für die sozial-zwischenmenschliche Ausrichtung auf der anderen Seite entzogen.

Studien zeigen, dass im Gegensatz zu distanzierten „Beziehungen" in therapeutischen Beziehungen deutlich mehr Menschlichkeit, ein besseres Verstehen der Patienten seitens der Betreuer, mehr Aushandlungsprozesse zwischen Patienten und Betreuern und damit auch bessere Behandlungsentscheidungen festgestellt werden können [31]. Zudem verhindert eine therapeutische Beziehung die soziale Isolation von Langzeit- und Chronischkranken und erhöht auf der anderen Seite ebenso die Sorgfalt und Kreativität von Pflegekräften [40]. Darüber hinaus beeinträchtigt ein aufgrund äußerer Faktoren bestehendes, zu distanziertes Verhältnis zwischen Pflegebedürftigen und Pflegekräften letztlich auch die berufliche Motivation und kann eine Infragestellung des Sinns der Tätigkeit bedingen [28].

Ungeachtet wirtschaftlicher Angemessenheit und Wettbewerbsfaktoren und der hieraus entstehenden Belastungen, muss dem Wohl des Patienten oder Pflegebedürftigen oberste Priorität gegeben werden [15]. Nur mit einem solchen Verständnis ist ein wirklich professionelles Handeln möglich, da dieses immer auch personenorientiert ist [34][41].

Empfehlungen zur Stärkung der therapeutischen Beziehung zwischen Pflegebedürftigen und Pflegefachkraft:

● Prioritätensetzung in der Pflege zugunsten der Stärkung der sozialen Vernetzung zwischen Pflegebedürftigen, ihren Angehörigen und Pflegefachkräften.

● Anpassung der Ablaufpläne und Maßnahmen, um der sozialen Beziehung den notwendigen Raum und die „zeitliche Verfügbarkeit" zu geben.

● Befreiung, insbesondere der Pflegekonzepte, von den Pflegeprozess und die therapeutische Beziehung behindernden Vorschriften und Vorgaben.

Innerhalb der Pflegeplanung und der Pflegekonzepte ist eine Überprüfung und falls erforderlich auch eine Neuausrichtung der Prioritäten notwendig. Hiermit geht eine Lokalisierung von Entbürokratisierungspotentialen der den eigentlichen Pflegeprozess überlagernden Ebenen einher. Konkrete Handlungsempfehlungen hierfür finden sich bereits im Abschlussbericht der Arbeitsgruppe Entbürokratisierung des Runden Tisches Pflege – ebenso wie beispielsweise in Empfehlungen des Kuratorium Deutsche Altenhilfe (KDA) oder der Initiative Neue Qualität der Arbeit (INQA) [9][27][36].

Parallel hierzu gilt es, unnötige Verwirrungen – aufgrund heterogener Verfahrensweisen in der Qualitätssicherung oder bei der Interpretation rechtlicher Vorgaben – durch eine Homogenisierung im Sinne einheitlich festgelegter Maßnahmen zukünftig weiter zu reduzieren. Hierdurch können nicht nur Belastungen minimiert, sondern auch Zeit gewonnen werden, die, entsprechend dem beruflichen Auftrag der Fachkräfte, direkt in die Pflege reinvestiert werden kann.

Ziel allen Handelns sollte die qualitativ hochwertige, individuelle Pflege sein, die eine zwischenmenschliche therapeutische Beziehung ermöglicht und somit zur Aufrechterhaltung der Lebensqualität Pflegebedürftiger unabdingbare Voraussetzung ist.

5.2.5 Stärkung der Kooperation der am stationären und ambulanten Pflegeprozess Beteiligten

Sind am Pflegeprozess unterschiedliche Leistungserbringer beteiligt, wie beispielsweise in der Krankenhaus- und Überleitungspflege sowie innerhalb integrierter Versorgungssysteme, sind häufig Intransparenzen des pflegerischen Zuständigkeits- und Aufgabenbereichs, disparate Organisationsstrukturen sowie eine Dominanz des informellen Aushandelns anstelle formeller Regelungen zu beobachten. Aus dieser Kombination entstehen häufig vermeidbare systemische Unverträglichkeiten, die sich auf die Pflegeabläufe und -qualität wie auch auf den Belastungsgrad der Pflegekräfte – und damit auf deren Arbeitszufriedenheit – negativ auswirken. Bürokratisierungstendenzen, „Machtspiele", informelle Kommunikation sowie berufsstereotype Abgrenzungen erschweren ein gemeinsames interprofessionelles Handeln und Entscheiden im Sinne der umfassenden medizinisch-pflegerischen Versorgung der Pflegebedürftigen, oder machen es gar unmöglich. „Alle Widersprüche und auch rechtlichen Unklarheiten der Teilsysteme in Arzt- und Pflegedienst auf den übergeordneten Ebenen kondensieren auf dieser Wertschöpfungsebene nicht selten zu mühseligen, konfliktträchtigen und provisorischen Handlungssystemen. Darunter leiden Patienten, Mitarbeiter, Arbeitsqualität und Wirtschaftlichkeit (…). [39]"

Dies ist auch das Ergebnis einer Studie, die sich mit den Arbeitsbelastungen und dem Berufsausstieg bei Krankenschwestern beschäftigt hat. 70 bis 80 Prozent der Gesamtarbeitsbelastung im Krankenhaus liegen in Informations-, Beziehungs- und Kommunikationsproblemen innerhalb und zwischen Berufsgruppen begründet [7]. Daher ist eine Stärkung der Kooperationen innerhalb medizinisch-pflegerischer Prozesse nicht nur im Hinblick auf eine hohe Versorgungs- und Pflegequalität wichtig, sie ist auch als Prävention im Sinne der Reduzierung von Arbeitsbelastungen zu sehen.

Empfehlungen zur Stärkung der Kooperation der am stationären und ambulanten Pflegeprozess Beteiligten untereinander:

- Etablierung und Ausbau interdisziplinärer Kooperationen in der Krankenhaus- und Überleitungspflege sowie innerhalb Integrierter Versorgungssysteme.

- Rekonzentration auf den Pflegeprozess, verstärkte Ausrichtung auf psychosoziale und edukative Aufgaben sowie Ergänzung der Aufgabenbereiche zu einem sinnvollen, ganzheitlichen Versorgungskonzept [39].

- Stärkere Ausrichtung auf die Bezugspflege.

- Komplementäre Ausrichtung der Teilsysteme und Versorgungsziele der Arzt- und Pflegedienste.

- Anpassung der Leitungsstrukturen auf integrative Prozesse und Berufsgruppen.

- Prozessnahes Treffen von diagnostischen, therapeutischen sowie pflegerischen Entscheidungen und Vermeidung von redundanten „Rückkopplungsschleifen" und damit von vermehrtem Informations-, Koordinations- und Kontrollaufwand [39].

Die Analyse medizinisch-pflegerischer Leistungsprozesse ermöglicht deren funktionale Aufteilung zwischen den einzelnen Berufsgruppen beziehungsweise Leistungserbringern.

Die Steuerung, Lenkung und Regelung medizinisch-pflegerischer Leistungsprozesse in der Krankenhaus- und Überleitungspflege sollte, unter Beachtung der ärztlichen Verantwortung, qualifizierten Pflegekräften im Sinne eines Case Managements übertragen werden [4]. So können Diagnostik, Therapie und Pflege patientenbezogen sowie zeit- und kostensparend geplant, koordiniert und überwacht werden.

Durch eine klar organisierte, transparente und zwischen den Berufsgruppen verbindlich vereinbarte Arbeitsteilung wird interprofessionelles Handeln deutlich gestärkt, der Kooperationsaufwand verringert und die Konzentration auf eine patientenorientierte, effiziente und vor allem umfassende Leistungserbringung möglich.

In der Etablierung und dem Ausbau interdisziplinärer Kooperationen und des Case Managements in der Krankenhaus- und Überleitungspflege sowie innerhalb integrierter Versorgungssysteme – mithin einer effizienten Prozessgestaltung – sieht die Expertenkommission die Möglichkeit, dass die interpersonelle Zusammenarbeit der Leistungserbringer sinnvoll gestärkt, eine hohe Leistungsqualität erreicht, ineffiziente Ablauf- und Kommunikationsstrukturen minimiert und letztlich eine Erhöhung der Pflegequalität sowie der Arbeitszufriedenheit und -motivation erreicht werden kann.

5.3 Fazit

Im Hinblick auf die gestiegenen Anforderungen an Pflegeleistungen und -qualität, den wirtschaftlichen Wettbewerb sowie anstehende Wandlungsprozesse in der Pflege, darf der Kernprozess der Pflege nicht weiter ins Abseits rücken. Die Überlagerung durch von außen an den Pflegebereich gestellte Vorgaben sowie die Zunahme administrativer Pflichten entfremden die Pflegekräfte zunehmend von den zentralen Aufgaben ihres Berufs. Hierdurch entsteht ein Gefühl der Fremdbestimmung und der Entmündigung, welches die Identifikation der Fachkräfte mit ihrer Tätigkeit zusätzlich erschwert.

Nach Ansicht der Expertenkommission sind in diesem Gesamtkontext Harmonisierung, Homogenisierung und Praxisnähe die zu nutzenden Schlüssel auf dem Weg der Vereinfachung, Vereinheitlichung, Kooperation, inter- sowie intraprofessioneller Interaktion und Optimierung. Zielsetzung muss eine sinnhafte, individuelle, teilhabeorientierte und qualitätsvolle Pflege für alle Beteiligten sein. Hierfür ist es notwendig, sowohl die Anforderungen und Bedürfnisse des Kernprozesses der Pflege als auch die Belange der Pflegefachkräfte selbst in das Zentrum zukünftiger Entwicklungen und Anforderungen zu stellen.

Dabei kommt der Unterstützung der Fachkräfte bei deren Orientierung, im Sinne einer internen Wissensvermittlung, eine bedeutende Rolle zu. Noch immer wird zu wenig berücksichtigt, dass die Zufriedenheit der Hauptakteure der Pflege ein zentraler Faktor auf dem Weg hin zu mehr Pflegequalität ist. Diesen Einfluss bestätigen auch erste Ergebnisse der laufenden 3Q-Studie[8]: Je höher die quantitativen Anforderungen sind, desto niedriger ist die Zufriedenheit der Pflegenden mit der Pflegequalität.

---

[8] http://www.3q.uni-wuppertal.de

Ferner sollte beachtet werden, dass es gerade im Hinblick auf den wachsenden Bedarf an Pflege gilt, die gesundheitlichen Potenziale der Pflegenden zu bewahren und gezielt zu fördern. Voraussetzungen hierfür sind, außer der gesunden Arbeitsumgebung und -organisation, die partnerschaftliche Zusammenarbeit mit anderen Berufsgruppen sowie die berufliche und gesellschaftliche Anerkennung. Systemfaktoren sind in diesem Zusammenhang deutlich einflussgebend auf die Pflegequalität und die Arbeitszufriedenheit, wie Ergebnisse der RICH-Nursing-Studie des Instituts für Pflegewissenschaft der Universität Basel in Zusammenarbeit mit der University of Pennsylvania (USA) [8][9] belegen. Sie zeigen, dass sich Systemfaktoren „(…) als die wichtigsten die Ergebnisse [guter Pflegequalität] beeinflussenden Faktoren erwiesen haben" [8].

Somit ist und bleibt eine „Gesunde Pflege" [26] eine Schlüsselinvestition in die Zukunft, weil der wichtigste Faktor in der Pflege die Pflegenden sind, denn Menschen können nur von Menschen gepflegt werden.

5.4   Literatur

[1]   Bauer-Sternberg, D., Brennert, C., Deters, J., Müller-Bagehl, S.: Abschlussbericht „Arbeitsschutz in der ambulanten Pflege". http://www.arbeitsschutzinderpflege.de/public/abschlussbericht.html (Abruf 2009)

[2]   Berufsgenossenschaft für Gesundheitsdienst und Wohlfahrtspflege – BGW: Aufbruch Pflege: Entbürokratisierung – ein Märchen wird wahr. BGW themen, Hamburg 2006

[3]   Berufsgenossenschaft für Gesundheitsdienst und Wohlfahrtspflege – BGW/ Expertenkommission Pflege: Empfehlungen zur Qualitätssteigerung und -sicherung der Altenpflegeausbildung in Deutschland. Positionspapier. Hamburg, 2006
http://www.bgw-online.de/SharedDocs/Downloads/DE/Medientypen/bgw-themen/Expertenkommission_AP_Positionspapier_Download.pdf?__blob=publicationFile   (Abruf 29.07.14)

[4]   Berufsgenossenschaft für Gesundheitsdienst und Wohlfahrtspflege – BGW/ Expertenkommission Pflege: Empfehlungen zur Umsetzung der Integrierten Versorgung unter Einbezug der Pflege. Positionspapier. Hamburg, 2007 http://www.bgw-online.de/SharedDocs/Downloads/DE/Medientypen/bgw-themen/Expertenkommission_Integrierte_Versorgung_Gesamt.pdf?__blob=publicationFile (Abruf 29.07.14)

[5]   Berufsgenossenschaft für Gesundheitsdienst und Wohlfahrtspflege – BGW/ Zaddach, M., Kähler, B. : Entbürokratisierung – ein Märchen wird wahr? Dokumentation der Tagung „Rückschau, Reflexion und Zukunft", 7. Mai 2008. Hamburg 2008

[6]   Berufsgenossenschaft für Gesundheitsdienst und Wohlfahrtspflege – BGW: Stellungnahme der BGW zur Expertenanhörung „Betreuungsassistenz – Ergänzende Dienstleistung in der Pflege" Unveröffentlicht. März 2009

[7]   Braun, B., Müller, R.: Arbeitsbelastungen und Berufsausstieg bei Krankenschwestern. In: Pflege & Gesellschaft, 10. Jahrgang, 3/2005: 131-141
http://www.dg-pflegewissenschaft.de/pdf/PfleGe0305Braun.pdf (Abruf 2009)

---

[9] Die Studie hatte zum Ziel, implizite Rationierungseffekte von Pflege, die mit in Spitälern durchgeführten Kosteneinsparungsstrategien im Zusammenhang stehen, im stationären Pflegebereich in Schweizer Akutpflegespitälern zu erfassen und deren Auswirkungen auf ausgewählte Ergebnisse bei Patienten und Pflegefachpersonen zu untersuchen.

[8]   Bundesamt für Gesundheit (Schweiz): Rich-Nursing Study. Rationing of Nursing Care in Switzerland. Effects of Nursing Care in Switzerland on Patients` and Nurses` Outcomes, Basel 31. Januar 2005 http://gesundheitspolitik.verdi.de/pflege/mehr_geld_fuer_die_pflege/data/ schlussbericht_pflege-studie.pdf (Abruf 2009)

[9]   Bundesministerium für Familie, Senioren, Frauen und Jugend: 10 Eckpunkte zur Entbürokratisierung der Pflege. 2005 http://www.bmfsfj.de/Politikbereiche/aeltere-menschen,did=34774.html (Abruf 2009)

[10]   Bundesministerium für Familie, Senioren, Frauen und Jugend: Runder Tisch Pflege. Arbeitsgruppe III. Entbürokratisierung 2005 http://www.bmfsfj.de/bmfsfj/generator/RedaktionBMFSFJ/Abteilung3/Pdf-Anlagen/ergebnisseag3-entbuerokratisierung,property=pdf,bereich=bmfsfj,sprache=de,rwb=true.pdf (Abruf 2009)

[11]   Bundesministerium für Familie, Senioren, Frauen und Jugend: Bürokratie abbauen – Pflege fördern. Pressemitteilung vom 13.07.2005 http://www.bmfsfj.de/bmfsfj/generator/BMFSFJ/Presse/pressemitteilungen,did=31226.html (Abruf 2009)

[12]   Bundesministerium für Familie, Senioren, Frauen und Jugend: Qualitätsniveaus in der Pflege und Betreuung. Mitteilung v. 02.09.2008 http://www.bmfsfj.de/bmfsfj/generator/BMFSFJ/aeltere-menschen,did=112720.html (Abruf 2009)

[13]   Bundesminsterium für Familie, Senioren, Frauen und Jugend/Wissenschaftliches Institut der Ärzte Deutschland gem. e.V. (WIAD)/Deutsches Institut für angewandte Pflegeforschung e.V. (dip): Pflegeausbildung in Bewegung. Ein Modellvorhaben zur Weiterentwicklung der Pflegeberufe. Schlussbericht der wissenschaftlichen Begleitung. Berlin, 2008 http://www.pflegeausbildung.de/ergebnisse_und_materialien/PiB_Abschlussbericht.pdf (Abruf 2009)

[14]   Bundesministerium für Gesundheit: Pflegereform im Bundesrat. Pressemitteilung v. 25.04.2008 http://www.bmg.bund.de (Abruf 2009)

[15]   Cassel, J.K.: The patient-physician covenant: an affirmation of Asklepios. In: Conn Med 1996; 60:291-3.

[16]   Deutsche Gesellschaft für Psychiatrie, Psychotherapie und Nervenheilkunde (DGPPN): Stellungnahme zum Einsatz zusätzlicher Betreuungskräfte für Demenzkranke v. 10.10.2008 http://media.dgppn.de/mediadb/media/dgppn/pdf/stellungnahmen/2008/dgppn-stn08-08betreuungskraefte-demenzkranke-langf.pdf (Abruf 2009)

[17]   Deutscher Bundestag: Entbürokratisierung der Pflege vorantreiben – Qualität und Transparenz der stationären Pflege erhöhen. Drucksache 16/672 16. Wahlperiode 15. 02. 2006 http://dip21.bundestag.de/dip21/btd/16/006/1600672.pdf (Abruf 2009)

[18]   Deutscher Bundestag: Ausschuss für Gesundheit. Ausschussdrucksache 16(14)0239(11). Anhörung zum Antrag der Fraktion der FDP „Entbürokratisierung der Pflege vorantreiben – Qualität und Transparenz der stationären Pflege erhöhen" (BTDrs.16/672). Stellungnahme des Kuratoriums Deutsche Altershilfe e.V., Köln (KDA) 14.6.2007 http://www.bundestag.de/Ausschuesse/a14/anhoerungen/2007/058/stllg/KDA.pdf (Abruf 2009)

[19]   Drescher, C., Kunze, A., Walter, H., Zicker, S.: Die physischen und psychischen Arbeitsbelastungen von Krankenpflegepersonal – untersucht in einem Berliner Krankenhaus. Evangelische Fachhochschule Berlin, 2000. http://www.efb-consulting.de/efb-consulting/tp_pub/proj/2001a_arbeitsbelastung.pdf (Abruf 2009)

[20]   Gemeinsamer Bundesausschuss (G-BA): Richtlinien über die Verordnung von häuslicher Krankenpflege in der vertragsärztlichen Versorgung nach § 92 Abs. 1 Satz 2 Nr. 6 und Abs.7 SGB V – letzte Änderung vom 10.6.2008 http://www.g-ba.de/downloads/62-492-260/RL-HKP-2008-01-17_2008-04-10.pdf (Abruf 2009)

[21]   Gesetz über die Berufe in der Altenpflege (Altenpflegegesetz – AltPflG) neugefasst durch B. v.
       25.08.2003 BGBl. I S. 1690; zuletzt geändert durch Artikel 16 G. v. 28.05.2008 BGBl. I S. 874;
       Geltung ab 01.08.2003 http://www.buzer.de/gesetz/3223/ (Abruf 2009)

[22]   Gesetz über die Berufe in der Krankenpflege (Krankenpflegegesetz – KrPflG) G. v. 16.07.2003
       BGBl. I S. 1442; zuletzt geändert durch Artikel 15 G. v. 28.05.2008 BGBl. I S. 874; Geltung ab
       01.01.2004 http://www.buzer.de/gesetz/6634/ (Abruf 2009)

[23]   GKV-Spitzenverband: Richtlinien nach § 87b Abs. 3 SGB XI zur Qualifikation und zu den
       Aufgaben von zusätzlichen Betreuungskräften in Pflegeheimen (Betreuungskräfte_RI) v.
       19.08.2008 https://www.gkv-spitzenverband.de/upload/2008_08_19__%C2%A787b_Richtli-
       nie_2291.pdf (Abruf 2009)

[24]   GKV-Spitzenverband: Vereinbarung nach § 115 Abs. 1 a Satz 6 SGB XI über die Kriterien der
       Veröffentlichung sowie die Bewertungssystematik der Qualitätsprüfungen der Medizinischen
       Dienste der Krankenversicherung sowie gleichwertiger Prüfergebnisse in der stationären Pfle-
       ge – Pflege-Transparenzvereinbarung stationär (PTVS) vom 17.Dezember 2008 https://www.
       gkv-spitzenverband.de/upload/ Vereinbaurung_stationär_Stand_17_12_2008_5124.pdf (Ab-
       ruf 2009)

[25]   GKV-Spitzenverband: Vereinbarung nach § 115 Abs. 1 a Satz 6 SGB XI über die Kriterien der
       Veröffentlichung sowie die Bewertungssystematik der Qualitätsprüfungen der Medizinischen
       Dienste der Krankenversicherung sowie gleichwertiger Prüfergebnisse von ambulanten Pfle-
       gediensten – Pflege-Transparenzvereinbarung ambulant (PTVA) vom 29. Januar 2009
       https://www.gkv-spitzenverband.de/upload/Vereinbarung_ambulant_Stand_29.01.2009_5102.
       pdf (Abruf 2009)

[26]   INQA: Für eine neue Qualität der Arbeit in der Pflege. Leitgedanken einer Gesunden Pflege.
       Memorandum. Dortmund/Dresden 2007 http://www.inqa.de/Inqa/Redaktion/Zentralredak-
       tion/PDF/Publikationen/memorandumgesunde-pflege,property=pdf,bereich=inqa,sprache=
       de,rwb=true.pdf (Abruf 2009)

[27]   INQA: Entbürokratisierung in der Pflege. Dresden 2008 http://www.inqa.de/Inqa/Redaktion/
       Zentralredaktion/PDF/Publikationen/pflege-hh6-buerokratie,property=pdf,bereich=inqa,sp
       rache=de,rwb=true.pdf (Abruf 2009)

[28]   Käppeli, S.: Das therapeutische Bündnis in Medizin und Pflege – wie lange noch? In: Schwei-
       zerische Ärztezeitung 2006; 87: 1222-1225.

[29]   Klie, T.: Recht der Altenhilfe. 5. überarbeitete Auflage. Vincentz, Hannover 2003

[30]   Krause, T., Anders, J., Heinemann, A. et al./ Bundesminsterium für Familie, Senioren, Frauen
       und Jugend: Ursachenzusammenhänge der Dekubitusentstehung. Abschlussbericht 2004
       http://www.uw-b.de/files/arbeitshilfen/forschungsbericht_dekubitus.pdf (Abruf 2009)

[31]   Lowenberg, J.S.: The nurse-patient relationship reconsidered: an expanded research agenda.
       In: Scholarly inquiry for nursing practice: An International Journal 1994; 8: 167-84.

[32]   Medizinischer Dienst der Spitzenverbände der Krankenkassen e.V.: 2. Bericht des MDS nach
       § 118 SGB XI. Qualität in der ambulanten und stationären Pflege. 2007
       http://www.mds-ev.de/media/pdf/2._Bericht_des_MDS.pdf (Abruf 2009)

[33]   Michalk, S.: Fehlzeitenreduzierung durch Verbesserung der Kommunikation im Kranken-
       haus. In: Nieder, P. (Hrsg.): Fehlzeiten wirksam reduzieren: Konzepte Maßnahmen, Praxisbei-
       spiele. Wiesbaden 1998: 135-146.

[34]   Oevermann, U.: Probleme der Professionalisierung in der berufsmäßigen Anwendung sozial-
       wissenschaftlicher Kompetenz. Suhrkamp, Frankfurt/Main 1978

[35]   Pelka, R. B.: Expertise zur Kostensituation bei chronischen Wunden. In: Initiative Chronische
       Wunden (ICW), Kaufbeuren 1998

[36]   Rückert, W.: Qualitätssicherung im stationären Bereich aus der Sicht des Kuratoriums Deutsche Altershilfe. 2006 http:/www.fes.de/fulltext/asfo/00722006.htm#E9E7 (Abruf 2009)

[37]   Schnabel, E., Schönberg, F. (Hrsg.): Qualitätsentwicklung in der Versorgung Pflegebedürftiger – Bilanz und Perspektiven. LIT, Münster 2003

[38]   Seel, M.: Die Pflege des Menschen im Alter. Brigitte Kunz, Hagen 1997

[39]   Stratmeyer, P.: Der Mensch im Mittelpunkt: Ökonomie als Garant für die Qualität in der Pflege?! Vortrag anlässlich des Deutschen Krankenhaustages – Pflegeforum 2007. http://www.deutscher-krankenhaustag.de/de/vortraege/pdf/   07.Stratmeyer.Skript__Krankenhaustag.pdf (Abruf 2009)

[40]   Thöyry, E., Vehviläinen-Julkunen, K.: The Content Validity of Humane Caring Scale. Conference Proceedings. In: Work Group of European Nurse Researchers. Helsinki, 1998: 944-54.

[41]   Weidner, F.: Professionelle Pflegepraxis und Gesundheitsförderung. Mabuse, Frankfurt/Main 1995

[42]   Wingenfeld, K., Schnabel, E.: Pflegebedarf und Leistungsstruktur in vollstationären Pflegeeinrichtungen. Landespflegeausschuss Nordrhein-Westfalen, Düsseldorf 2002

Expertenexpertise

6

Michael Huneke

6.1 Die Ausgangslage

Kernprozess Pflege – das ist die Aufnahme und Prozedur einer professionellen, also therapeutischen Beziehung zwischen einem Menschen mit Pflegebedarf und einer Pflegefachperson mit einer beruflich anerkannten pflegefachlichen Qualifizierung. Die therapeutische Beziehung ist unveräußerlich. Sie mag geldwert vermarktet werden, durch Gesetze reglementiert und politisch gebunden. Sie bleibt aber im direkten Pflegeprozess zunächst frei von komplementären Bezugsgrößen wie Ökonomie, Politik oder Juristerei. Die pflegetherapeutische Beziehung bildet eine strenge und systematisch und inhaltlich gesicherte Abschirmung gegenüber äußeren Faktoren, welche die Prozesse von Gesundsein und Gepflegtsein störend beeinflussen würden. Sie ist in diesem Sinne ganz bei sich, ein Geschehen zwischen dem Menschen, welcher einen Bedarf an Pflege hat und der Pflegefachperson.

Die Gestaltung des gesellschaftlichen Umfeldes, also der Einfluss an Politik, an Rechtsnormen und an finanziellem Gewinnstreben hat in den letzten 20 Jahren nach Ansicht der BGW-Arbeitsgruppe Experten Pflege, diese so lebenswichtige pflege-therapeutische Beziehung nachhaltig gestört. Der Sinn pflegerischen Handelns wurde wegadministriert, Profitdenken geopfert und versank in der mangelnden Fähigkeit der Politik, Herausforderungen der Demografie kraftvoll zum Guten in der Pflege anzugehen. Dabei ist der eigentliche Prozess der Wertschöpfung in der Altenpflege, nämlich die fachlich richtige und an den Bedarfen des einzelnen Menschen angelehnte handlungsorientierte Pflege, zunehmend in den Hintergrund getreten. Aus dem „therapeutischen Bündnis" wurde eine bloße Abrechnungsgröße, eine „Dienstleistungserbringung". Begriffe aus Recht und Ökonomie lösten die originär pflegeprofessionellen Beschreibungen ab.

Pflegefachpersonen erlernen in ihrer Ausbildung die Gestaltung des pflege-therapeutischen Prozesses. Dazu gehören alle Facetten des beruflichen Handwerkes und des professionellen Gestaltens des Pflegeprozesses. Diese machen das Berufsbild aus. Pflegefachpersonen werden nicht dazu ausgebildet, aus ökonomischen Erwägungen heraus schlecht zu pflegen. Sie erwarten, dass sie die pflegerisch angemessene Fachlichkeit auch anwenden können. Pflegende stellen einfache Fragen: Was will ein Mensch, der Pflege empfangen muss? Die Antworten sind ebenso einfach. Gesundung. Gepflegtsein. Zuwendung. Vertrauen. Sicherheit. Linderung. Was will die Pflegefachperson? Fachlich richtige Pflege gewährleisten. Sich an den Bedarfen der Menschen orientieren. In Beziehung mit dem gepflegten Menschen gehen.

In der Arbeitswirklichkeit wird ihr das erschwert. Nur einen Anteil von etwas mehr als 50 Prozent darf die Pflegende in Deutschland in der direkten Arbeit mit Menschen leisten. Da ist die Beschreibung des Pflegeprozesses schon mit drin. Der Rest ist Bürokratie! Die Dokumentation von Leistungen. Der zigfache Nachweis von leistungsrechtlich einwandfreier Verwendung von Arbeitsmitteln. Die Berücksichtigung ordnungsrechtlicher Fallstricke. Die Absicherung vor arbeitsrechtlichen Zumutungen. Form statt Inhalt!

Das reicht kaum für sichere, geschweige denn gute Pflege. Pflegenotstand meint nicht den Personalmangel, welcher allenthalben zu spüren ist. Pflegenotstand bezeichnet eine innere Not von Profis, nämlich das, was sie als richtiges Handeln einschätzen, nicht gewährleisten zu können. Die Organisation des Mangels. Die unerträgliche Rationierung von Zuwendung. Die Orientierung an leistungsverrichtender statt therapeutischer Pflege. Es ist ein individuell zu verarbeitendes Erleben der Spannung zwischen Theorie und geübter Praxis, zwischen professionellen Standards und Pflege im Minutentakt, in der Folge zwischen ausbrennen und erkalten.

6.2   Die Lösungsansätze

Die Expertengruppe Pflege hat konstruktive und sehr pragmatische Vorschläge unterbreitet, welche ein positives Echo gefunden haben. Dabei ging es vordergründig nicht nur um eine quantitative Aufstockung von Personalstellen, sondern vor allem um qualitative Rückbesinnung auf die eigentlichen Aufgaben von Pflegenden in der Altenpflege. Allein der Abbau überflüssiger Administration schafft freie Valenzen, welche auf die Kernprozesse von Pflege gerichtet werden können. Eine Rückbesinnung, kein Novum.

Das geht nicht ohne Veränderungen an mehreren Stellschrauben, welche die Expertenkommission benannt hat.

1. *Gesetzgeber.* Leistungsrechtliche Anpassungen, Die Aufwertung präventiver Leistungen als verschreibungsfähige Leistungen durch Pflegefachpersonen. z. B. die Verordnungsfähigkeit von Pflegeleistungen über Pflegefachpersonen.

2. *Gesetzgeber.* Eine Kompetenzerweiterung analog den Forderungen der EU. Die sofortige Einführung einer generalistischen Ausbildung mit einem einheitlichen Berufsbild Pflege. Die Aufwertung und Förderung akademischer generalistischer Qualifikationen (Anteil mittelfristig 20 Prozent aller pflegerischen Qualifikationen) zur Verschränkung von Pflegetheorie und –praxis in komplexen Pflegesituationen.

3. *Pflegeforschungsverbünde und Pflegeunternehmen.* Die Versöhnung pflegewissenschaftlicher Erkenntnisse mit deren praktischer Anwendung in Form eines systematischen Wissenstransfers. Praxisnahe Übersetzung wissenschaftlicher Erkenntnisse. Konkrete Schlüsselfunktion des mittleren Managements bei der Umsetzung in den Pflegeunternehmen.

4. *Gesetzgeber und Pflegeunternehmen.* Die Einführung eines flächendeckenden systematischen standardisierten und leistungsnahen internen Qualitätsmanagements, welches das pflegerische relevante Qualitätsniveau tatsächlich erfasst und die verschiedenen externen Qualitätskontrollen der unterschiedlichen Prüfinstanzen (Bundes-, Landes- und Kommunalebene) gleichermaßen bedient.

5. *Pflegeunternehmen und Pflegefachperson.* Konzentration auf alle Interventionen rund um den pflege-therapeutischen Prozess. Aufwertung und Betonung der Beziehungsebene. Fokussierung der Bedarfslage des gepflegten Menschen und dessen Umfeld. Aufbau und Erhalt der pflegerischen Netzwerke.

6.3   Der aktuelle Stand

In den mittlerweile fünf Jahren nach Erscheinen des Thesenpapiers der BGW-Expertengruppe hat sich die Situation deutlich verschlechtert. Die vierjährige Regierungszeit von Schwarz-Gelb war für die berufliche Pflege eine verlorene Zeit. Der Pflegebedürftigkeitsbegriff wurde bewusst nicht eingeführt, eine Ausbildungsreform wurde politisch absichtsvoll weiter verschleppt, die Ausbildungszahlen in den Pflegeberufen waren gesamt genommen weiter rückläufig, EU-Vorgaben zur Aufwertung der beruflichen Pflege wurden torpediert. Es war – zumindest auf der Bundesebene – eine Zeit allgemeiner Stagnation. Erst seit Beginn der Schwarz-Roten Koalition wurden innerhalb der Koalitionsvereinbarungen Prozesse wieder neu betrieben. Wo sind aktuelle Aufbrüche im Sinne einer Refokussierung auf den Kernbereich Pflege zu vermerken?

1. *Ausbildungsreform.* Die generalistische Ausbildung ist mittlerweile Konsens zwischen Bund und Ländern. Nachdem die Bund-Länderkommission bereits im März 2012 ihr Gutachten vorgelegt hatte, blieb dieses noch anderthalb Jahre weiter unter Verschluss. Erst die neue Bundesregierung hat das Thema erneut aufgegriffen und will ein einheitliches Berufsbild Pflege mit einer integrierten gemeinsamen Ausbildung plus Spezialisierung, z. B. im dritten Ausbildungsjahr („Y-Modell"), einführen. Für die von der BGW-Expertengruppe geforderte Schnittstelle zwischen Theorie und Praxis braucht es Pflegefachpersonen, die über ein erweitertes Verständnis von Pflege verfügen. Das seitens der Politik vorgeschlagene Modell käme der von Experten geforderten generalistischen Ausbildung zumindest nahe und würde vor allem eine Aufwertung der Altenpflege bedeuten. Zur Reform einer solchen Ausbildung ist aber zu sagen, dass wichtige Fragen, vor allem die der Finanzierung, nach wie vor ungeklärt sind und nach heutigem Stand mindestens zwei Sozialgesetzbücher betreffen (SGB V und SGB XI). Es dürfen

außerdem Zweifel angemeldet werden, ob überdies der Kraftakt gelingen wird, die gemeinsame Ausbildung in Trägerschaft des öffentlichen Bildungswesens zu übertragen.

Landesregelungen zur Umlage der Kosten für die praktische Ausbildung Altenpflege haben unmittelbar zu einer Erhöhung der Ausbildungsplätze in diesen Bundesländern geführt. Die Umlage ist außerdem eine gerechte Lösung, die Nachwuchsförderung auf alle zu verteilen, die davon profitieren. Sie ist allerdings kein Signal in Richtung einer generalistischen Ausbildung, da sie eher die unterschiedlichen Ausrichtungen beider Pflegeausbildungen betont.

Dagegen hat die Zahl der akademisch qualifizierenden Hochschulen in den letzten Jahren deutlich zugenommen. Die Anzahl der dort grundständig Pflege Studierenden ist gewachsen, wenngleich sie lange nicht ausreichend ist. Leider sind die Arbeitsbedingungen für akademisch qualifizierte Pflegefachpersonen so unbefriedigend, dass gerade in dieser wichtigen Zielgruppe der brain-drain ins Ausland nachweislich besonders hoch ist.

2. *Bürokratieabbau* lautete eine zentrale Forderung der BGW-Expertengruppe. Die angestrebte „Effizienzsteigerung der Pflegedokumentation", welche die schriftliche Erfassung pflegerischer Routinehandlungen unnötig machen und in ihrer Reduktion auf das Notwendige bestehende Qualitätskriterien der verschiedenen Gesetzes- und Prüforgane erfüllen würde, wäre ein großer Schritt in Richtung der Empfehlungen der Expertengruppe. Es bleibt abzuwarten, ob die Probeläufe mit verschiedenen Pflegeeinrichtungen zu konkreten Ausgestaltung dieser Dokumentation die verhalten optimistischen Erwartungen erfüllen.

Ein ebenso großer Schritt, sich dem Kernprozess Pflege zu nähern, wäre endlich die Einführung des seit nunmehr zehn Jahren greifbaren neuen Pflegebedürftigkeitsbegriffes. Dieser würde durch seine radikal veränderte Sichtweise auf Kompetenzen einer fördernden Pflege entgegenkommen und diese natürlich auch finanzierbar machen.

3. *Pflegewissenschaft und –praxis*. Die Leitlinien zur beruflichen Pflege, die Expertenstandards, nehmen durchaus Bezug zur tatsächlichen Machbarkeit vor Ort. Die Forderungen sind wissenschaftlich evident, die Partizipation der Praxis ist über die Konsenuskonferenzen gewährleistet und es schließt sich eine weitere Probephase an, die ebenfalls reflektierend begleitet wird. Das unterscheidet diese Verfahren deutlich von einer Pflegewissenschaft, die z. T. in ihrer eigenen Welt lebt und relevante Ergebnisse der Forschung nur unzureichend übersetzt und an die Praxis durchreicht. Die hier gewonnenen Ergebnisse aufwendiger Forschung leiden zum Teil unter Übersetzungsmängeln in die wirtschaftlich vorgegebene Pflegerealität und werden deshalb in der Praxis vielfach als undurchführbar empfunden.

Auch hier sind die Pflegeexpertenstandards durchaus vorbildlich. So sind sogenannte Verbraucherversionen der Verbraucherzentralen erhältlich, welche die Expertenstandards sozusagen „light" beschreiben. Grundsätzlich kann es auch nicht Aufgabe der Wissenschaft sein, vollkommen unzureichende Ausstattungen in der Pflegeeinrichtungen dadurch zu kompensieren, indem die Forschungsergebnisse einer guten Pflege auf das Niveau unzureichender Versorgung herunterdefiniert werden.

Hier liegt ein gut Teil der Verantwortung in den Pflegeunternehmen selbst, welche Pflegefachpersonen entsprechend schulen lassen müssen, um die Umsetzung in den realen Gegebenheiten vorzunehmen. Empfehlenswert sind hier auch kollegiale Beratungsformen und der Austausch zwischen unterschiedlichen Einrichtungen. Noch erleben wir nicht, dass dem Vorschlag der BGW-Expertengruppe gefolgt wird, Pflegende der mittleren Managementebene entsprechend häufig für diese anspruchsvolle Aufgabe zu qualifizieren. Das Grundbedürfnis von Pflegenden ist es nach allen Umfragen, eine im Kernprozess der Pflege gute Arbeit zu leisten und von unnötigen administrativen Aufgaben entlastet zu werden. Hier ist in Bezug auf Wertschätzung pflegerischer Arbeit sicherlich in den vergangenen fünf Jahren einiges erforscht und geklärt worden. Entsprechend aktive Pflegebetriebe kümmern sich um ihre Mitarbeiter und setzen deren Ressourcen im Kernprozess ein.

6.4 Fazit

„Die Botschaft hör ich wohl, allein mir fehlt der Glaube." (Goethe, Faust I)

Das Fazit fällt ernüchternd aus. Die notwendigen Reformen sind zögerlich und viel zu spät initiiert worden. Der massenhafte Berufsausstieg kann nicht mehr aufgehalten werden. Der Markt an potenziellen Arbeitskräften, welche in die berufliche Pflege gehen wollen, ist ausgeschöpft. Bemühungen, höher qualifizierte Schulabgänger für die Pflegeausbildung zu gewinnen, wurden in der letzten Legislaturperiode von der Bundespolitik – auch unter Druck vieler Betreiber von Pflegeeinrichtungen – systematisch hintertrieben.

Daneben existieren Pflegeeinrichtungen, die trotz vergleichbarer Rahmenbedingungen gute Arbeit leisten. Hintergrund ist dabei häufig eine fehlende Gewinnabsicht und eine hohe ethische Verantwortung für die anvertrauten Menschen und die Mitarbeiterinnen und Mitarbeiter, welche gut gefördert und gebunden werden. Also eine Frage der Unternehmenskultur, die auch durch ein gewisses Maß an Aufgeschlossenheit gegenüber Neuerungen aus der Wissenschaft charakterisiert ist. Es bleibt die Hoffnung, dass mit einiger Anstrengung diese positiven Beispiele guter Pflege Maßstäbe für die Versorgung setzen können.

Hinzu kommt, dass die Politik allmählich aus ihrer Agonie erwacht und das Problem endlich erkannt hat. Jetzt geht es darum, dass z. B. die Versprechen aus dem Koalitionsvertrag auch eingehalten werden.

Teil D

Integrierte Versorgungssysteme

Begründungshintergrund der BGW

Claudia Stiller-Wüsten

Die Entwicklung des Gesundheitswesens ist durch viele unterschiedliche Versorgungs-formen und Arbeitsteilungen der unterschiedlichen Systeme gekennzeichnet. Eine Untersuchung hat gezeigt, dass sich Leistungserbringer der ambulanten und stationä-ren Pflege nur in geringem Maße vertraglich in die Integrierte Versorgung einbringen. Obwohl die ambulante und stationäre Pflege einen bedeutenden Anteil an Pflege und Versorgung von Menschen hat, ist der Einfluss auf Entscheidungsbereiche gering [23]. Vor dem Hintergrund der Attraktivität der Pflege- und Gesundheitsberufe und den Entwicklungsmöglichkeiten für Pflegekräfte sieht es die BGW als sinnvoll an, dass die Altenpflege unterstützt wird, sich dieses Feld leichter zu erschließen. Arbeitszufrie-denheit der Beschäftigten kann wachsen, wenn die Pflegekräfte zum einen erkennen können, dass durch die Integrierte Versorgung eine umfassende und kontinuierliche Pflege möglich wird. Zum anderen tragen Entwicklungsmöglichkeiten für Pflegekräfte zu einer längeren Verweildauer im Beruf bei [16].

Positionspapier: Empfehlungen zur Umsetzung der Integrierten Versorgung unter Einbezug der Pflege

Thomas Behr, Gerd Dielmann, Kathrin-Rika Freifrau von Hirschberg, Rolf Höfert, Michael Huneke, Bjørn Kähler, Stefan Neumann, Petra Selg, Claudia Stiller-Wüsten

Mit der Gesundheitsreform 2007, die zum 1. April 2007 in Kraft trat, sind vier wesentliche Bereiche des deutschen Gesundheitswesens in Bestandteilen neu geordnet worden. Neben der Einführung des Versicherungsschutzes für alle, der Reform der Finanzierungsordnung mit Einrichtung eines Gesundheitsfonds und der Modernisierung gesetzlicher und privater Krankenkassen, steht auch die Verbesserung der medizinischen Versorgung im Zentrum der Umgestaltung [20].[1]

Diese soll im Bereich der medizinischen Versorgung unter anderem die bereits durch das Gesundheitsreformgesetz (2000) und das Gesundheitsmodernisierungsgesetz, GMG, (2004) [19][2] gelegten Grundlagen vertiefen und erweitern. Starre Versorgungsstrukturen sowie die Abschottung unterschiedlicher Leistungsbereiche sollen durchbrochen und durch eine Vielzahl von Versorgungsmodellen ersetzt werden.

Damit einhergehend rückt das System Integrierte Versorgung nun immer eindeutiger als mögliche Versorgungsform der Zukunft in das Zentrum des sozialgesellschaftlichen und politischen Interesses. Diese verspricht eine sektoren- und interdisziplinär fachübergreifende Vernetzung medizinischer Versorgungsbereiche und Leistungserbringer zum Wohle der Patienten, die Auflösung alter rigider Strukturen und nicht zuletzt wirtschaftliche Effektivität. Doch trotz des seit drei Jahren zu verzeichnenden stetigen Anstiegs der Zahl geschlossener Verträge zur Integrierten Versorgung ist die derzeitige Situation nach wie vor von Heterogenität und Unsicherheit geprägt.

Um die hochgesteckten aber begrüßenswerten Ziele der Integrierten Versorgung, um ihre Funktionstüchtigkeit und ihre erfolgreiche Etablierung in das deutsche Gesundheitswesen zu erreichen, erhalten die Schaffung klarer Strukturen, die Transparenz der Abläufe und Prozesse, die Zuweisung entsprechender, für die Pflege zum Teil neuer Handlungsfel-

---

[1] In diesem Zusammenhang ist auch das Gesetz zur Stärkung des Wettbewerbs in der gesetzlichen Krankenversicherung (GKV-WSG) zu nennen. Bundesgesetzblatt Jahrgang 2007 Teil I Nr. 11, ausgegeben zu Bonn am 30. März 2007: 378 ff.

[2] Bundesgesetzblatt Jahrgang 2003 Teil I Nr. 55, ausgegeben zu Bonn am 19. November 2003: 2190-2258.

der, sowie die Einrichtung von Kommunikationsnetzwerken und die Festlegung einheitlicher, bedarfsgerechter (Weiter-) Qualifizierungen einmal mehr oberste Priorität.

Durch die qua Gesundheitsreform (2007) zugesicherten Leistungen wie die medizinische, pflegerische und palliative Versorgung schwerstkranker Menschen im häuslichen Umfeld, den Rechtsanspruch auf häusliche Krankenpflege auch für jene Menschen, die in neuen Wohnformen leben, sowie die Aufnahme medizinischer und geriatrischer Rehabilitationsmaßnahmen in den Katalog der Pflichtleistungen gesetzlicher Kassen (GKV-Wettbewerbsstärkungsgesetz), kommt in diesem Kontext als auch im Ausbau vernetzter Versorgungsstrukturen der Implementierung und Kooperation stationärer sowie ambulanter Pflege eine bedeutende Rolle zu. Ihre Potenziale werden in diesem Zusammenhang bisher nur geringfügig erkannt. Eine Aufwertung von pflegerischen Dienstleistungen, ein Erkennen und die effektive Nutzung der vielseitigen Kompetenzen dieser Arbeitsbereiche für die Integrierte Versorgung sowie den durch die Gesundheitsreform gewandelten Anforderungen, machen eine umfassende Implementierung dieser in die neuen Netzwerke der Integrierten Versorgung zur dringenden Notwendigkeit.

Das Neunte Sozialgesetzbuch (SGB IX) [36][3] hat – obwohl selber kein Leistungsgesetz – einen entscheidenden Einfluss auf die Sozialgesetzgebung. Der hier verankerte Teilhabebegriff impliziert auch die Formulierung eines Pflegebedürftigkeitsbegriffes. Nicht die Erkrankung, sondern die Beeinträchtigung der gesellschaftlichen Teilhabe bedingt den konkreten Pflegebedarf. Eine bedarfsgerechte Leistung orientiert sich somit am Teilhabeziel, welches die Betroffenen in ihrer gesamten Lebenssituation in den Blick nimmt. Nach § 8 SGB IX müsste dieser Teilhabebedarf bei den Begutachtungen nach den SGB V und XI durch die Kranken- und Pflegekassen eine wesentliche Rolle spielen – derzeit ist dies jedoch nicht der Fall.

Ein sektorales Gesundheitssystem, wie es durch die derzeitige Sozialgesetzgebung impliziert ist, hemmt die Möglichkeiten des einzelnen Versorgungsempfängers, an den ihm zustehenden Ansprüchen bereits heute schon in adäquater Weise zu partizipieren. Pflege unter dem Teilhabeaspekt des SGB IX wird zukünftig noch mehr als heute eine Vernetzung der Versorgung zur unabdingbaren Notwendigkeit machen. Integrierte Versorgung wird somit zur entscheidenden Voraussetzung der Leistungserbringung und Aufgabe der Leistungserbringer. Diese müssen sich kooperativ vernetzt organisieren, um im Hinblick auf den Leistungsanspruch einzelner Versorgungsempfänger ein Versorgungsmanagement „aus einem Guss" gewährleisten zu können. Bislang besteht jedoch allzu häufig die zentrale Schwierigkeit der Leistungserbringer darin – so verdeutlichen es die Modellversuche – angemessene Kooperationsverträge zu schließen.

Die Berufsgenossenschaft für Gesundheitsdienst und Wohlfahrtspflege (BGW) ist die gesetzliche Unfallversicherung für nichtstaatliche Einrichtungen im Gesundheits- und Wohlfahrtsbereich. Als Teil des deutschen Sozialversicherungssystems ist diese Einrichtung eine Körperschaft des öffentlichen Rechts. Als öffentlich-rechtliche Instanz vertritt die BGW daher keine Verbandsinteressen. Da Arbeitgeber- und Arbeitnehmervertreter

---

[3] Sozialgesetzbuch (SGB) Neuntes Buch (IX) - Rehabilitation und Teilhabe behinderter Menschen, vom 19. Juni 2001 (BGBl. I S. 1046, 1047) zuletzt geändert durch Artikel 28 Abs. 1 des Gesetzes vom 7. September 2007 (BGBl. I S. 2246).

aus den versicherten Branchen die BGW steuern, vereint sie umfangreiches Fachwissen, Praxisnähe und hohe Kompetenzen auf dem Gebiet der Pflegeberufe.

Im Frühjahr 2006 hat die BGW die Kampagne „Aufbruch Pflege" ins Leben gerufen – eine Initiative, die sich insbesondere für den Gesundheitsschutz in Einrichtungen und Arbeitsbereichen ambulanter und stationärer Pflege einsetzt, denn, so lautet die Überzeugung: Nur gesunde und motivierte Mitarbeiter können die Qualität in der Pflege sicherstellen.

Im Kontext dieser langfristig angelegten Initiative wurde eine Expertenkommission, bestehend aus Fachleuten aus den Bereichen Pflege, Bildung und Politik, gebildet, um aktuelle und wichtige Fragestellungen der Pflege zu diskutieren, Positionen zu definieren und impulsgebende Empfehlungen an die politisch Gestaltenden zu formulieren.

Nach der Schwerpunktsetzung auf die Qualitätsmerkmale der Altenpflegeausbildung legt die Expertenkommission in ihrem zweiten Positionspapier nun *„Empfehlungen zur Umsetzung der Integrierten Versorgung unter Einbezug der Pflege"* vor.

Das Erkennen der Bedeutung ambulanter und stationärer Pflegeleistungen sowie die umfassende Integration dieser in die Modelle und Prozesse der sektor- und fachübergreifenden Versorgung ist nach Einschätzung der Kommission dringend erforderlich, um den neuen demografischen, den medizinischen wie sozialen Anforderungen gerecht zu werden, um dem Ziel einer umfassenden und auch in Zukunft funktionstüchtigen integrierten Versorgungsform näher zu kommen.

Positionen der Expertenkommission:

- Integrierte Versorgungssysteme sind nur dann sinnvoll, wenn sie vereinfacht und zielgruppenorientiert übersetzt sowie praxisorientiert die Pflege in die Handlungsstruktur integriert und dabei gleichzeitig eine Transparenz der Strukturen für den Endverbraucher bieten.

- Integrierte Versorgungssysteme können nur dann effizient, wertschöpfend und erfolgversprechend funktionieren, wenn die Pflege als eine eigenständige Leistungserbringerin eine zentrale, gleichberechtigte Rolle übertragen bekommt.

7.1 Ausgangslage

7.1.1 Die Integrierte Versorgung in Deutschland

Mit den Modifizierungen des Gesundheitsmodernisierungsgesetzes und der Einführung der Worte: „oder eine interdisziplinär fachübergreifende Versorgung" hat der Gesetzgeber Vernetzungs- und Vertragsspielräume für die Integrierte Versorgung geschaffen. Neben der vertikalen ist nun auch eine horizontale Kooperation mehrerer Leistungssektoren möglich [34].

Seither ist ein deutlicher Anstieg der Vertragsschließungen zu verzeichnen. Waren Ende 2004 lediglich rund 300 Integrationsverträge gemeldet, stieg deren Zahl im zweiten Quartal 2007 bereits auf 4.259 Verträge, die 5.585.611 Versicherte einschlossen und ein Vergütungsvolumen von mehr als 743 Millionen Euro besaßen [4].

Trotz dieser gewachsenen Freiräume werden die Verträge der Integrierten Versorgung noch nicht ausreichend genug als Lösungsansätze für bestehende und zukünftig absehbare Versorgungsdefizite konzipiert, sondern vielmehr als Zusatzleistung bestehender Strukturen verstanden [35]. Das heißt, dass integrierte Versorgungsverträge weniger auf Versorgungssicherung als vielmehr auf Bestandssicherung ausgerichtet sind.

Zur erweiterten Ausrichtung auf die Versorgungssicherung wird die Verfügung von Geldmitteln in der Hand des Leistungsempfängers eine wichtige Rolle spielen. Ein personenbezogenes Budget bedeutet die individuelle Verfügbarkeit eines Geldbetrages (in der Höhe von Sachleistungen des SGB XI) [36], über den der Versicherte unter entsprechender Beratung (Case Management) verfügen kann. Dabei entspricht die Auswahl der Leistungen nicht unbedingt den im SGB XI enthaltenen pflegerischen Leistungen, sondern schließt auch weitere Betreuungsangebote oder sogar handwerkliche Dienstleistungen mit ein. Diese Möglichkeit, die allerdings auf das SGB XI beschränkt bleibt, ist völlig neu, da Leistungen von Stellen erworben werden können, die keine Versorgungsverträge mit den Kostenträgern haben. Auf diese Weise wird das Selbstbestimmungsrecht der Betroffenen deutlich gestärkt.

Das *persönliche (integrierte) Budget* schließt dagegen in einer viel stärkeren Weise Leistungen aller Sozialversicherungsträger ein. Zwar handelt es sich auch hier zunächst um eine Geldleistung, die dem Versicherten zur Verfügung gestellt wird, der Teilhabebegriff findet aber in umfassenderer Form seine Bedeutung. Sozialgesetzliche Leistungen müssen über die einzelnen Träger hinaus geklärt und von einem Kostenträger stellvertretend für alle erbracht werden (Care Management). Somit müssen sich die Kostenträger gemeinsam auf den Leistungsumfang verständigen und die Kosten untereinander aufteilen. Ein solches Modell ist im Behindertenbereich bereits erprobt, im Bereich der nach dem Pflegebedürftigkeitsbegriff (SGB XI) erfassten Leistung aber kaum beschrieben. Da dieses *persönliche Budget* bereits ab dem 01.01.2008 Regelleistung sein wird und damit die Betroffenen einen Anspruch hierauf haben, gilt es die Strukturen zur funktionstüchtigen Umsetzung klarer zu fassen und auszubauen.

Für eine langfristige Optimierung und Funktionalität der Integrierten Versorgung wird über die Umsetzung der gesetzlichen als auch vertragsinhaltlichen Rahmenbedingungen hinaus eine aufmerksame Reflexion der Praxiserfahrungen erforderlich sein, die im Vergleich mit den Zielen und Erwartungen des Systems zeigen muss, inwieweit die Umsetzungsprozesse erfolgreich sind bzw. welche Weiterentwicklungen notwendig werden.

Hier wird die Auffassung vertreten, dass eine langfristig erfolgreiche Implementierung und Erweiterung integrierter Versorgungssysteme nur dann zu erreichen ist, wenn diesen strukturgebende sowie auf die Bedürfnisse der Praxis reagierende Leitlinien und Maßnahmen zur Seite gestellt werden. Ein so gefestigtes Versorgungssystem wird, ohne seine Flexibilität zu verlieren, in der Lage sein, auf neue Bedürfnisse und Erweiterungen schnell und anpassungsfähig zu reagieren. Hierfür ist nicht zuletzt ein stetiger Informationsfluss zwischen Praxis und Theorie sowie zwischen Praktikern und Interessenten Integrierter Versorgung erforderlich.

Zudem sollten Arbeitsprozesse integrierter Versorgungssysteme so ausgerichtet werden, dass gesundheitsfördernde Aspekte seiner Akteure mehr Beachtung finden, damit diese dauerhaft leistungsstark und kompetent agieren können.

7.1.2 Neue Anforderungen an die Pflege

„Der demographische Wandel in Deutschland ist ohne historisches Beispiel. [...] Nach ihren Vorausberechnungen schrumpft unsere Gesellschaft, das Durchschnittsalter steigt beträchtlich, die Erwerbsbevölkerung nimmt ab, und der Anteil von Menschen mit Migrationshintergrund nimmt deutlich zu. Die Ursachen der bisherigen demographischen Entwicklung und die gesamtgesellschaftlichen Folgen ihres Fortgangs lassen sich weniger exakt bestimmen. Sicher ist nur, dass der demographische Wandel sich zwar langsam, aber mit großer Wucht vollzieht, und es Jahrzehnte dauern wird, um seine Richtung zu verändern [17]", so die Aussage des Forums Demographischer Wandel des Bundespräsidenten.

Diese demografische Entwicklung manifestiert sich u.a. in der zunehmenden Bevölkerungsdichte in städtischen Zentren und damit einhergehend der Ausdünnung ländlicher Regionen. Ferner in der Auflösung von familiären Verbindungen, der Zunahme an Einpersonenhaushalten, insbesondere bei Senioren, und der steigenden Immobilität alter Menschen in ländlichen Regionen [35]. Damit wirkt sich dieser gesellschaftliche Wandel – das ist nichts Neues – vielschichtig auf das deutsche Gesundheitssystem aus. Eine Veränderung des Krankheitspanoramas zeichnet sich ebenso ab, wie die Zunahme an chronischen und demenziellen Erkrankungen sowie an Pflegebedürftigkeit. Diese Entwicklungen erfordern angepasste und strukturierte Versorgungsprozesse.

So wird neben der Vernetzung von Versorgungsstrukturen chronisch kranker und pflegebedürftiger Menschen auch dem Bereich der Prävention eine bedeutendere Rolle zukommen. Um die Gesundheit aller und vor allem älterer Menschen möglichst lange zu erhalten, bedarf es regelmäßiger Untersuchungen zur Früherkennung von Krankheiten, um Behandlungs- und Heilmöglichkeiten stetig verbessern und dauerhafte Schädigungen vermeiden zu können [24]. Im Jahr 2005 betrugen die Ausgaben für Prävention und Gesundheitsschutz allerdings im Vergleich zu den Gesamtausgaben des deutschen Gesundheitswesens lediglich 3,72 Prozent [38].[4]

Auch der Bereich der Rehabilitation wird durch den demografischen Wandel deutlicher in den Mittelpunkt der Bedürfnisse rücken. Der Alterssurvey 2002 [1] zeigt auf, dass im Alter nicht nur eine ausreichende medizinische Versorgung, sondern auch therapeutische Behandlungen wie Rehabilitationsmaßnahmen oder Krankengymnastik erforderlich sind, um dauerhafte körperliche Einschränkungen zu vermeiden. Diese sogenannten Heilhilfsbehandlungen können die körperliche Funktionsfähigkeit stabilisieren und/oder wiederherstellen. Damit können nicht nur medizinische und pflegerische Versorgungskosten langfristig reduziert werden, sondern die Lebensqualität älterer Menschen deutlich erhöht und letztlich auch eine Heimunterbringung verzögert oder gar vermieden werden.

Mit der Gesundheitsreform 2007 wurden nun erstmalig medizinische sowie geriatrische Rehabilitationsmaßnahmen zu Pflichtleistungen der gesetzlichen Krankenkassen.

Für all diese aktuellen und zukünftigen Versorgungsnotwendigkeiten bietet das System Integrierte Versorgung eine Fülle von Reaktions- und Handlungsmöglichkeiten. Diese müssen jedoch nicht nur erkannt, sondern auch genutzt werden. Hierzu bedarf es der Eingliederung weiterer Versorgungsbereiche und Dienstleistungen, v.a. der stationären und

---

[4] Die Gesamtausgaben des deutschen Gesundheitswesens beliefen sich 2005 auf rund 239 Mrd. Euro, die für Prävention und Gesundheitsschutz getätigten Ausgaben auf rund 8,9 Mrd. Euro [38].

ambulanten Pflege, als gleichwertige Leistungserbringer in das System Integrierte Versorgung.

Bisher ist die Einbindung von Pflegeleistungen in integrierte Versorgungsverträge eher zögerlich und wenig umfassend zu beobachten. Zudem beschränkt sich der integrierte Versorgungseinsatz der Pflegefachkräfte häufig auf die reine „Grundpflege". Zur Förderung und Sicherung der Ergebnisqualität der Integrierten Versorgung ist es jedoch erforderlich, die bestehenden ganzheitlichen Pflegekonzepte zu berücksichtigen. Um Konflikt- und Belastungssituationen zu reduzieren, müssen pflegerische Zuständigkeiten ebenso eindeutig geklärt sein wie die Finanzierungsfragen. Als weitere Vorbereitung auf kommende Herausforderungen und (Be-)Handlungsbereiche müssen ferner die Kooperationsformen zwischen Ärzten und Pflegekräften (komplementär und funktional) im Sinne einer partnerschaftlichen Arbeitsgestaltung verbessert werden.

Ebenso muss in diesem Zusammenhang die noch länderspezifisch unterschiedliche Einbettung geriatrischer Versorgung in den Krankenhaus- und Rehabilitationsbereichen durch eine Einbindung in das sogenannte DRG-System (Diagnosis Related Group/diagnosebezogene Fallgruppen)[5] sowie die Verankerung geriatrischer Kompetenzen in die stationäre Krankenhausversorgung vereinheitlicht und stabilisiert werden [30].

Das im April 2002 verabschiedete Gesetz zur Einführung des diagnoseorientierten Fallpauschalensystems für Krankenhäuser (Fallpauschalengesetz – FPG) [18] mit der seit 1. Januar 2004 verbindlichen Fallpauschalenvergütung[6] stellt ebenfalls neue Anforderungen an die stationäre und ambulante Pflege.

Auf die Verweildauerverkürzung reagieren Krankenhäuser und Kliniken mit einer Fallzahlsteigerung, der jedoch medizinische Grenzen gesetzt sind. Neben einem Anstieg der Behandlungsfälle im stationären Pflegebereich ergibt sich gleichzeitig, durch zügige Entlassungen, eine Verlagerung in den ambulanten Bereich. Somit ist von einer zunehmenden „Ambulantisierung" der gesundheitlichen Versorgung auszugehen, der bis dato eine funktionstüchtige, effiziente und qualitätssichernde Infrastruktur fehlt.

Obwohl, so zeigen es die Daten des Pflege-Thermometers 2007 [32], die Fallzahlen in deutschen Krankenhäusern und Kliniken weiter erhöht und die durchschnittliche Verweildauer der Patienten (derzeit 8,6 Tage) [32] weiter gesunken ist, ergibt sich nicht, wie erwartet, eine Entlastung des stationären Pflegepersonals. Während das ärztliche Personal im Beobachtungszeitraum um 19,5 Prozent aufgestockt wurde, stieg gleichzeitig die Belastungszahl der Pflegedienste in den letzten zehn Jahren um 23 Prozent (von 48 auf 59 Patienten) [32]. Auf diese Zunahme wurde jedoch nicht mit Personalaufbau reagiert. Vielmehr wurden seit 1995 rund 50.000 Pflegestellen in deutschen Kliniken abgebaut, obwohl heute pro Jahr rund eine Millionen Patienten zusätzlich medizinisch betreut und versorgt werden müssen. Die Arbeitsbelastung des Pflegepersonals steigt demnach dramatisch an.

---

[5] DRG bezeichnet ein ökonomisch-medizinisches Klassifikationssystem. Patienten werden hierbei anhand ihrer Diagnosen und der durchgeführten Behandlung in Fallgruppen eingeteilt, die nach dem für die Behandlung erforderlichen ökonomischen Aufwand klassifiziert sind.

[6] Fallpauschalenvergütung bedeutet, dass Krankenhäuser für bestimmte Diagnosen und Behandlungen einen Festbetrag bei den Krankenkassen abrechnen können. Diese löste die bis dahin geltende Abrechnung nach Tagessätzen ab. Damit steigen die Kosten für Krankenhäuser und Kliniken umso mehr, je länger ein Patient dort verweilt (Verweildauer). Die entsprechenden Abrechnungsmodi sind u.a. durch das Institut für das Entgeltsystem im Krankenhaus veröffentlicht.

Der Umfang der im Jahr 2006 geleisteten Überstunden, belief sich auf eine Arbeitskapazität von circa 5.000 zusätzlichen Pflegekräften [32]. An dieser Stelle stellt sich neben der Arbeitssituation des Pflegepersonals auch die Frage nach der Patientensicherheit.

Es wird ersichtlich, welche wichtige Rolle die Pflege – stationär wie ambulant – im deutschen Gesundheitswesen innehat. Daher ist es unerlässlich in diesem Kontext nicht nur die Bedeutung von Pflegefachkräften als zentrale Akteure innerhalb der Integrierten Versorgung zu betonen, sondern dabei auch die Belastungen und Gesundheitsgefährdungen ihrer Arbeitssituation zu bedenken [2][7], denn nur gesunde und motivierte Fachkräfte können die Pflegequalität garantieren.

Des Weiteren ist hinsichtlich einer Funktionstüchtigkeit zukünftiger Versorgungssysteme eine Vernetzung zwischen Krankenhäusern und Kliniken mit anderen Einrichtungen (horizontal) sowie Kooperationen in der Leistungskette (vertikal) beispielsweise mit niedergelassenen Ärzten und Einrichtungen der Rehabilitation sowie der ambulanten Pflege von besonderer Bedeutung.

Erfahrungen US-amerikanischer Kliniken [28] zeigen, dass erst die Einführung von interdisziplinären Teams und Behandlungsstandards sowie die Aufwertung der Pflege, die für die Prozesskoordination verantwortlich ist, einen effektiven und reibungslosen Ablauf der Versorgungskette ermöglicht.

Ende 2005 waren 2,13 Millionen Menschen in Deutschland im Sinne des Pflegeversicherungsgesetzes (SGB IX) pflegebedürftig. Gegenüber 2003 war dies ein Anstieg um 2,5 Prozent [37]. 68 Prozent der Pflegebedürftigen wurden zu Hause u.a. von insgesamt 11.000 ambulanten Pflegediensten versorgt [37]. Nahezu alle dieser Pflegedienste, nämlich 97 Prozent, boten neben den Leistungen nach SGB XI bereits auch häusliche Krankenpflege oder Hilfen nach dem SGB V (Gesetzliche Krankenversicherung) an [37]. Damit hat sich der Aufgabenbereich der Pflege nicht nur auf der stationären, sondern auch auf der ambulanten Ebene erheblich erweitert.

Der Gesetzentwurf der Bundesregierung vom 17.10.07 für ein Pflege-Weiterentwicklungsgesetz zeigt darüber hinaus, dass weitere Anforderungen für die Pflege folgen werden, auf die sie hinreichend vorbereitet werden muss. In diesem Zusammenhang sind unter anderem die Einrichtung von Pflegestützpunkten sowie die Etablierung von sogenannten Fallmanagern als Ansprechpartner für Pflegebedürftige zu nennen [15]. Hier kommen der interprofessionellen Zusammenarbeit, der Qualitätssicherung, der Patienten- und Mitarbeiterbeteiligung, der Entwicklung von geeigneten Pflegekonzepten und -standards als auch der Weiterentwicklung des Pflegefachberufs (Pflegeprofession) eine sehr bedeutende Rolle zu.

---

[7] Allein in der Altenpflege werden psychosomatische Beschwerden um 45 Prozent häufiger geäußert als in anderen Beschäftigungsbereichen. (AOK-Studie) [2].

7.2   Positionen

In der Präambel der *Charta der Rechte hilfe- und pflegebedürftiger Menschen"* [8], die 2005 durch den „Runden Tisch Pflege" (Arbeitsgruppe IV), initiiert durch das Bundes-ministerium für Familie, Senioren, Frauen und Jugend und dem Bundesministerium für Gesundheit und Soziale Sicherung entwickelt wurde, heißt es, dass diese als Leitlinie für ebendiese Menschen und Institutionen verstanden werden soll, „[...] die Verantwortung in Pflege, Betreuung und Behandlung übernehmen. Sie appelliert an Pflegende, Ärztinnen, Ärzte und alle Personen, die sich von Berufs wegen oder als sozial Engagierte für das Wohl pflege- und hilfebedürftiger Menschen einsetzen. Dazu gehören auch Betreiber von am-bulanten Diensten, stationären und teilstationären Einrichtungen sowie Verantwortliche in Kommunen, Kranken- und Pflegekassen, privaten Versicherungsunternehmen, Wohl-fahrtsverbänden und anderen Organisationen im Gesundheits- und Sozialwesen [8]."

Diesem Appell hat sich die Berufsgenossenschaft für Gesundheitsdienst für Wohl-fahrtspflege mit ihrer Expertenkommission „Aufbruch Pflege" aus ihrem Grundverständ-nis heraus gestellt und plädiert in nachfolgenden Empfehlungen für die grundlegende und umfassende inhaltliche Ausgestaltung und Umsetzung dessen, was in der Charta wegwei-send aufgezeigt wird.

7.2.1   Implementierung stationärer und ambulanter Pflegedienstleis-tungen in das System Integrierte Versorgung

Mit der Gesundheitsreform und dem Gesundheitsmodernisierungsgesetz sind die erfor-derlichen Freiräume für die Einbindung von weiteren Versorgungsbereichen und Dienst-leistungen in das System Integrierte Versorgung nicht nur geschaffen, sondern nunmehr zur dringenden Notwendigkeit geworden.

Bereits viele praktizierte Modelle Integrierter Versorgung lassen erkennen, dass Pfle-gedienstleistungen – stationäre wie ambulante – eine wesentliche Rolle innerhalb einer patientenorientierten Vernetzung der Versorgung spielen, ihnen sogar eine Schnittstellen-funktion zukommt.

Problematisch erweist sich in der aktuellen Praxis jedoch, dass die umfassenden Kom-petenzen der Pflege nur wenig Beachtung finden, sie nicht effizient und wertschöpfend genutzt und in das System Integrierte Versorgung eingebunden werden.

Empfehlung zur Implementierung stationärer und ambulanter Pflegedienstleistungen als feststehende Leistungsbereiche in das System Integrierte Versorgung:

- Reduzierung von Informations- und Beachtungsdefiziten in Bezug auf die Kompeten-zen der Pflege im Kontext der Integrierten Versorgung.

- Aufwertung der Rolle und des Status der Pflege innerhalb des Gesundheitswesens und der Gesellschaft.

- Etablierung von stationären und ambulanten Pflegeleistungen als feststehende, gleich-wertige und eigenständige Leistungsbereiche der Integrierten Versorgung.

- Optimierung der Zusammenarbeit zwischen Medizin, Pflege und (Arbeits-)Wissenschaft.

- Ausweitung der Beteiligung stationärer und ambulanter Pflegeeinrichtungen an integrierten Versorgungsverbünden.

- Weiterentwicklung von fach-, berufs- und organisationsübergreifenden Versorgungsangeboten.

- Zusammenführung ambulanter und stationärer Pflegesektoren.

- Angleichung stationärer und ambulanter Pflege-Leistungssätze.

Das Expertengremium vertritt die Meinung, dass Integrierte Versorgung nur dann sinnvoll sein kann, wenn sie vereinfacht und zielgruppenorientiert übersetzt und praxisorientiert der Pflege als Handlungsstruktur bereitgestellt wird. Gleichzeitig muss eine bundesweite Transparenz der Strukturen für den Endverbraucher, das heißt für Patienten, in der Rolle eines Kunden geschaffen und geboten werden.

Die neuen Anforderungen durch die Gesundheitsreform als auch die bereits im Konzept bestehende Reform der Pflege machen es unabdingbar, der ambulanten und stationären Pflege innerhalb des deutschen Gesundheitswesens, insbesondere in integrierten Versorgungssystemen als eigenständiger, gleichberechtigter Leistungserbringer, eine klar definierte und zentrale Rolle zu übertragen. Nur dann kann Integrierte Versorgung effizient, wertschöpfend und erfolgversprechend funktionieren. Eine damit einhergehende, längst überfällige Aufwertung der Pflegebranche muss die verdiente gesellschaftliche Anerkennung mit sich bringen. Diese wird zusätzliche physische und psychomentale Belastungen (z.B. Überlastung, Demotivation, Frustration) bei den Pflegefachkräften ebenso wie die Nachwuchsproblematik reduzieren können und somit zu einem stabilen Personalstand und der Steigerung der Berufsattraktivität beitragen.

Der Sachverständigenrat zur Begutachtung und Entwicklung im Gesundheitswesen hat in seinem Gutachten „Kooperation und Verantwortung, Voraussetzungen einer zielorientierten Gesundheitsversorgung" 2007 bereits umfassende Konzepte für Reformvorschläge, u.a. zur Entwicklung der Zusammenarbeit der Gesundheitsberufe, zur Integrierten Versorgung und zur Qualität und Sicherheit vorgelegt.

7.2.2 Weiterentwicklung der Pflegefachberufe

Wie bereits im ersten Positionspapier des Expertengremiums deutlich gemacht, bringt die – trotz Altenpflegegesetz – noch existierende oder nachwirkende Uneinheitlichkeit länderspezifischer Regelungen den Curricula große Unsicherheiten für Auszubildende und Ausbildende mit sich. Das Erkennen der Schnittstellen von Kranken- und Altenpflege hat zwar bereits dazu geführt, dass erste Modellausbildungen ein gemeinsames Curriculum nutzen, einheitlich durchgesetzt haben sich diese bisher jedoch nicht.

Darüber hinaus wird gerade im Kontext der Integrierten Versorgung deutlich, dass auch in der Praxis die fachlichen Schnittstellen zwischen Alten- und Krankenpflege vorhanden sind und sich beide Berufsbilder in ihren Leistungen sinnvoll ergänzen. Pflege als

Profession besitzt einen unverwechselbaren Kern, der allen fachlichen Ausrichtungen von der stationären Akutversorgung über die ambulante Pflege bis zur Altenpflege gemeinsam ist und somit die Basis aller Pflegeeinrichtungen ist.[8] Die derzeit noch vorherrschende Trennung der Kompetenz- und Leistungsbereiche der Alten- und Krankenpflege wirkt sich jedoch im praktischen Arbeitsalltag und damit auch innerhalb der Integrierten Versorgung kontraproduktiv aus.

Empfehlungen zur Weiterentwicklung des Pflegefachberufs:

- Zusammenführung der Alten- und Krankenpflege zu einem Berufsbild.

- Weiterentwicklung der hierfür notwendigen curricularen Voraussetzungen und Inhalte

- Entwicklung spezialisierender Fort- und Weiterbildungen gemäß den neuen Anforderungen der Pflege (zum Beispiel Palliativ-Pflege, gerontopsychiatrische Pflege) und Verankerung dieser in Qualitätsmanagement-Systemen.

- Fort- und Weiterbildungsverpflichtung für Pflegefachkräfte.

- Erteilung von Verordnungskompetenzen insbesondere für die Bereiche Hilfsmittel, Prophylaxe und Pflege (§ 3 Krankenpflege-Gesetz).

- Abbau von Schnittstellenproblematiken in der Praxis durch Vernetzung von Sozialversicherungsbereichen, Bildung von Kompetenznetzwerken und Wissenstransfer (vgl. hierzu auch die Punkte 7.2.4. und 7.2.5 des vorliegenden Positionspapiers).

- Einrichtung einer länderübergreifenden Institution zur Transfer- und Qualitätssicherung sowie zur Regelung der Berufsaufgaben und -pflichten in der Pflege.

Mit der Zusammenführung der Alten- und Krankenpflege zu einem umfassenden Berufsbild der Pflegefachkraft wird eine einheitliche Ausbildungsgrundlage geschaffen, welche die wesentlichen Weichen für eine Berufstätigkeit legt, und die auf alle neuen Anforderungen – auch oder gerade im Zusammenhang Integrierter Versorgung – solide vorbereitet. Einheitliche Ausbildungsinhalte schaffen darüber hinaus Transparenz über Pflegeleistungen und -kompetenzen, verdeutlichen Einsatzbereiche und bieten die notwendige Basis zur Entwicklung bedarfsgerechter Weiterqualifizierungen („Alle auf einem Level").

Mit der Vernetzung der Leistungsbereiche der Alten- und Krankenpflege in der Praxis wird eine kontraproduktive Abschottung der Arbeitsbereiche verhindert. Gemeinsame und sich gegenseitig ergänzende Kompetenzen können somit sinnvoll und effizient genutzt werden.

Durch eine solche Erweiterung des Qualifikations- und Aufgabenprofils der Alten- und Krankenpflege wird die Attraktivität der Pflegeberufe erheblich steigen. Berufliche Entwicklungsperspektiven und Aufstiegsmöglichkeiten sowie erweiterte fachliche Handlungsspielräume werden sich auf den Berufsalltag der Pflegekräfte motivierend auswirken, Eigeninitiative, Ausdauer und Verantwortungsbewusstsein stärken, soziale und personelle

---

[8] Die Referenz von Pflege, also der Gegenstand, auf den sich Pflege bezieht ist „gepflegt", die wichtigste Differenz von „gepflegt" ist „ungepflegt". Gepflegt bedeutet hier natürlich nicht das umgangssprachliche „sauber und ordentlich", sondern es bedeutet: kompetent in relevanten Lebenssituationen zu sein.

Kompetenzen festigen und eine deutliche Effizienzsteigerung der Arbeitsabläufe zur Folge haben. Nicht zuletzt kann so auch der bestehenden Nachwuchsproblematik entgegengewirkt werden [2].

Pflege ist ein unverzichtbarer Kompetenzpartner innerhalb integrierter Versorgungssysteme, da sie den unmittelbaren Bezug zur Lebenswelt und zum sozialen Umfeld der Betroffenen hat. Als „Lebensweltbetrachter und -kenner" sind Pflegefachkräfte somit zum zentralen Akteur Integrierter Versorgung prädestiniert. Ziel guter Pflege ist die Aufrechterhaltung der Lebensqualität eines Menschen in der für ihn relevanten Umwelt. Das heißt, sie fragt nach den individuellen Rahmenbedingungen des alltäglichen Lebens der Betroffenen, nach Schmerzen, sozialen Kontakten oder der Mobilität. Hier trifft sich der Pflegefokus mit dem Teilhabebegriff des SGB IX, welcher über die ICF [45] europaweit verankert ist.

Neben einem umfassenden Fachwissen in Gebieten der Medizin, Psychologie und Sozialarbeit verlangt deshalb eine kompetente Pflege ebenso spezifische Fertigkeiten, körperliche als auch soziale Fähigkeiten. Diese komplexen und interdisziplinären (und durch die Integrierte Versorgung gestiegenen) Anforderungen erfordern ein hierauf abgestimmtes und erweitertes Angebot an Fort-und Weiterbildungen.

Die Teilnahme an solchen spezifischen Qualifizierungsmaßnahmen muss zukünftig für alle Pflegefachkräfte verpflichtend sein und fest in entsprechenden Qualitätsmanagement-Systemen verankert werden. In diesen gilt es, alle Richtlinien und qualitätssichernden Maßnahmen einheitlich und eindeutig zu definieren. Ein solches Vorgehen hilft darüber hinaus, der Verlagerung von Pflegeleistungen auf nicht ausreichend Qualifizierte und der Schwarzarbeit entgegenzuwirken, und die aufgrund von Minderqualifikation erhöhte Arbeitsbelastung zu reduzieren. Durch regelmäßige Fort- und Weiterbildung bleibt somit nicht nur die Professionalität der Pflege, sondern auch die stetige Reflexion beruflicher Praxis gesichert.

Insbesondere im Bezug auf die neuen Anforderungen an die Pflege, ihrer eigenständigen und gleichwertigen Rolle im System integrierter Leistungserbringer, sowie zur Sicherung von Effizienz und Vernetzung von Arbeitsabläufen müssen Pflegefachkräfte mit Verordnungskompetenzen ausgestattet werden – insbesondere mit der Hilfsmittel-, Prophylaxe- als auch Pflege-Verordnungskompetenz (§ 3 Krankenpflegegesetz).

Zur Regelung und Kontrolle von Berufsausbildung und -pflichten, zur Sicherung der Qualifikations- und Arbeitsqualität sowie des Wissenstransfers und der Praxisreflexion sollte eine länderübergreifende Institution etabliert werden. Eine solche institutionelle Lösung würde zudem das gesellschaftlich-sozialen Vertrauen in die Leistungen und die Qualität von Pflege stärken sowie ihre Kompetenzen im Kreis der Leistungserbringer sinnvoll und objektiv dokumentieren.

Mit der Zusammenführung von Alten- und Krankenpflege, der Verankerung von bedarfsorientierten Fort- und Weiterbildungen in Qualitätsmanagement-Systemen, der Schaffung einer diese Abläufe kontrollierenden Instanz sowie der Ausstattung mit Verordnungskompetenzen würden die notwendigen Grundlagen geschaffen, die in der „Charta für hilfe- und pflegebedürftige Menschen" bereits als Selbstverständlichkeit für Pflegebedürftige ausgesprochen werden: „Wenn Sie professionelle Hilfe benötigen, muss Ihnen eine fachlich kompetente und eine Ihrer Person zugewandte Pflege, Betreuung und Behandlung zukommen. Sie können erwarten, dass die Mitarbeiterinnen und Mitarbeiter entsprechend ihrer Aufgabe ausgebildet, fortgebildet, weitergebildet oder angeleitet sind und die notwendige Qualifikation aufweisen, die Ihrem Bedarf an Unterstützung, Pflege und Behandlung entspricht. Die Methoden und Maßnahmen müssen dem aktuellen Stand medizinischer und pflegerischer Erkenntnisse entsprechen [8]."

7.2.3   Implementierung des Case Managements in Integrierte Versorgung und Pflege

Das Fallmanagement erhielt durch seine begriffliche Einführung in der Umsetzung des Sozialgesetzbuchs II und explizit in § 14 mit der Figur des „persönlichen Ansprechpartners" eine definierte Rolle zugewiesen [14].

Das Case Management, ein Ablaufschema organisierter und bedarfsgerechter Hilfsleistungen, in welchem der Versorgungsbedarf eines Patienten über einen definierten Zeitraum und quer zu bestehenden Grenzen von Einrichtungen, Dienstleistungen, Behörden und Zuständigkeiten implementiert, koordiniert als auch überwacht und evaluiert wird, erhält zunehmend auch für die Funktionalität integrierter Versorgungsketten eine wesentliche Bedeutung. So wäre es sinnvoll, wenn das Case Management die Rolle der Koordination im System Integrierte Versorgung übernehmen würde. Bisher bleibt seine Stellung jedoch problematisch.

Vielfach bereits in Bereichen des Gesundheitswesens zur Steuerung von Leistungsketten eingesetzt, stößt das Fallmanagement in der praktischen und effizienten Umsetzung noch allzu häufig an unnötige Hemmschwellen und Grenzen.

Als problematisch erweisen sich kaum vorhandene Abgrenzungen zu anderen Managementkonzepten und die damit verbundene, häufig willkürliche Auswahl einzelner Konzeptelemente und -methoden aus dem Gesamtzusammenhang [14].

Ebenso schwierig erweist sich der Einsatz sogenannter Fallmanager, die fachlich für diese komplexe Aufgabe nicht ausreichend qualifiziert sind und/oder die Tätigkeiten des Case Managements neben ihren täglichen Aufgabenbereichen wahrnehmen sollen.

Weitere Hemmnisse für einen wirkungsvollen Einsatz des Case Managements sind die unzureichende Verknüpfung stationärer und ambulanter Behandlungsketten und die vielfach fehlenden Kapazitäten für eine sinnvolle Umsetzung.

Darüber hinaus schafft die derzeitig existierende Vielfalt an Weiterbildungsangeboten nicht nur Verwirrung, sondern wird in ihren Ausprägungen und Inhalten häufig dem komplexen Anforderungsprofil nicht gerecht.

Empfehlung zur Implementierung des Case Managements in Integrierte Versorgung und Pflege:

- Implementierung und Autorisierung des Case Managements als eigenständiger und definierter Leistungs- und Koordinationsbereich im System Integrierte Versorgung.

- Schaffung von einheitlichen Rahmenbedingungen für das Anforderungsprofil eines Case Managers.

- Klare Definition der Kompetenzen und Aufgabenbereiche des Case Managers gegenüber Pflegefachkräften oder anderen Pflege- und Heilberufen.

- Gezielter Einsatz entsprechend qualifizierter Pflegefachkräfte als Case Manager.

Durch die Implementierung des Case Managements als fest definierter Leistungsbereich der Integrierten Versorgung wird die Koordination der einzelnen Versorgungsbereiche gewährleistet, stationäre und ambulante Versorgungsketten effizient verknüpft, sowie Versorgungsleistungen im Sinne des Patienten sinnvoll gebündelt. Bisher existierende Schnittstellenproblematiken, zum Beispiel zwischen stationärer und ambulanter Versorgung können ebenso vermieden werden wie der Einsatz nur unzureichend qualifizierter Kräfte und die Überlastung von Pflegefachkräften.

Es ist bekannt, dass es bei komplexen medizinischen Versorgungsleistungen – selbst in Projekten Integrierter Versorgung – zu Abstimmungs- und Kommunikationsproblemen kommen kann. In solchen Situationen erreichen selbst standardisierte Behandlungspfade eine Grenze. Der Case Manager übernimmt somit die „Überwachung" der Versorgungskette auch innerhalb der Integrierten Versorgung und koordiniert alle Beteiligten. Somit kann das Case Management eine zentrale Rolle für die Versorgungsqualität und die Zusammenarbeit untereinander übernehmen.

Dass dies bereits von Patienten in Projekten Integrierter Versorgung so gesehen wird, unterstreichen die Evaluationsergebnisse des Modells „Endoprothetik Münster" [41] Von mehr als 75 Prozent der befragten Patienten wurde das Case Management als wichtig eingestuft. Nach Meinung der Patienten liegen die zentralen Aufgaben des Fallmanagements vor allem in den Bereichen Information und Beratung, der Steuerung und Koordination des Behandlungsprozesses sowie in der Fürsorge und Betreuung.

Das Verfahren des Case Managements ist darüber hinaus auch als ein Mittel der Qualitätssicherung anzusehen, da es an alle Beteiligte – an Leistungserbringer, Anbieter, Politik bis hin zu den Patienten – rückmeldet, was machbar ist [42][43]. In seinen Abläufen setzt es Standards und begründet in ihnen einen Qualitätsanspruch [42][43]. Ebenso ist das Case Management ein Controlling-Verfahren, da es Rückmeldung darüber gibt, wo welcher Aufwand und welcher Nutzen entsteht und wie es an jedem Punkt der Abläufe um Effektivität und Effizienz bestellt ist. Im klinischen Bereich ermöglicht es eine Abteilungssteuerung, die Kontrolle des Deckungsbeitrages und medizinischer Qualitätssicherung [31].

Daneben wird der gezielte Einsatz von Case Managern die bisherige Überbetonung der Struktur- und Prozessqualität der Versorgung sowie die Verengung der Pflege auf somatische Gesichtspunkte reduzieren und der menschlichen, geistig-seelische Zuwendung der Patienten den notwendigen Raum geben [7].

In der Praxis Integrierter Versorgung wird deutlich, dass vor allem Pflegefachkräfte für den Einsatz als Fallmanager besonders geeignet sind, da „im Zusammenhang mit der Erstellung von Prozess- und Verfahrensanweisungen, wie sie im Rahmen der Integrierten Versorgung notwendig sind, die Pflegeberufe auf bestehende Konzepte der Pflegeprozesssteuerung wie Pflegestandards, Pflegepläne und Pflegevisiten zur internen Qualitätssicherung zurückgreifen" können.

Die für die Funktionstüchtigkeit der Integrierten Versorgung notwendige institutions-, abteilungs- und berufsgruppenübergreifende Koordination gehört bereits zur Routine der Pflegenden. Somit haben sie ein sehr umfangreiches Beobachtungsspektrum, den Bezug zur Lebenswelt der Patienten und können Zielvorgaben wesentlich besser beurteilen.

Aus diesem Grunde sind Pflegekräfte in besonderem Maße in der Lage, die Koordination, also das Fallmanagement, innerhalb der Integrierten Versorgung zu leisten. Zu diesem Schluss kommt auch der Expertenstandard Entlassungsmanagement, der den Pflegefachkräften eine ähnliche Schlüsselrolle zudenkt.

Um die jahrelange „Überfrachtung der Pflegekräfte" mit den zusätzlich zur Pflege anstehenden Koordinationsaufgaben zu vermeiden, ist daher eine klare Aufgabentrennung zwischen Case Managern und Pflegekräften notwendig. Diese wird nur erlangt, wenn der Fallmanager systemorientiert, das heißt in neutraler Position, die von der jeweiligen Einrichtung oder des Anbieters unabhängig sein muss, arbeitet. Eine solche Aufgabentrennung wirkt der Überlastung der Pflegefachkräfte entgegen, reduziert somit organisationale und soziale Stressoren sowie körperliche wie psychomentale Belastungen und wird sich durch die Reduzierung von Fehlzeiten positiv auswirken [2].[9] Durch die so entstehende Transparenz organisationaler Bezüge und Arbeitsaufgaben können sich notwendige Formen der Autonomie in der Arbeit von Pflegefachkräften, motivierende Tätigkeitsspielräume und Möglichkeiten der Partizipation entwickeln.

Die Ausbildungsinhalte und Arbeitsaufgaben der Case Manager müssen klar definiert und zur Voraussetzung einer zertifizierten Zulassung werden. Die durch die Deutsche Gesellschaft für Sozialarbeit (DGS), dem Deutschen Berufsverband für Soziale Arbeit (DBSH) und dem Deutschen Berufsverband für Pflegeberufe (DBfK) entwickelten Zertifikate schaffen im Hinblick auf definierte Zulassungsvoraussetzungen und Ausbildungsinhalte wichtige Rahmenbedingungen für eine zukünftig fundierte und einheitlich geregelte Case-Management-Ausbildung und damit nicht zuletzt für ein konkret definiertes Berufsbild.[10] Daher sollte diesen eine bundesweite und verpflichtende Gültigkeit zukommen.

In der Festlegung beruflicher Handlungsfelder sollte ferner beachtet werden, dass der Case Manager neben pflegerischer Berufserfahrung mit weiteren Kompetenzen ausgestattet sein muss (vgl. hierzu Punkt 7.2.2 des vorliegenden Positionspapiers). Dies sind insbesondere: die Bewertung und Entscheidung nach Kompetenzprofilen der Leistungserbringer, die Ausstattung mit einer Verordnungsbemächtigung der Pflegeprofession, sowie die Regelung des Entlassungs- und Überleitungsmanagements.

Die Tätigkeitsabläufe eines Fallmanagers sollten durch Leitlinien festgelegt sein, die über das Institut für Qualität und Wirtschaftlichkeit (IQWiG) [27][11] festgelegt werden können.

---

[9] Quantitative Überforderung, häufige Arbeitsunterbrechungen, unklare Zuständigkeiten, emotionale Belastungen sowie ein hoher Anteil an pflegefremden Tätigkeiten sind für Pflegefachkräfte häufige Stressoren und damit physische und psychische Risikofaktoren des Arbeitsalltags [2].

[10] Vgl. u.a. Katholische Fachhochschule Mainz: http://www.case-manager.de/Ausb.htm.

[11] Zu den Instituts-Aufgaben gehört bereits die Bewertung von Operations- und Diagnoseverfahren, Arzneimitteln sowie Behandlungsleitlinien. Zudem erarbeitet das IQWiG auf der Basis der evidenzbasierten Medizin die Grundlagen für neue Disease Management Programme (DMP).

Um zukünftige Arbeitsabläufe des Case Managements effektiv und wertschöpfend in die integrierten Versorgungssysteme einbinden zu können, ist darüber hinaus die Gewährleistung der Kompatibilität der Versicherungsleistungen und Vernetzungsmöglichkeiten, sowie die Einbeziehung der Pflegefachkräfte in das System der elektronischen Gesundheitskarte als eigenständige Leistungserbringer unbedingt erforderlich.

Letztlich kann durch den so strukturierten Einsatz des Case Managements ein wesentlicher Beitrag zum Abbau von Über-, Unter- und Fehlversorgung geleistet sowie das System Integrierte Versorgung zu einer dauerhaften Qualitätssicherung und einer ökonomischen Effizienzsteigerung geführt werden. Eine so optimierte Systemanpassung wird sich dann auch deutlich in der Verringerung der Ausgaben der Versicherung niederschlagen. Ein solcher Gewinn rechtfertigt letztlich eine Finanzierung durch das System selbst, beispielsweise analog zu einer Gebührenordnung.

7.2.4 Entwicklung und Etablierung von Pflegekonzepten und Standards

Die Bedeutung und Notwendigkeit von Leitlinien und Standards gerade innerhalb der Integrierten Versorgung wird durch praktische Erfahrungen bestätigt. Als Beispiel hierfür sei auf den Entlassungsstandard oder den Pflegestandard Dekubitusprophylaxe hingewiesen [12][13]. Allerdings sind die existierenden Leitlinien oder gar Standards für Pflegeleistungen und -prozesse innerhalb Integrierter Versorgung bei weitem noch nicht ausreichend. Diese Situation verdeutlicht, dass dem Pflege- und Betreuungsbedarf von Patienten im Anschluss an eine stationär-medizinische Versorgung trotz neuer Anforderungen durch Verweildauerverkürzung und Fallpauschalenvergütung und damit der deutlichen Verlagerung von Weiterbehandlung in den ambulanten Bereich derzeit noch allzu wenig Beachtung geschenkt wird. Diese Betreuungs- und Pflegebedürfnisse sind jedoch nicht nur vorhanden, sondern sind als wesentlicher Bestandteil einer vernetzten Versorgung im Rahmen der Integrierten Versorgung zu erkennen und zu definieren.

Aus der Praxiserfahrung heraus zeigt sich zunehmend, dass gerade die Pflegeleistungen, die sich in einer solchen Schnittmenge befinden oder sich im Anschluss an fest definierte Handlungsbereiche ergeben, nur wenig oder gar nicht strukturiert sind.

Das Entlassungsmanagement ist in diesem Zusammenhang zwar als ein großer Schritt zur Sicherung der Versorgungskontinuität zu werten, doch kann dieser nicht der einzige bleiben.

Nach wie vor fehlen Regelungen, die beispielsweise der Entlassung nachgeschaltete Einrichtungen oder Dienstleister dazu anleiten und verpflichten, die bei Entlassung abgesprochenen Konzepte zeitnah zu prüfen, umzusetzen oder zu modifizieren.

Zu diesem Ergebnis kommt auch der aktuelle Bericht des Krankenhaus-Barometers 2007: „Der Einsatz von standardisierten Assessmentinstrumenten zum poststationären Pflege- bzw. Versorgungsbedarf ist dagegen noch nicht so weit verbreitet. Beim entsprechenden Patientenklientel kommen sie nur in knapp einem Viertel der Krankenhäuser standardmäßig zum Einsatz (...) [29]."

Es mangelt also an einem Reglement für pflegerische „Anschlussleistungen". Hierzu gehören vor allem Hilfen und Unterstützung [29]:

- bei krankheits-/und pflegebezogenen Bewältigungsarbeiten

- bei Bewältigungsarbeiten zur Aufrechterhaltung des Alltags

- bei erforderlichen biographischen Rekonstruktions- und psychosozialen Bewältigungsarbeiten

- beim Erwerb neuer Selbstmanagementkompetenzen

- im Rahmen präventiver Maßnahmen

Dieser Bedarf muss wahrgenommen werden. Es müssen Strukturen geschaffen werden, um den Weg für eine sich stationärer Betreuung anschließende Versorgungskette zu ebnen. Dabei ist es wesentlich, dass bereits bei stationärer Aufnahme eines Patienten die Entlassung und Überleitung vorbereitet wird.

Empfehlungen zur Entwicklung und Etablierung von Pflegekonzepten und Standards im Rahmen der Integrierten Versorgung:

- Entwicklung von Leitlinien und Standards für Bereiche der Überleitungs- und ambulanten Pflege unter Berücksichtigung der Entbürokratisierung

- Optimierung und Einsatz systematischer und zuverlässiger Verfahren zur Bedarfs- und Bedürfniseinschätzung im ambulanten Bereich

Fundierte und patientenorientierte Pflege- und Betreuungskonzepte wie beispielsweise die Bezugspflege oder die Biographiearbeit sowie definierte Standards wie das Schmerz- oder Wundmanagement ebenso wie klare Leitlinien in den Bereichen Case und Care Management sind wesentliche Grundlage für eine umfassende, fundierte, funktionstüchtige Versorgung im Sinne der Integrierten Versorgung. Sie bieten Umsetzungsstrategien, sie konkretisieren, welche Ziele mit welchen Mitteln und Prozessschritten wann, wo und von wem verfolgt werden sollen. Sie sind Hilfe und Anleitung im praktischen Pflegealltag und motivieren zu einem eigenverantwortlichen Handeln durch die Pflegefachkraft. Letztlich werden klare und umfassende Pflege- und Qualitätsmanagementkonzepte positive Auswirkungen auf die Ergebnisqualität haben und zeitliche, institutionelle und berufskonzeptionelle Versorgungsbrüche wirksam vermeiden.

Darüber hinaus kann über die Ausweitung der Standards eine dringend erforderliche Verbesserung der Arbeitssituation der Pflegekräfte erreicht werden. Ihre Arbeitsbelastung steigt im stationären Bereich durch Stellenreduzierung [29][32][12], durch Anstieg der Be-

---

[12] 37,7 Prozent der befragten Krankenhäuser planen einen Stellenabbau in „anderen Berufsgruppen", somit auch in der Pflege [29]. 42 Prozent der Befragten rechnen mit einem Stellenabbau im Pflegebereich. „Es bestätigt sich in der Studie, dass ein flächendeckender Abbau von Pflegepersonalkräften zu verzeichnen ist." [32]

handlungszahlen und durch Übernahme weiterer Aufgaben im stationären Bereich [29][13] ebenso wie im ambulanten Bereich durch den gestiegenen Bedarf an poststationärer Behandlung und pflegerischer Weiterbehandlung [29].

Über eine Ausweitung der Standards kann nicht nur die Orientierung der Pflegekräfte sichergestellt werden, sondern auch die sinnvolle und klare Abgrenzung von Arbeitsabläufen und Aufgabenbereichen erreicht werden – ein dringend notwendiger Schutz vor Überlastung und eine Entschärfung des derzeit vorhandenen Spannungsfelds zwischen Ärzten, Pflegekräften und Patienten. Somit können physische und psychomentale Belastungen der Leistungserbringer reduziert werden. Durch klar definierte Tätigkeits- und Verantwortungsbereiche entstehen Transparenz, Sicherheit und Autonomie in den Arbeitsprozessen, was sich letztlich in der persönlichen Motivation und damit in der Effizienz Integrierter Versorgung positiv bemerkbar machen wird.

Pflegestandards und -konzepte bieten außerdem die Grundlage für ein überprüfbares Leistungsniveau und sind somit eine qualitätssichernde Maßnahme.

Nicht zuletzt wird durch sie auch der Wissenstransfer neuer wissenschaftlicher Erkenntnisse in die Praxis gefördert. Damit wird man den im SGB XI § 80 verankerten gesetzlichen Anforderungen zur Sicherung und Weiterentwicklung der Pflegequalitäten gerecht.

Entscheidend ist, dass Pflegekonzepte und -standards insbesondere im System Integrierte Versorgung in ihrer Ausrichtung verdeutlichen müssen, dass nicht wie bisher krankheitsbezogene Behandlung und Pflege, sondern auch die Gesundheitsförderung und Prävention, das heißt die Verbesserung des Gesundheitszustands des Patienten honoriert wird. Es gilt einen Ausweg aus dem bestehenden Dilemma der „aktivierenden Pflege" versus den Vorzügen höherer Pflegeeinstufung und damit Vergütung zu finden. Professionell Pflegende sind nach § 28 Abs. 4 und § 80 SGB XI zur Förderung der Selbstversorgungsfähigkeit Pflegebedürftiger verpflichtet. Die anzuwendende aktivierende Pflege soll vorhandene Fähigkeiten der Patienten erhalten, verlorene wiederherstellen. Gesundheitsförderliche und präventive Leistungen werden durch § 5 SGB XI aber bisher aus dem Leistungskatalog der Pflegeversicherung ausgeschlossen.[14] Damit bietet das bisherige SGB XI für aktivierende und wiederherstellende Pflege nur eine dürftige Grundlage [40].

Für Pflegefachkräfte und -dienste bringt diese Situation finanzielle Nachteile: Der für die aktivierende Pflege geleistete Aufwand wird zum einen nicht vergütet, die erfolgreiche Wiederherstellung der Selbstständigkeit des Pflegebedürftigen führt zum anderen durch eine niedrigere Pflegestufe zu weiteren finanziellen Einbußen.

Hierfür gilt es zeitnah Lösungen zu finden, wie bereits im Konzept zur Pflegereform angedacht. Beispielsweise sollen Pflegeheime, „[...] denen es durch verstärkte Bemühungen gelingt, Pflegebedürftige in eine niedrigere Pflegstufe einzustufen, [...] einen einmaligen Geldbetrag in Höhe von einheitlich 1.536 Euro" [15] erhalten. Diese Ansätze sind in sich

---

[13] Beispielsweise berichtet das Krankenhaus-Barometer 2007, dass vor allem in den Bereichen Anlegen und Wechsel von Verbänden, Anlegen/Umstecken von Infusionen, venöse Blutentnahme, Anlegen/Umstecken von Infusionen sowie bei der Codierung von Diagnosen, der Grad der ärztlichen Tätigkeiten an andere Berufsgruppen besonders hoch ist [29].

[14] Ausgenommen sind hierbei Beratungsleistungen für pflegende Angehörige (§ 37 und § 45 SGB XI).

und auf andere Pflegebereiche auszuweiten. Ferner ist eine eindeutige Vernetzung der Sozialversicherungszweige anzustreben.

7.2.5 Kompetenznetzwerke zwischen Pflegewissenschaft, Pflegepraxis und Partnern Integrierter Versorgung

Pflegetheorien und wissenschaftliche Studien sind für die weitere Entwicklung der Versorgungs- und Arbeitsbereiche wichtig. Sie sollten hierbei jedoch in einem ausgewogenen Verhältnis und in einem wechselseitig funktionierenden Austausch mit Praxiserfahrungen stehen. Der praktischen Versorgung kranker und pflegebedürftigen Menschen und ihren individuellen Bedürfnissen sollte ein höherer Stellenwert eingeräumt werden, als es oftmals reine Theorievorgaben zulassen. Ein funktionierender Austausch zwischen Pflegewissenschaft und -praxis muss dies zukünftig beachten.

Als Grundlage hierfür müssen sich Netzwerke nach den Modellen der „Kompetenznetzwerke der Medizin" und der „Evidence-based Medicine (EbM)" etablieren, die durch eine regelmäßige und wechselseitige Kommunikation eine kontinuierliche Qualitätsverbesserung medizinischen und pflegerischen Wissens durch Wahrnehmung der Praxiserfahrungen sowie eine systematische Aufbereitung aktueller wissenschaftlicher Erkenntnisse und Nutzbarmachung dieser für die weitere Entwicklung medizinischer und pflegerischer Versorgung zum Ziel haben. Es wäre damit also eine großartige Möglichkeit geboten, flexibler auf neue Anforderungen im Pflege- und Gesundheitswesen reagieren zu können, sowie praktische Routinen und enge wissenschaftliche Theorien zu verlassen, zu beleben und stetig weiterzuentwickeln.

Indirekt entspräche ein solcher wechselseitiger Austausch und damit die Nutzung und Anwendung von Wissen auch den im SGB V §§1 35–139c gesetzlichen Vorgaben zur Qualitätssicherung sowie den Maßstäben und Grundsätzen zur Sicherung und Weiterentwicklung der Pflegequalität, die im Pflegeversicherungsgesetz (1994) mit § 80 des SGB XI gegeben sind.

Empfehlung zur Etablierung von Kompetenznetzwerken und Fachgruppen zwischen Pflegewissenschaft und Pflegepraxis sowie Partnern Integrierter Versorgung:

- Implementierung von Kompetenznetzwerken und Fachgruppen zwischen Pflegewissenschaft, -praxis und Partnern der Integrierten Versorgung.

- Überwindung der Barrieren zwischen den unterschiedlichen Fachgebieten, Organisationskulturen und Berufsbildern.

- Etablierung von Kontaktlinien im Sinne von Wissensmanagement als Transfer- und Transformationsprozess.

- Zugangserleichterung zu Forschungsergebnissen für medizinisches und pflegerisches Fachpersonal, Patienten und die Öffentlichkeit.

In diesem Zusammenhang sollte nicht übersehen werden, dass die Integrierte Versorgung als eine Ganzheit unterschiedlichster Bereiche, Kompetenzen und Notwendigkeiten zu betrachten ist. Was wiederum impliziert, dass man in der Weiterentwicklung und Verbesserung – in der Praxis wie in der Wissenschaft – eine einseitige thematische Konzentration vermeiden und dagegen einen ganzheitlichen Blick entwickeln muss. Hierfür muss die gängige Pflegewissenschaft und -forschung erweitert werden. Insbesondere Untersuchungen und Beobachtungen, die einen Vergleich zwischen theoretischen Ansätzen und praktischer Umsetzung ermöglichen, wie beispielsweise Fragestellungen danach, welche Maßnahmen innerhalb Integrierter Versorgung in der Praxis nutzbringend und sinnvoll sind, sollten in die laufende wissenschaftliche Forschung einbezogen werden. Ebenso wichtig wird zukünftig auch die Förderung des Austausches mit Bereichen der Arbeits- und Gesundheitswissenschaften sein, um beispielsweise Anpassungen medizinischer und pflegerischer Tätigkeitsbereiche an die neuen Anforderungen schneller vorzunehmen und so eine Verbesserung der Arbeitssituation vieler Beschäftigter des Gesundheitswesens zu erreichen.

Letztlich wird durch die Etablierung von Netzwerken und Fachgruppen auch das Bewusstsein aller – auch der interessierten Bevölkerung – für die Thematiken der Integrierten Versorgung sensibilisiert und ein Verständnis für Sinn, Zweck und Möglichkeiten dieser geschaffen.

7.2.6 Schaffung einer „Informationszentrale Integrierte Versorgung (IZIV)"

Für eine weitere positive Entwicklung und Funktionstüchtigkeit des Systems Integrierte Versorgung kommt dem informativem Austausch zwischen Leistungserbringern, den unterschiedlichen Versorgungsbereichen, den Patienten, Vertragsinteressierten sowie der allgemeinen Bevölkerung eine wichtige Bedeutung zu.

Das derzeitige vielfach existierende Informationsdefizit, das Agieren von Partnern Integrierter Versorgung hinter „verschlossenen Türen", sowie die bislang vorherrschende verwirrende Vielfalt an Begrifflichkeiten, Möglichkeiten, Grundlagen und unterschiedlichsten, weit verzweigten Informationsquellen verhindern eine grundlegende Transparenz und damit auch ein Verständnis über die Zwecke und Ziele der Integrierten Versorgung. Hieraus resultieren wiederum Demotivation, Hemmschwellen und Resignationen, die wichtige Entwicklungen unnötig behindern und verzögern.

Empfehlung zur Schaffung einer „Informationszentrale Integrierte Versorgung (IZIV)":

- Die Einrichtung und Etablierung einer zentralen Informationsstelle, die für alle an der Integrierten Versorgung Beteiligten und Interessierten zugänglich ist.

- Regelmäßig stattfindende Konferenzen ausschließlich für Thematiken der Integrierten Versorgung.

- Durchführung regelmäßiger Studien und Erhebungen, um Praxiserfahrungen allgemein zugänglich und fassbar zu machen.

Die Einrichtung einer zentralen Informationsstelle, gegebenenfalls unter dem Dach des bereits gegründeten Instituts für Qualität und Wirtschaftlichkeit im Gesundheitswesen

(IQWiG), könnte aufgezeigte Hemmnisse und Verständnisschwierigkeiten durch umfassende und aktuelle Information reduzieren, zum Teil sogar beseitigen. Leistungserbringer würden über aktuelle Entwicklungen und Erkenntnisse aus Praxis und Wissenschaft in Kenntnis gesetzt, an Integrierter Versorgung interessierte Leistungserbringer könnten sich über gesetzliche Rahmenbedingungen, Vertragsgrundlagen, Kooperationsmöglichkeiten, Modelle und Umsetzungsbeispiele, Leitlinien und Standards ebenso informieren wie Patienten, die zukünftig oder gegenwärtig innerhalb eines Integrierten Versorgungsvertrags behandelt und betreut werden.

Damit erhalten Rahmenbedingungen, Inhalte, Ziele sowie Entwicklungen der integrierten Versorgungsform jene allgemeine, umfassende Transparenz, die sie für ihre zukünftige Funktionstüchtigkeit bedürfen – mithilfe aufgeklärter Mitstreiter und Teilnehmer, Multiplikatoren und Interessenten.

Durch die Veröffentlichung von Entwicklungs- und Qualitätsmanagementsberichten in einem jährlichen Turnus würde nicht nur die notwendige Transparenz für die Öffentlichkeit und Partnern Integrierter Versorgung erreicht, sondern auch Orientierung für Patienten erreicht und der Wettbewerb unter den Einrichtungen und Leistungsanbietern gefördert. Die Veröffentlichungen sollten daher kunden- und partnerorientiert und damit auch prägnant, übersichtlich und verständlich abgefasst werden.

Eine solche Informationszentrale würde letztlich auf kommunikativer Ebene genau den Kerngedanken der Integrierten Versorgung aufgreifen: eine interdisziplinäre, fachübergreifende Vernetzung erreichen und der Empfehlung der „Charta der Rechte für hilfe- und pflegebedürftigen Menschen" Artikel 5 gerecht werden: „Jeder hilfe- und pflegebedürftige Mensch hat das Recht auf umfassende Informationen über Möglichkeiten und Angebote der Beratung, der Hilfe und Pflege sowie der Behandlung [8]."

7.3   Fazit

Mit 4,3 Millionen Beschäftigten und einem Umsatz von rund 239 Mrd. Euro im Jahr 2005 zählt das Gesundheitswesen zu den bedeutendsten volkswirtschaftlichen Sektoren in Deutschland [38]. Mit den Auswirkungen des demografischen Wandels, dem Auftreten neuer und der Zunahme chronischer Krankheiten, sowie durch ein gestiegenes Gesundheitsbewusstsein in der Bevölkerung, wird der Bedarf an professionellen Pflegeleistungen – ambulant wie stationär – in den kommenden Jahren kontinuierlich zunehmen [37].[15]

Parallel hierzu steigen die Anforderungen an die Pflegeleistungen und erfordern qualifiziertes und qualitätsgesichertes Handeln. Dieses kann insbesondere in integrierten Versorgungssystemen nur dann dauerhaft gewährleistet werden, wenn transparente Strukturen und Arbeitsabläufe, klare Kompetenz-und Verantwortungsbereiche sowie eine funktionstüchtige Vernetzung und Kooperation gleichberechtigter Leistungserbringer – ein Miteinander anstelle eines Nacheinanders – geschaffen sind.

Um diesen Zustand zu erreichen ist es dringend erforderlich, die professionelle Pflege aus ihrer bisherigen Randposition in den Kreis medizinischer Leistungserbringer als

---

[15] Allein die Versorgung durch ambulante Pflegedienste hat gegenüber 2003 bereits um 3,4 Prozent zugenommen [37].

gleichwertigen Partner und Akteur aufzunehmen. Sie muss zukünftig die gleichen Voraussetzungen, Möglichkeiten, Handlungsräume und -autonomien, den gleichen Status innerhalb des Gesundheitswesens und in der Gesellschaft erhalten, wie andere medizinische und gesundheitsbezogene Disziplinen.

Für die Funktionstüchtigkeit der Integrierten Versorgung wird es aus professionstheoretischer Sicht und zum Wohle der zu versorgenden Menschen jetzt wichtig sein, ob Pflegende in der Prozesssteuerung und der Entscheidungsvorgabe Schlüsselpositionen einnehmen. Von ihrem umfassenden Denkansatz und Fokus auf die lebensweltliche Gesamtsituation von Betroffenen, bietet Pflege eine ideale Ausgangsbasis Prozesse einer Integrierten Versorgung zu steuern.

Eine der wichtigsten Ressourcen zur Gesundheitsförderung, Pflege und Prävention sollte umfassender genutzt werden.

7.4   Literatur

[1]   Alterssurvey, Welle 2, 2002: Gesundheit und Gesundheitsversorgung. http://www.gerostat.de (Abruf 2007)

[2]   Berufsgenossenschaft für Gesundheitsdienst und Wohlfahrtspflege: „Aufbruch Pflege – Moderne Prävention für Altenpflegekräfte". bgw themen, 2006.

[3]   Bundesanstalt für Arbeitsschutz und Arbeitsmedizin. http://www.baua.de (Abruf 2007)

[4]   Bundesgeschäftsstelle Qualitätssicherung: http://www.bqs-online.de (Abruf 2007)

[5]   Bundesministerium für Gesundheit: Gesundheitsreform. http://www.die-gesundheitsreform. de (Abruf 2007)

[6]   Bundesministerium für Gesundheit: Pressemitteilung vom 17.10.2007 http://www.bmg.bund. de (Abruf 2007)

[7]   Bundesministerium für Familie, Senioren, Frauen und Jugend: „Erster Bericht des Bundesministeriums für Familie, Senioren, Frauen und Jugend über die Situation der Heime und die Betreuung der Bewohnerinnen und Bewohner" vom 15.8.2006. Online Publikation: http:// www.bmfsfj.de (Abruf 2007)

[8]   Charta für hilfe- und pflegebedürftige Menschen: Bundesministerium für Familie, Senioren, Frauen und Jugend. „Runder Tisch Pflege", Arbeitsgruppe IV: http://www.bmfsfj.de/RedaktionBMFSFJ/Broschuerenstelle/Pdf-Anlagen/Charta-der-Rechte-hilfe-und-pflegebed_C3_BCrftiger_Menschen, property=pdf,bereich=,rwb=true.pdf (Abruf 2007)

[9]   Deutsche Gesellschaft für Care und Case Management: http://www.dgcc.de/ (Abruf 2007)

[10]   Deutsche Gesellschaft für Care und Case Management: Standards und Richtlinien für die Weiterbildung. Case Management im Sozial- und Gesundheitswesen und in der Beschäftigungsförderung vom 29.01.2003, geändert 22.12.2004: http://www.dgcc.de/download/cm_wb_richtlinien_neu.pdf (Abruf 2007)

[11]   Deutsches Netzwerk für Qualitätsentwicklung in der Pflege: http://www.dnqp.de/ (Abruf 2007)

[12]   Deutsches Netzwerk für Qualitätsentwicklung in der Pflege (Hrsg.): Expertenstandard Entlassungsmanagement in der Pflege. Entwicklung – Konsentierung – Implementierung. Osnabrück 2004

[13]   Deutsches Netzwerk für Qualitätsentwicklung in der Pflege (Hrsg.): Expertenstandard Dekubitusprophylaxe. Entwicklung – Konsentierung – Implementierung. 2. Auflage. Osnabrück 2004

[14]   Deutscher Verein für öffentliche und private Fürsorge: Qualitätsstandards für das Fallmanagement Empfehlungen des Deutschen Vereins für öffentliche und private Fürsorge vom 21.2.2004. http://www.dgcc.de/download/dv_qs_cm.pdf (Abruf 2007)

[15]   Die Gesunde Zeitung: Bundesministerium für Gesundheit. Juli 2007. http://www.die-gesundheitsreform.de/presse/publikationen/gesunde_zeitung/   pdf/200707_die_gesunde_zeitung. pdf (Abruf 2007)

[16]   Expertenkommission Pflege/BGW: Positionspapier Empfehlungen zur Umsetzung der Integrierten Versorgung unter Einbezug der Pflege, Hamburg 2007

[17]   Forum Demographischer Wandel des Bundespräsidenten: http://www.forum-demographie. de (Abruf 2007)

[18]   Gesetz zur Einführung der diagnoseorientierten Fallpauschalenvergütung für Krankenhäuser: Bundesgesetzblatt Jahrgang 2002, Teil I, Nr.27, ausgegeben zu Bonn am 29. April 2002: 1412ff.: http://217.160.60.235/BGBL/bgbl1f/BGBl102027s1412.pdf (Abruf 2007)

[19]   Gesetz zur Modernisierung der gesetzlichen Krankenversicherungen. (GKV-Modernisierungsgesetz – GMG): Bundesgesetzblatt Jahrgang 2003 Teil I Nr. 55, ausgegeben zu Bonn am 19. November 2003: 2190-2258. http://217.160.60.235/BGBL/bgbl1f/bgbl103s2190.pdf (Abruf 2007)

[20]   Gesetz zur Stärkung des Wettbewerbs in der gesetzlichen Krankenversicherung (GKV-WSG): Bundesgesetzblatt Jahrgang 2007 Teil I Nr. 11, ausgegeben zu Bonn am 30. März 2007: 378– 473. http://www.bmg.bund.de/nn_603200/SharedDocs/Gesetzestexte/GKV/ GKV-WSG,templateId=raw,property=publicationFile.pdf/GKV-WSG.pdf (Abruf 2007)

[21]   Gesetz zur Veränderung des Vertragsrechts und anderer Gesetze (VändG): Bundesgesetzblatt Jahrgang 2006 Teil I Nr. 66, ausgegeben zu Bonn am 30.12.2006: 3439-3449. http://www.die-gesundheitsreform.de/gesetze_meilensteine/gesetze/pdf/vaendg.pdf (Abruf 2007)

[22]   Gesundheitsberichterstattung des Bundes: http://www.gbe-bund.de (Abruf 2007)

[23]   Goldmann, M.: Pflege aus dem Weg in die Integrierte Versorgung, INQA Pflege Dresden 2007

[24]   Initiative Erfahrung ist Zukunft: http://www.erfahrung-ist-zukunft.de/Webs/EiZ/DE/Homepage/home.html (Abruf 2007)

[25]   Initiative Neue Qualität der Arbeit: http://www.inqa.de (Abruf 2007)

[26]   Institut für das Entgeltsystem im Krankenhaus: http://www.g-drg.de (Abruf 2007)

[27]   Institut für Qualität und Wirtschaftlichkeit im Gesundheitswesen: http://www.iqwig.de (Abruf 2007)

[28]   6. Marburger Symposium zum Gesundheitsmanagement: in Orthopädie-Technik 6/02: http://www.ot-forum.de/OT/split2002/2002-06/Umbruch_DRG.pdf (Abruf 2007)

[29]   Krankenhaus-Barometer 2007: Deutsches Krankenhaus-Institut, Düsseldorf 2007. http://www.dkgev.de (Abruf 2007)

[30]   Kompetenzzentrum Geriatrie: http://www.kcgeriatrie.de (Abruf 2007)

[31]   Krusch, A., Siegmund, T., Huber, P., Kircher, M., Schumm-Daeger, P.-M.: Clinical Pathways and Case-Management als DRG-Managementinstrumente. In: Das Krankenhaus 2/2006: 124–128

[32]   Pflege-Thermometer 2007: Deutsches Institut für angewandte Pflegeforschung. http://www. dip-home.de/material/downloads/Pflege-Thermometer2007.pdf (Abruf 2007)

[33]   Sachverständigenrat zur Begutachtung der Entwicklung im Gesundheitswesen 2007: http://www.svr-gesundheit.de (Abruf 2007)

[34] Schwiedernoch, A., Özyurt, E. L.: Integrierte Versorgung. Ein Managed Care Ansatz in Deutschland. Mibeg-Institut Medizin, Köln. Projektarbeit, GM 20. http://www.henrikbecker. de/iv/Integrierte_Versorgung_Schwiedernoch_Oezyurt.pdf (Abruf 2007)

[35] SIDIV, Stüve, M., Saade, P., Hildebrandt, H., Bischoff-Everding, C.: Abschlussbericht 20.07.2006. http://sidiv.de/documents/SIDIV_Abschlussbericht_003.pdf (Abruf 2007)

[36] Sozialgesetzbuch (SGB) Neuntes Buch (IX): Rehabilitation und Teilhabe behinderter Menschen, vom 19. Juni 2001 (BGBl. I S. 1046, 1047) zuletzt geändert durch Art. 28 Abs. 1 des Gesetzes vom 07.09.2007 (BGBl. I S. 2246). http://db03.bmgs.de/Gesetze/sgb09xinhalt.htm (Abruf 2007)

[37] Statistisches Bundesamt: „Pflegestatistik 2005. Pflege im Rahmen der Pflegeversicherung. Deutschlandergebnisse. Wiesbaden 2007. http://www.destatis.de (Abruf 2007)

[38] Statistisches Bundesamt: Datenreport 2006. Zahlen und Fakten über die Bundesrepublik Deutschland. Auszug aus Teil I. http://www.destatis.de (Abruf 2007)

[39] Statistisches Bundesamt: Pressemitteilung Nr. 142 vom 03.04.2007. http://www.destatis.de (Abruf 2007)

[40] Ströbel, A., Weidner, F.: Pflegeprävention. Vom Widerspruch im Notwendigen. In Perspektiven 1/2004: 1-3. Deutsches Institut für angewandte Pflegeforschung e.V. http://www.dip-home.de/material/perspektiven/perspektiven1-04.pdf (Abruf 2007)

[41] Universität Witten/Herdecke/ Institut für Strategieentwicklung: Projekt zur Integrierten Versorgung Endoprothetik Münster. Ergebnisse der Evaluation durch das Institut für Strategieentwicklung. http://wga.dmz.uni-wh.de/ orga/file/ifse/ifse_Zusammenfassung_Evaluation_IV-Muenster.pdf (Abruf 2007)

[42] Wendt, W. R.: Praxis und Weiterbildung. Ansprüche an die Qualität von Case Management. Beitrag zum 1. Qualitätszirkel am 24.09.2004. http://www.casemanager.de/_themes/Wendt. pdf. (Mai 2005)

[43] Wendt, W. R.: Case Management der Zukunft. 2004. http://cms.uk-koeln.de/live/case-management/content/e59/e76/ WendtCMderZukunft.pdf (Abruf 2007)

[44] Winter, M. H.-J.: Demografischer Wandel und pflegerische Versorgung im Alter. Zentrale Ressourcen und Herausforderungen. In: Deutsches Ärzteblatt online vom 10.03.2006. http://www.aerzteblatt.de/v4/archiv/ao.asp?id=50544

[45] World Health Organization (WHO): International Classification of Functioning, Disability and Health. http://www.who.int/classifications/icf/site/icftemplate.cfm (Abruf 2007)

Expertenexpertise

Claudia Stiller-Wüsten, Rolf Höfert

8.1 Anspruch und Wirklichkeit der Integrierten Versorgung

Seit das Positionspapier zur „Integrierten Versorgung" erschienen ist, wurde und wird auch weiterhin über Möglichkeiten guter Versorgungsnetzwerke diskutiert. Es wurden Chancen gesehen, wie die Fragmentierung von Hilfen und die Trennung von Rehabilitation und Pflege aufgehoben werden könnte.

Seit dem 1.1.2000 steht die Integrierte Versorgung auf der Agenda der Gesundheitsreform. Die Umsetzung zeigte aber lange keine Wirkung. Mit der Anschubfinanzierung war es in den Jahren 2004-2008 gelungen, Verträge zur Integrierten Versorgung zu realisieren [4]. Im Zeitraum von 2004-2008 sind insgesamt 6.407 Integrationsverträge gemeldet worden. Der niedergelassene war an den Verträgen ebenso beteiligt wie der stationäre Bereich [4]. Es schien, als ob das System Integrierte Versorgung nun eindeutiger als mögliche Versorgungsform der Zukunft implementiert werden könnte. Die Anschubfinanzierung stellte aber nur eine Übergangslösung dar und wurde mit der Gesundheitsreform 2009 beendet. Daraufhin zeigte sich auch das „wahre Gesicht" aller Beteiligten. Seit 2009 stagnieren die §140er–Vertragszahlen und es kommt zu einem deutlichen Anstieg der §73c-SGB V-Verträge [3]. Der Wille, diese auf die Zukunft ausgerichtete sektoren-übergreifende Versorgungsform weiter zu entwickeln, scheint nur in Ansätzen gewollt zu sein. Die Konkurrenzsituation der Krankenkassen führt vermutlich dazu, dass eher die Beitragssatzstabilität im Vordergrund steht. Prof. T. Klie konstatiert im Interviewteil dieses Buches, dass erfolgreiche Beispiele wie das Gesunde Kinzigtal nicht in das Wettbewerbssystem der Krankenkassen passen. Anreizstrukturen, damit sich Regionen mit integrierten Versorgungsmodellen auseinander setzten, fehlen laut Prof. T. Klie [5].

Bei der Betrachtung der Empfehlungen der Expertenkommission Pflege der BGW [1] wird deutlich, dass einige wesentliche Ansätze noch nicht weiter verfolgt worden sind. Stationäre und ambulante Pflegeleistungen werden in den unterschiedlichen Pflegesystemen immer noch unterschiedlich vergütet. So fordert auch die Deutsche Gesellschaft für Integrierte Versorgung in ihrem letzten Positionspapier [2], dass für stationäre Altenpflegeeinrichtungen neue Gestaltungsmöglichkeiten und Anreize gefunden werden. Hinzu kommt, dass die neu entstehenden Quartierskonzepte, wie sie zum Beispiel die Mitglieder des SONG Netzwerkes [7] erfolgreich erproben, noch über die Zusammenführung stationärer und ambulanter Versorgungsstrukturen hinausgehen. Menschen eine Teilhabe zu ermöglichen, egal aufgrund welcher sozialen, ökonomischen oder gesundheitlichen Beeinträchtigung sie diese bedürfen, sollte heute schon erklärtes Ziel sein. Es ist also umso tragischer, dass in den letzten Jahren die bürokratischen Hürden der Integrierten Versorgung nicht weiter abgenommen haben. Die Schnittstellenproblematik konnte nicht weiter abgebaut werden, weil die Mittel für die Behandlung von Krankheiten, die Pflege bei Pflegebedürftigkeit und die Teilhabe in unterschiedlichen Leistungs-Sektoren angeboten werden.

Mit dem gesetzlichen Anspruch auf Pflegeberatung seit 2009 wurde versucht, einen ersten Schritt zu gehen, der es Betroffenen ermöglicht, sich einen Überblick im Dschungel der Systeme zu verschaffen. Pflegeberatungen sind in den Pflegestützpunkten angesiedelt, die wiederum von den Kranken- und Pflegekassen eingerichtet wurden. Übersehen werden darf aber nicht, dass die Pflegeberatung eine Lotsin im System der Pflegeversicherung ist. Eine leistungssektorenübergreifende Beratung ist somit gesetzlich angebahnt, aber nicht lückenlos geregelt. Was die Arbeit des individuellen Case Managements unterstützen muss, ist das Care Management, das die notwendigen Rahmenbedingungen schafft, damit im Einzelfall die Betreuung und Leistung optimal bei den Betroffenen ankommt. Professor T. Klie sagt dazu im Interview in diesem Buch: „Das Care und Case Management gehört auf kommunale und regionale Ebene. Die Schlussfolgerung aus den Implementationsdefiziten der Pflegeberatung zu ziehen, dies wäre Aufgabe einer überzeugenden Pflegepolitik." [5]

Was die Länder und Kassen zur Weiterentwicklung der Pflegestützpunkte tun wollen, ist unklar. Maßnahmen zur Weiterentwicklung und vor allem der Finanzierung sind zwischen Kassen und Ländern noch auszuhandeln.

Auch die Weiterbildung zur Pflegeberatung ist noch nicht gesetzlich geschützt. Es gibt Empfehlungen des GKV-Spitzenverbandes, die dafür gesorgt haben, dass Weiterbildungen einen Mindestumfang von 400 Stunden haben müssen, um mit einer zertifizierten Pflegeberatung anzuschließen. Dies ist ein erster Schritt. Einheitliche Qualitätsstandards dazu gibt es noch nicht. Genauso, wie die langjährigen Bemühungen, die Ausbildungen in der Alten-, Kinder und Krankenpflege zusammen zufassen, noch nicht in die Umsetzung führten.

Das Positionspapier empfiehlt Lösungen zu finden, die dazu führen, dass ambulante Dienste und Pflegeheime keine finanziellen Nachteile haben, wenn es ihnen gelingt Pflegebedürftige so zu pflegen, dass sie in eine niedrigere Pflegestufe einzustufen sind. Heute sollte noch ein weiter Schritt möglich sein. Es sollte zugelassen sein, dass in der Umsetzung der Integrierten Versorgung, die anfänglichen Mehrkosten auftreten dürfen, wenn die Ergebnisqualität Erfolge nachweist. Evidenzbasierte Maßnahmen spielen dabei eine besondere Rolle. Die Forschung hierzu sollte weiter gefördert werden. Es ist erfreulich, dass die Bundesregierung im Koalitionsvertrag unter anderem die Förderung sektorenübergreifender Versorgungsformen aufgenommen hat. „Für die verschiedenen Möglichkeiten zur Vereinbarung von integrierten und selektiven Versorgungsformen ... werden die rechtlichen Rahmenbedingungen angeglichen und bestehende Hemmnisse bei der Umsetzung beseitigt" [6]. Die derzeitigen Probleme und Hemmnisse bei der Umsetzung der Integrierten Versorgung sind hinreichend beschrieben. Nun sollten gesetzlich die genannten Rahmenbedingungen geschaffen werden und konkrete Versorgungs- und Pflegekonzepte weiterentwickelt und umgesetzt werden können.

8.2 Forderungen zur Integrierten Versorgung im System der Altenhilfe

Bei allen aufgezeigten positiven Modellen und Verbesserungen gibt es noch viele Bruchstellen in der integrierten und somit ganzheitlichen Versorgung im Bereich der Altenhilfe. Hierzu gehören

- das Überleitungsmanagement vom Krankenhaus in die Häuslichkeit und nicht der Automatismus zur Verlegung in eine stationäre Pflegeeinrichtung, die Verbesserung der Betreuung Demenzerkrankter im klinischen Alltag,

- die neurologisch gerontopsychiatrische fachärztliche Integration in stationäre Pflegeeinrichtungen zur medizinischen Versorgung Demenzerkrankter.

Eine wesentliche Forderung zur integrierten und am Klienten/Bewohner orientierte Versicherungsstruktur durch Vernetzung der Sozialgesetzbücher V, IX, XI und XII. Hierdurch könnte eine Entbürokratisierung und der Synergieeffekt zeitnaher, klientenorientierter Leistungsentscheidungen stehen.

8.3 Literatur

[1] BGW / Expertenkommission Pflege: Positionspapier Empfehlungen zur Umsetzung der Integrierten Versorgung unter Einbezug der Pflege, Hamburg 2009

[2] DGIV: Integrierte Versorgung durch innovative Rahmenbedingungen stärken, Berlin 2104

[3] Gersch, M. u. a.: Competence Center E-Commerce der Freien Universität Berlin: Ergebnisse der Studie „Monitoring –IV", Berlin 2012

[4] GKV Spitzenverband: Bericht der „Gemeinsamen Registrierungsstelle zur Umsetzung des §140d SGB V", Berlin 2009

[5] Klie, T.: Interview: Aufbruch Pflege (siehe 2.2 Interview Prof. Dr. jur. habil Thomas Klie)

[6] Koalitionsvertrag zwischen CDU, CSU und SPD: Deutschlands Zukunft gestalten, 18. Legislaturperiode, S.76

[7] www.netzwerk-song.de

Teil E

Altenpflegeausbildung

Begründungshintergrund der BGW

Claudia Stiller-Wüsten

Fachkräfte für die Pflege zu gewinnen und im Beruf zu halten beginnt mit der Ausbildung. Damit heute und in Zukunft genügend Pflegekräfte die Versorgung und Pflege übernehmen können, sind erneute Anstrengungen zur Regulierung der Ausbildung in der Pflege nötig. Wenn nicht genügend Nachwuchs folgt, werden die Belastungen für die Beschäftigen weiter steigen und die Verweildauer sinken. Dieser Abwärtsspirale muss entgegen gewirkt werden. Die Rahmenbedingen in der Pflege-Ausbildung sind reformbedürftig. Die BGW unterstützt alle Bemühungen, die erkennen lassen, dass der Arbeits- und Gesundheitsschutz ein wichtiger Bestandteil in den theoretischen und praktischen Curricula sein muss. Eine Erhöhung der Attraktivität des Pflegeberufs mit der Möglichkeit systemübergreifend, interprofessionell und eigenverantwortlich arbeiten zu können, trägt zur Arbeitszufriedenheit und langfristigen Gesundheit der Pflegekräfte bei [30].

Positionspapier: Empfehlungen zur Qualitätssteigerung und -sicherung der Altenpflegeausbildung in Deutschland

Thomas Behr, Kathrin-Rika Freifrau von Hirschberg, Rolf Höfert, Michael Huneke, Bjørn Kähler, Stefan Neumann, Petra Selg, Claudia Stiller-Wüsten

Vor dem Hintergrund des demografischen Wandels (vgl. hierzu 4.4.1), der deutlich gestiegenen Lebenserwartung und der damit einhergehenden Zunahme von pflegebedürftigen Menschen, wird eine Umorientierung des Denkens und Handelns in der Pflege zur Notwendigkeit. Für das Jahr 2050 prognostiziert das Deutsche Institut für Wirtschaftsforschung eine Verdoppelung der Anzahl Pflegebedürftiger auf 1,7 Millionen.[1] Gleichzeitig steigt zunehmend der Anspruch an Qualität und Umfang der Pflegeleistungen in der professionellen Pflege. Zudem vergrößern die oft geringe Attraktivität der Pflegeberufe sowie die hohe Fluktuation auch in andere Berufe die Diskrepanz zwischen dem wachsenden Bedarf an Pflegepersonal und der Verfügbarkeit an qualifizierten Fachkräften. Mit den gestiegenen Anforderungen und Erweiterungen altenpflegerischer Tätigkeit verändern sich ebenso die Ansprüche an die Inhalte einer qualifizierten Ausbildung.

Im Rahmen der Umsetzung des Bundesaltenpflegegesetzes (AltPflG) ist eine gesellschaftliche und politische Auseinandersetzung mit zukünftigen bundeseinheitlichen Standards in der Altenpflegeausbildung wichtiger denn je. Die derzeitige Situation, drei Jahre nach Erlass des Gesetzes, ist nach wie vor von Uneinheitlichkeit und Unsicherheit geprägt.

Zur Qualitätssteigerung und -sicherung der Altenpflegeausbildung sind Überlegungen zur strukturellen Vereinheitlichung der inhaltlichen Ausgestaltung der Ausbildung und ihrer Finanzierung – nicht zuletzt vor dem Hintergrund einer Europäisierung – eine dringende Notwendigkeit.

Die *Berufsgenossenschaft für Gesundheitsdienst und Wohlfahrtspflege (BGW)* ist die gesetzliche Unfallversicherung für nichtstaatliche Einrichtungen im Gesundheitsdienst und in der Wohlfahrtspflege. Als Teil des deutschen Sozialversicherungssystems ist sie eine Körperschaft des öffentlichen Rechts. Als öffentlich-rechtliche Instanz vertritt sie keine Verbandsinteressen. Da Arbeitgeber- und Arbeitnehmervertreter aus den versicherten

---

[1] Vgl. Diskussionspapier Nr. 240/2001:3, www.diw.de: Der Abschlussbericht der Rürup-Kommission prognostiziert für das Jahr 2040 3,4 Mio. Pflegebedürftige. Vgl. „Nachhaltigkeit in der Finanzierung der sozialen Sicherungssysteme": 189 unter www.bmas.bund.de/BMAS/Navigation/Soziale-Sicherung/berichte,did=105578.html

Branchen die BGW steuern, verfügt sie über umfangreiches Fachwissen, Praxisnähe und hohe Kompetenz auf dem Gebiet der Pflegeberufe.

Im Februar dieses Jahres hat die BGW die Kampagne „Aufbruch Pflege" gestartet – eine Initiative mit der sich die BGW besonders für den Gesundheitsschutz in Einrichtungen der Altenpflege einsetzt – denn nur gesunde und motivierte Mitarbeiter können die Qualität in der Pflege sicherstellen. Insbesondere auch den jungen, nachwachsenden Mitarbeitern sollte mit einer guten, fundierten Ausbildung eine stabile, zukunftsorientierte Grundlage für das Berufsleben geschaffen werden. Für eine gute Ausbildungssituation sind verlässliche Partnerschaften zwischen Trägern der theoretischen und praktischen Ausbildung nötig. Dafür sind optimale Voraussetzungen zu schaffen oder zu gestalten.

Im Kontext der langfristig angelegten Initiative „Aufbruch Pflege" wurde eine Expertenkommission aus Fachleuten aus den Bereichen Pflege, Politik und Ausbildung gebildet, um aktuelle und wichtige Fragestellungen der Altenpflege zu beantworten, Positionen darzustellen und Impuls gebende Empfehlungen an die politisch Gestaltenden zu formulieren.

Mit diesem ersten Positionspapier legt die BGW Empfehlungen zu fünf Qualitätsmerkmalen der Altenpflegeausbildung vor, die nach Einschätzung der Kommission dringend erforderlich sind, um die ausbildenden Einrichtungen nachhaltig zu unterstützen und die Qualität der Ausbildung selbst zu fördern:

- Beseitigung der Theorie-Praxis-Diskrepanz

- Vereinheitlichung des Curriculums der theoretischen Ausbildung

- Finanzierungssicherheit der theoretischen Ausbildung

- Gerechte Finanzierungsregelung der praktischen Ausbildung

- Systematische Datenerhebung und einheitliche Berichterstattung

9.1   Ausgangslage

9.1.1   Altenpflegeausbildung

Das Berufsfeld der Altenpflege als integrierter Bestandteil des deutschen Sozial- und Gesundheitswesens befindet sich, bedingt durch das Inkrafttreten des Bundesaltenpflegegesetzes (2003), in einer Phase grundlegender Umstrukturierung. Die angestrebte Angleichung der Altenpflegeausbildung auf einen bundeseinheitlichen Rahmen vollzieht sich jedoch schleppend. Allzu deutlich zeichnen sich noch die länderspezifischen, uneinheitlichen und unübersichtlichen Strukturen der Ausbildung sowie ihrer Finanzierung ab. Die gravierenden Veränderungen des gesellschaftlichen Bedarfs (Hochaltrigkeit, Chronisierung der Krankheiten, etc., vgl. hierzu 9.4f.) verlangen jedoch in notwendiger Folge systematische, strukturelle und curriculare Veränderungen der Altenpflegequalifizierung.

Immerhin wird ersichtlich, dass auf die steigenden Anforderungen an die Altenpflegeausbildung in ersten Schritten reagiert wurde. Die Ausbildungsdauer ist nunmehr auf drei Jahre festgelegt, das Unterrichtsvolumen auf 4.600 Stunden (2.100 Theoriestunden, 2.500 Praxisstunden) angehoben. Praktische Inhalte werden umfassender in das Curricu-

lum integriert (vgl. hierzu 9.5.2f.). Zudem haben bereits einige Bundesländer Ausbildungsmodelle entwickelt und zum Teil erprobt, die neben einer Neuordnung von Ausbildungsinhalten auch eine curriculare Erweiterung mit neuen Lehr- und Lernmethoden vorsehen
(vgl. hierzu 9.7f.). Aus diesen Modellerfahrungen werden sich weitere wichtige Impulse
zur Weiterentwicklung der Ausbildung ergeben.

Für die langfristige Optimierung der Altenpflegeausbildung wird über die Umsetzung
der Vorgaben des Altenpflegegesetzes hinaus eine aufmerksame Beobachtung erforderlich
sein, inwieweit diese neu konzipierten Ausbildungsinhalte tatsächlich den Veränderungen
und Herausforderungen des Berufsalltags in der Altenpflege gerecht werden. Die daraus
gewonnenen Erkenntnisse wiederum gilt es in die theoretische wie praktische Altenpflegeausbildung zu transferieren. Eine nachhaltige Qualitätssicherung der Altenpflegeausbildung ist demnach nur zu erreichen, wenn der Umsetzung und Etablierung der neuen
Ausbildungsregelung regelmäßig maßgebliche strukturelle und qualitative Verbesserungen zur Seite gestellt werden. Es bleibt unbedingt erforderlich, dass die Ausbildungsinhalte
und -ziele ständig weiterentwickelt werden – nicht zuletzt, um auch im internationalen
Vergleich bestehen zu können.

9.1.2 Ausbildungsfinanzierung

Die Finanzierung der Altenpflegeausbildung wird ebenfalls durch das Altenpflegegesetz
geregelt.[2] Das Gesetz sieht vor, dass die Auszubildenden während der gesamten Ausbildungsdauer Anspruch auf eine Vergütung haben, die vom Träger der praktischen Ausbildung zu zahlen ist (vgl. hierzu 9.8.1).Dabei können die entsprechenden Kosten für den
auszubildenden Betrieb in den Pflegesätzen berücksichtigt werden. Die Schulkosten werden in der Regel durch das jeweilige Bundesland getragen. Zudem erhalten die Länder
die Möglichkeit, ein Umlageverfahren zur Refinanzierung der Kosten einzuführen. Diese
Umlagefinanzierung stellt jedoch keine Alternative zur Abrechnung nach § 24 AltPflG dar,
da die Länder diese nur einführen können, wenn hierdurch ein Mangel an Ausbildungsplätzen verhindert oder beseitigt werden kann (§ 25 AltPflG). Absolvieren die Altenpfle-
geschüler ihre Ausbildung in Einrichtungen des öffentlichen Dienstes oder in Einrichtungen, die sich an die Tarifvereinbarungen des öffentlichen Dienstes anlehnen, wird ihnen
entsprechend der Tarifvorgaben eine entsprechende Ausbildungsvergütung gezahlt. Um-
schulungsmaßen werden im ersten und zweiten Ausbildungsjahr von der Arbeitsagentur
übernommen. Das dritte Jahr ist jedoch seit dem 1.1.2006 vom Träger der praktischen
Ausbildung zu tragen (vgl. hierzu 9.8.1f.).

Die Erfahrungen aber zeigen, dass die Finanzierungsmodelle der einzelnen Bundesländer erhebliche Unterschiede aufweisen, die sowohl die theoretische als auch die praktische
Ausbildung unzureichend sichern. Umlageverfahren, die Refinanzierung über die Pflegesätze als auch die Finanzierungsregelung von Umschulungsmaßnahmen bedingen derzeit,
dass viele Pflegeeinrichtungen ihre vorhandenen Ausbildungsplätze nicht finanzieren und
damit nicht besetzen können. Dies wiederum wirkt sich nachteilig für die Auszubildenden
aus. Um eine Altenpflegeausbildung zu beginnen, müssen sie, so die gesetzliche Vorga-

---

[2] Vgl. u.a. §§ 13, 15, 17, 24, 25 AltPflG.

be, neben einem Schulplatz gleichzeitig einen Ausbildungsvertrag einer Pflegeeinrichtung vorweisen. Fehlt dieser, können sie die Ausbildung nicht beginnen (vgl. hierzu 4.8.3f.). Auch erste drohende Schließungen[3] von Altenpflegeschulen aufgrund der uneinheitlichen und unsicheren Finanzierungsmodalitäten zeigen eindringlich den Handlungsbedarf. Vereinheitlichung und Entbürokratisierung der Finanzierungsmodalitäten wären notwendige Hilfen.

9.2 Positionen

9.2.1 Beseitigung der Theorie-Praxis-Diskrepanzen

Die theoretischen wie die praktischen Lehrpläne in der Altenpflegeausbildung laufen häufig nicht synchron, das heißt, die erlernten Kenntnisse des Schulunterrichts werden nicht zeitnah in der Ausbildungspraxis angewandt und umgekehrt. Während der theoretische Ausbildungsteil an das Lernfeldkonzept anknüpft und mit Zielformulierungen arbeitet, beschreibt das praktische Curriculum meist nur die zu vermittelnden Fertigkeiten und Kenntnisse ohne einen eindeutig erkennbaren Zusammenhang zu den Lernfeldern herzustellen. Ein ausgewogener Transfer zwischen den theoretischen und praktischen Ausbildungsinhalten fehlt spürbar.

Ferner erhalten die für die praktische Ausbildung zuständigen Mentoren je nach Bundesland unterschiedliche Fortbildungsangebote. Somit sind die Qualifizierung wie auch die Standards der Qualifikation uneinheitlich. Zudem fehlt es den meisten Mentoren an Kenntnissen einer anwendbaren Theorie-Praxis-Verzahnung.

Empfehlungen für eine dauerhafte Beseitigung vorhandener Theorie-Praxis-Diskrepanzen:

- Die Schaffung eines bundeseinheitlichen Rahmenausbildungsplans nach dem „Saarländer Modell" für die praktische Altenpflegeausbildung.

- Die Festlegung verbindlicher Kriterien für die praktische Ausbildungsberechtigung von Mentoren.

- Die Evaluation notwendiger Maßnahmen zur Nachqualifizierung von Mentoren.

- Die Ausstattung von Mentoren mit Kompetenzen und Ressourcen, die den neuen Ausbildungsanforderungen gerecht werden und die eine Umsetzung der praktischen Lernziele ermöglichen.

Begründung:
Der Kooperation zwischen Altenpflegeschulen und ausbildenden Pflegeeinrichtungen kommt eine große Bedeutung zu. Die Entwicklung von Praxiscurricula und deren inhaltliche Verzahnung mit den schulischen Curricula unter Einbindung der Mentoren sind besonders wichtig. Nur in einem regelmäßigen, wechselseitigen Austausch kann gewähr-

---

[3] Die Gerhard-Bruhn Altenpflegeschule in Schleswig-Holstein ist beispielsweise akut von der Schließung bedroht. Vgl. www.rettet-unsere-altenpflegeausbildung.de (Abruf: 10.9.2006).

leistet werden, dass theoretische Ausbildungsinhalte sinnvoll mit den Anforderungen der Praxis verknüpft werden, um die berufliche Handlungskompetenz zukünftiger Altenpfleger zu fördern.

Hier fehlt es an entsprechenden einheitlichen Leitfäden. Die Entwicklung eines bundeseinheitlichen Rahmenausbildungsplans[4] für die praktische Altenpflegeausbildung würde die Pflegeeinrichtung entlasten und die vorhandene Heterogenität der Ausbildungsinhalte abbauen.

Ansätze der Qualitätsverbesserung und -sicherung der Altenpflegeausbildung dürfen jedoch nicht allein auf die Optimierung der Ausbildungsinhalte und -prozesse abzielen. Ein weiteres zentrales Kriterium hierfür ist die Qualifikation der Lehrkräfte. Durch die Festlegung verbindlicher Kriterien für die Ausbildungsberechtigung und berufspädagogischer Qualitätsstandards, könnte die vorhandene Theorie-Praxis-Diskrepanz in der Altenpflegeausbildung sowie die Heterogenität und die Defizite der Lehrkraftkompetenzen langfristig beseitig werden.

Die Klassifizierung des Altenpflegeberufs als staatlich anerkannter Heilberuf (§ 29 AltPflG) schafft darüber hinaus neue curriculare Anforderungen an die pädagogisch-fachlichen Kompetenzen vorhandener Lehrkräfte. Eine regelmäßige Evaluation und Durchführung notwendiger Nachqualifizierungen würde den Mentoren ermöglichen, die erforderlichen didaktischen Veränderungen kompetent umzusetzen.

9.2.2 Vereinheitlichung des Curriculums in der theoretischen Ausbildung

Die Uneinheitlichkeit der trotz des Altenpflegegesetzes zum Teil noch existierenden oder nachwirkenden länderspezifischen Regelungen der Ausbildungspläne bringt große Unsicherheiten für Auszubildende und Ausbildende mit sich. Derzeit existieren in Deutschland beinahe so viel unterschiedliche Curricula wie Bundesländer. Die Vereinheitlichung des theoretischen Curriculums der Altenpflegeausbildung ist weiter voranzutreiben und zu verbessern!

Empfehlung zur Vereinheitlichung:

- Die Einrichtung einer Bundesausbildungskommission zur Etablierung und Sicherung bundeseinheitlicher Ausbildungsstandards und Prüfungsanforderungen.

Begründung:
Die Entwicklung verbindlicher Curricula für die theoretische und praktische Ausbildung sowie die Festlegung von Prüfungsmodalitäten unterstützen die Vereinheitlichung, Verbesserung und Qualitätssicherung der Altenpflegeausbildung. Seit Einführung des Bundesaltenpflegegesetzes sind hier bereits gute Fortschritte erzielt worden.

Kriterien wie die Transparenz der Lehr- und Lerninhalte für Mentoren und Auszubildenden, die Einrichtung von zentraler Stundenplanung, Kursleitungssystemen und einheitlichen Prüfungsmodalitäten dienen der langfristigen Sicherung der Qualitätsstan-

---

[4] Vgl. hierzu das Saarländer Modell Anhang: 16.

dards, schaffen Sicherheit für Schulen, Mentoren und Auszubildende und fördern die Vergleichbarkeit und Anerkennung auf internationaler Ebene.

9.2.3   Finanzierungssicherheit der theoretischen Ausbildung

Die Finanzierung der theoretischen Altenpflegeausbildung ist nach wie vor uneinheitlich geregelt (vgl. hierzu 9.8f.). Sie reicht von der Finanzierung oder Förderung durch den Europäischen Sozialfond bis hin zu den von Landesregelungen abhängigen Schulmodellen. Diese unklaren Finanzierungsmodalitäten behindern eine gesicherte und gute Lehrkräfteausstattung in den Altenpflegeschulen. Es fehlt Planungssicherheit. Die Finanzierungsmodalitäten der theoretischen Ausbildung müssen abgesichert werden!

Empfehlung zur Finanzierung der Ausbildung:

- Die Einführung einer Pro-Kopf-Budgetierung zur Finanzierung der theoretischen Ausbildung (Schulfinanzierungsgesetz) nach dem bayerischen Modell.

Begründung:
Die Finanzierung der Altenpflegeausbildung ist uneinheitlich geregelt. Die Ausbildung wird überwiegend vom Bundesland (Schulkosten) und von der Pflegeversicherung (Ausbildungsvergütung) getragen. Hinzu kommen länderspezifische Regelungen in beiden Bereichen sowie unterschiedliche Finanzierungsmodalitäten für Schulen in öffentlicher und privater Trägerschaft. Aufgrund dieser unübersichtlichen Finanzierungssysteme, der ungleichen Haushaltslage der Bundesländer sowie unterschiedlicher Zuständigkeiten entsprechender Ministerien, kommt es zu Unsicherheiten auf Seiten der Altenpflegeschulen. Erste Schulschließungen sind ein Alarmsignal!

Mit der Einführung einer Pro-Kopf-Budgetierung würde den Altenpflegeschulen mehr Planungssicherheit gegeben. Somit wären sie in der Lage, mehr qualifizierte Lehrkräfte einzustellen und die Quote der Honorardozenten zu minimieren. Gleichzeitig würden die Schulen dahingehend unterstützt, die Altenpflegeausbildung nach bundeseinheitlichen Standards durchzuführen.

9.2.4   Solidarische Finanzierungsregelung der praktischen Ausbildung

Die Finanzierungsregelung der praktischen Ausbildung ist parallel zu den unterschiedlichen Finanzierungsmodellen der theoretischen Ausbildung derzeit von Bundesland zu Bundesland sehr unterschiedlich geregelt. In manchen Fällen kommt es aufgrund der entsprechenden Finanzierungsregelungen zu deutlichen Benachteiligungen ausbildender Betriebe. Folglich wird es immer unattraktiver, Ausbildungsplätze zur Verfügung zu stellen, obwohl Kapazität und Bedarf vorhanden sind. Um diese nachteilige Entwicklung aufzuhalten muss die praktische Ausbildung gerecht finanziert werden!

Empfehlung für ein Finanzierungsmodell:

* Die Einführung eines bundeseinheitlichen solidarischen Umlagemodells.

Begründung:

Ausbildende Pflegeeinrichtungen dürfen durch uneinheitliche und damit wettbewerbsverzerrende Finanzierungsmodelle nicht benachteiligt werden. Nur durch eine gerechte Finanzierungsregelung können zukünftig dauerhaft genügend praktische Ausbildungsplätze zur Verfügung gestellt werden.

Ein Ausbildungsplatz kostet eine Pflegeeinrichtung zwischen 11.500 Euro im ersten und 14.500 Euro im dritten Jahr. Die ausbildenden Pflegeeinrichtungen, insbesondere die kleinen, sind mit der Finanzierung überfordert und müssen die anfallenden Kosten in den Pflegesatz einrechnen. Diese Vorgehensweise wiederum belastet die Pflegebedürftigen.

Durch die Einführung eines bundeseinheitlichen solidarischen Umlagemodells unter Einbeziehung von Parametern, wie der Betriebsgröße oder der Anzahl der Auszubildenden, würde mehr Gerechtigkeit herrschen, da sich alle Pflegeeinrichtungen an der Ausbildungsfinanzierung beteiligen würden. Ausbildende Einrichtungen hätten somit keine ausbildungsbedingten Wettbewerbsnachteile mehr zu befürchten, da ihre Kosten nicht mehr unbedingt höher wären als die Kosten nicht-ausbildender Einrichtungen. Ferner würde ein solches Umlagemodell die Pflegeeinrichtungen verstärkt motivieren, Ausbildungsplätze zu schaffen. Auch ambulanten Pflegediensten wäre die Möglichkeit gegeben, vermehrt selbst auszubilden. Letztlich würde somit die Pflegeausbildung als eine gesamtgesellschaftlich wichtige Aufgabe gesehen.

9.2.5 Systematische Datenerhebung und einheitliche Berichterstattung

Die Lückenhaftigkeit statistischer Daten als auch das Fehlen einer einheitlichen Sozial- bzw. Pflegeberichterstattung macht Entwicklungen im Pflegewesen nur sehr spät erkennbar. Folglich können entsprechende wichtige Reaktionen nur mit zeitlicher Verzögerung erfolgen. Politische Gestaltung sowie der Entwurf zukunftsweisender Pflegekonzepte benötigen jedoch eine einheitliche Datengrundlage.

Empfehlung:

* Die Einführung regelmäßiger systematischer Datenerhebung.
* Die Einführung einer einheitlichen Berichterstattung.

Begründung:

Die nach wie vor existierenden länderspezifischen Unterschiede der Altenpflegeausbildung spiegeln sich auch in der Lückenhaftigkeit des Datenmaterials und der Statistiken wider. Häufig weisen die verfügbaren Daten empirische Mängel auf, sind nur regional oder auf bestimmte Einrichtungsträger (öffentliche oder private Schulen) bezogen, nutzen keine einheitlichen Variablen (Schulart, Schülerzahlen), sind nicht regelmäßig erhoben worden oder sind veraltet. Zudem fehlt eine einheitliche Berichterstattung. Selbst die einschlägigen

Strukturdaten der aktuellen Pflegestatistik reichen als Grundlage für aktive Planungs- und Steuerungsprozesse nicht aus.

Einheitliche systematische Daten bieten eine sehr wichtige Entscheidungsgrundlage: Eine regelmäßige und bundeseinheitlich systematische Datenerhebung und Berichterstattung wäre notwendig, um Entwicklungen zu erkennen, zu vergleichen sowie entsprechend zeitnah reagieren zu können.

9.3   Fazit

Die Potenziale des Altenpflegeberufs stehen im Spannungsfeld zwischen den sozialrechtlichen Erfordernissen, der Professionalisierung sowie der Entwicklungsnotwendigkeit bedingt durch erhöhte Anforderungen und wachsende Komplexität der Pflege.

Daher müssen Qualitätsdebatten immer mehrere Parameter im Blick behalten, um den zukünftigen Herausforderungen angemessen begegnen zu können. Die Festlegung einheitlicher Vorgehensweisen in den Bereichen der Entwicklung der Curricula, der Lehrkraftqualifikationen und der Ausbildungsfinanzierung sind hierfür wesentlich.

Der interdisziplinäre Austausch zwischen Politik, Verbänden, Pflegeeinrichtungen und Altenpflegeschulen sollte aktiv gesucht und genutzt werden, denn um genügend motivierte und gut ausgebildete Pflegekräfte zur Verfügung zu haben, die den hohen Anforderungen an die Pflegequalität von morgen gerecht werden können, muss heute gehandelt werden.

9.4   Anhang: Entwicklungstendenzen zukünftigen Pflegebedarfs

9.4.1   Demografischer Wandel

In Deutschland wird sich das zahlenmäßige Verhältnis zwischen älteren und jüngeren Menschen in den nächsten Jahrzehnten erheblich verschieben. Nach den neuesten Berechnungen des Statistischen Bundesamtes, wird bereits im Jahr 2050 die Hälfte der Bevölkerung älter als 48 Jahre, ein Drittel sogar 60 Jahre und älter sein[5] (vgl. Abb. 9.1). Auch die Einwohnerzahl in Deutschland wird, selbst bei den angenommenen Zuwanderungssalden aus dem Ausland, langfristig abnehmen. Bei anhaltend niedrigem Geburtenniveau wird die heutige Geburtenzahl von ca. 730.000 auf etwa 560.000 im Jahr 2050 sinken und dann nur noch halb so hoch sein wie die Zahl der jährlich Gestorbenen. Das Geburtendefizit wird etwa 580.000 betragen.

---

[5] Die Rürup-Kommission prognostiziert bereits für das Jahr 2040, dass 23,8 Mio. der deutschen Bevölkerung älter als 65 Jahre und 7,7 Mio. älter als 80 Jahre sein werden. Quelle: www.bmas.bund.de.

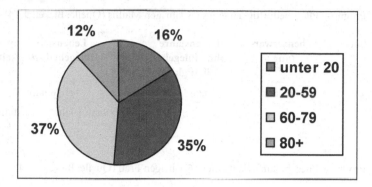

Abb. 9.1 Altersverteilung der deutschen Bevölkerung 2050

Eigene Darstellung.

Die zu erwartenden demografischen Verschiebungen zeigen sich im Altersquotient deutlich. Im Jahr 2001 lag dieser bei 44, d.h. 100 Menschen im Erwerbsalter[6] standen 44 Personen im Rentenalter[7] gegenüber. Nach der „mittleren Variante"[8] der Vorausberechnung wird der Altersquotient bis 2050 auf 78 steigen.

9.4.2 Lebenserwartung und Morbidität

Die Lebenserwartung ist seit Beginn des 20. Jahrhunderts kontinuierlich gestiegen. Hierfür ist vor allem der verbesserte Gesundheitszustand der älteren Bevölkerung verantwortlich. Heute geborene Mädchen haben im Vergleich zu ihren Urgroßmüttern durchschnittlich 33 Jahre länger zu leben, neugeborene Jungen um die 30 Jahre [44]. Über die Auswirkungen der weiterhin steigenden Lebenserwartung auf die Gesundheit und Autonomie der alten Bevölkerung besteht jedoch noch Unklarheit. Mit Einführung der Pflegeversicherung sind bundesweite Daten zur Prävalenz der Pflegebedürftigkeit verfügbar, die als Berechnungsgrundlage zukünftigen Pflegebedarfs verwendet wurden. Gestützt auf die 71,5 Mio. Versicherten der sozialen Pflegeversicherung zur Mitte des Jahres 1999 und auf die Periodensterbetafel 1995/97, ergibt die in Tab. 9.1, Tab. 9.2 und Abb. 9.2 dargestellte Prognose:

---

[6] Unter der Kategorie „Erwerbsalter" werden Menschen zwischen 20 bis 59 Jahren zusammengefasst.

[7] Unter der Kategorie „Rentenalter" werden Menschen ab einem Lebensalter von 60 Jahren zusammengefasst.

[8] Der „mittleren Variante" liegen folgende Annahmen zu Grunde: konstante Geburtshäufigkeit von 1,4 Kindern pro Frau/Erhöhung der Lebenserwartung bei Geburt bis zum Jahr 2050 für Jungen auf 81,1 Jahre und für Mädchen auf 86,6 Jahre und ein jährlicher positiver Wanderungssaldo von 200.000 Personen. Vgl. http://www.destatis.de/presse/deutsch/pm/2003/p2300022.htm besucht am 12.06.06.

Tabelle 9.1 Prognose Pflegebedürftigkeit eines 65-jährigen Manns (Quelle: Bickel: 9-14)

Lebensalter	Lebenserwar-tung	Lebensjahre ohne Pflegebe-dürftigkeit	Lebensjahre mit Pflegebedürftigkeit	
65 Jahre	14,91 Jahre	13,63 Jahre	1,28 Jahre	
			ambulant: 1 Jahr	stationär: ca. 3 Monate

Tabelle 9.2 Prognose Pflegebedürftigkeit einer 65-jährigen Frau (Quelle: Bickel: 9-14)

Lebensalter	Lebenserwar-tung	Lebensjahre ohne Pflegebe-dürftigkeit	Lebensjahre mit Pflegebedürftigkeit	
65 Jahre	18,66 Jahre	16,21 Jahre	2,45 Jahre	
			ambulant: 19 Monate	stationär: ca. 10 Monate

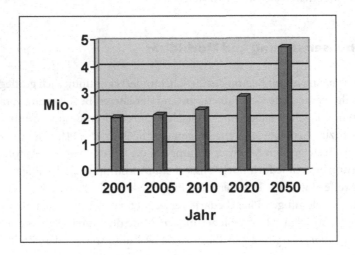

Abb. 9.2 Entwicklung der Zahl Pflegebedürftiger in Deutschland bis 2050

Eigene Darstellung.

Es wird ersichtlich, dass im hohen und höchsten Alter die Wahrscheinlichkeit von Morbi-dität und Krankheit steigt und damit eine deutliche Beeinträchtigung der Autonomie alter Menschen verbunden ist. Damit einhergehend erhöht sich der Grad der Pflegebedürftig-keit – häufig besteht die Pflegebedürftigkeit dauerhaft bis zum Lebensende fort [42]. Die Anzahl Pflegebedürftiger wird sich in einem Zeitraum von 45 Jahren mehr als verdoppeln: von 2,15 Mio. im Jahr 2005 auf prognostizierte 4,7 Mio. 2050 [44].

Vor allem Demenzen gehören in diesem Zusammenhang zu den häufigsten und folgen-reichsten psychischen Erkrankungen des Alters und sind wesentliche Ursache für Behin-derung und Pflegebedürftigkeit. In Deutschland leben etwa eine halbe Million Menschen mit einer Demenz, fast 200.000 erkranken jährlich neu an dieser Krankheit. Über zwei Drittel aller Demenzkranken sind Frauen. Ursache dafür ist ein höheres Erkrankungsrisiko und ihre längere Lebenserwartung. Die Prävalenz von Demenzen nimmt mit steigendem Alter deutlich zu. Während von den 60- bis 65-jährigen weniger als zwei Prozent an einer demenziellen Erkrankung leiden, sind es bei den über 90-jährigen bereits über 30 Prozent [44].

9.4.3 Qualitative Auswirkungen auf den zukünftigen Pflegebedarf

Der qualitative Pflegebedarf resultiert immer häufiger aus komplexen gesundheitlichen Problemen, die überwiegend durch chronisch verlaufende somatische Erkrankungen, sowie durch psychische und demenzielle Veränderungen entstehen. Diese führen zu Funktionsbeeinträchtigungen und zum Verlust von alltagspraktischen Fähigkeiten. Altenpflege hat hier die Aufgabe, den Verlust dieser Fähigkeiten unter Einbeziehung sozialer Netzwerke zu kompensieren, sowie Selbständigkeit und Selbstpflegehandlungsvermögen im Alter zu erhalten und zu fördern. Pflegerischen Beratungs-, Anleitungs- und Unterstützungsleistungen kommt hier eine besondere Bedeutung zu.[9] Mit der steigenden Pflegequalität steigen parallel die Ansprüche an die Kompetenzen des Pflegepersonals. In diesem Zusammenhang wird die Vermittlung von Schlüsselkompetenzen besonders wichtig [38]. Damit einhergehend steigen die Anforderungen an die Altenpflegeausbildung.[10]

Ebenso gibt es im Sinne der Forderung nach lebenslangem Lernen einen großen Nachqualifizierungsbedarf, um die fortschreitende Entwicklung besser abfangen zu können. Dabei geht es vor allem um die Vermittlung jener Fähigkeiten und Kompetenzen an das Pflegepersonal, welche zum Zeitpunkt ihrer Ausbildung noch nicht nachgefragt oder gelehrt wurden. Dieser Bedarf gilt insbesondere für den ambulanten Bereich, denn hier liegt das Durchschnittsalter der Pflegenden bei 39 Jahren.

Die aufgezeigten Veränderungen und die Besonderheiten der Bedarfskonstellation machen deutlich, dass die Altenpflege an diese noch nicht angepasst ist. Entwicklungs- und Reformbedarf besteht vor allem in den Bereichen:

- Methoden zur Förderung der Autonomie

- Gestaltung der pflegerischen Beziehung

- Qualifizierung und Erweiterung des pflegerischen Handelns im Bereich von Beratung, Schulung und Anleitung

- Verbesserung der Rahmenbedingungen zur Unterstützung von Angehörigen und anderen Bezugspersonen

- Steuerung und Überprüfung des Pflegeprozesses

- Steuerung und Überprüfung des Versorgungsprozesses, Schaffung der entsprechenden Voraussetzungen

- Vernetzung von stationärer und ambulanter Pflege

---

[9] Vgl. „Weiterentwicklung in der Altenpflegeausbildung in NRW" 2003: 12f.

[10] Vgl. hierzu u.a. Anhang Kapitel 9.5.

- Stärkung der pflegerischen Verantwortung im Bereich der Prävention

- Erforderliche Grundbildung, Sprachkenntnis und technische Fertigkeiten zur Umsetzung der administrativen Anforderungen des Berufsalltags

- Vermittlung von notwendigen Kenntnissen, Kompetenzen und Arbeitstechniken für eine kultursensible Altenpflege (bereits in der Grundausbildung) unter Berücksichtigung des wachsenden Anteils Pflegebedürftiger mit Migrationshintergrund

9.4.4 Zusammenfassende Prognose

Die Altenpflege hat sich zu einem hochkomplexen Gesundheitsfachberuf gewandelt. Die medizinisch-pflegerischen Tätigkeiten nehmen einen wachsenden Anteil in der Berufstätigkeit der Altenpflege ein, während die sozialpflegerischen Anteile, insbesondere Anleitung und Beratung bei Freizeitbeschäftigungen, stark zurückgegangen sind [33].

Eine solide Aussage über den Bedarf von Pflegepersonal in der Altenpflege und Pflege insgesamt ist angesichts mangelnder aussagekräftiger Statistiken kaum möglich. Dennoch existieren Modellrechnungen. Das Kuratorium Deutsche Altershilfe hat auf der Grundlage der Bevölkerungsvorausberechnung des Statistischen Bundesamtes bis zum Jahr 2040 und der Statistik der Leistungsempfänger der sozialen Pflegeversicherung in 1997 eine eigene Modellrechnung zur Entwicklung des Hilfe- und Pflegebedarfs aufgestellt [33]. Da das Heimgesetz einen Fachkräfteanteil von mindestens 50 Prozent verlangt, wird sich mit zunehmenden Betreuungszahlen in stationären Einrichtungen auch die Anzahl der benötigten Fachkräfte erhöhen.

Pflege ist jedoch keine ans Heim oder an ein Krankenhaus gebundene, sondern eine individuelle Leistung: 70 Prozent aller Leistungsempfänger der Sozialen Pflegeversicherung werden ambulant versorgt (und nur rund 550.000 im stationären Bereich). Das sind 1,28 Millionen Menschen, die täglich zu Hause besucht, mit Essen versorgt, gewaschen, behandelt und gepflegt werden. Diese Arbeit leisten viele Angehörige. Doch seit 1995 verzeichnen professionelle Anbieter auf dem Pflegemarkt Wachstumsraten von jährlich 5 – 10 Prozent, eine Entwicklung, die sich durch den Trend zur Individualisierung und durch den Verfall traditioneller Strukturen noch verstärken wird. 44 Prozent der zu Hause versorgten sind Hochbetagte (80 Jahre und älter). Wie zu erwarten sinkt der Anteil häuslicher Pflege mit der zunehmenden Schwere der Pflegebedürftigkeit (Pflegestufe II und III). Doch immerhin leben selbst in der höchsten Pflegestufe noch mehr als die Hälfte (56 Prozent) in Privathaushalten [48].

Die Hälfte bis zwei Drittel der Belegschaften ambulanter Pflegedienste bestehen aus Fachkräften, das sind Krankenschwestern und Krankenpfleger und Altenpflegerinnen beziehungsweise Pfleger. Eine Infratest-Erhebung ergab eine bundesweite Fachkräftequote von 69 Prozent. Das Durchschnittsalter liegt bei 39 Jahren.[11] Die Steigerung der Attraktivität von Pflegeberufen sowie eine entsprechend auf diese Anforderungen ausgerichtete qualifizierte Altenpflegeausbildung erhält somit eine besondere Bedeutung.

---

[11] Vgl. BMFSFJ „Qualitätsmängel und Regelungsdefizite der Qualitätssicherung in der ambulanten Pflege" 2003: 24.

9.5 Altenpflegeausbildung in Deutschland

Wie gezeigt wurde, zeichnen sich vor dem Hintergrund des demografischen Wandels, der Zunahme an chronischen Erkrankungen und Multimorbidität deutliche Veränderungen in den Altenhilfestrukturen ab, welche die Notwendigkeit grundlegender Reformen innerhalb der Altenpflege deutlich machen. Hierbei rückt nicht zuletzt auch die Altenpflegeausbildung in den Fokus politischer und gesellschaftlicher Diskussionen.

Die Altenpflege blickt als eine zu den Lebensphasen der Gesellschaft gehörende Aufgabe zwar auf eine lange Tradition zurück[12], ein klares Berufsbild entstand jedoch erst 1965 mit der Veröffentlichung eines ersten konkreten Ausbildungskonzeptes durch den Deutschen Verein für öffentliche und private Fürsorge [32]. Dieses sah zunächst eine einjährige Ausbildung mit einem Umfang von 600 theoretischen und praktischen Unterrichtsstunden vor [31]. Seit dieser Etablierungsphase hat sich die Altenpflege zügig „(...) von einer Anlerntätigkeit zu einem Beruf mit eigenem Aufgabenprofil und Verantwortungsbereich entwickelt" [32].

Die Ausbildung in den nicht-akademischen Gesundheits- und Pflegeberufen hat sich primär außerhalb der etablierten Strukturen des staatlichen Bildungssystems entwickelt. Als eigenständige Ausbildungen sind sie jeweils berufsrechtlich geregelt [72]. Das Berufsbildungsgesetz findet keine Anwendung, mit der Folge, dass „(...) berufspädagogische Fortschritte wie zunehmende Ordnung der Ausbildung, Berufsbildungsforschung und Qualifizierung der Lehrkräfte an diesem Beruf vorbeiliefen" [43].

Als einzige bundeseinheitliche Grundlage galt die Rahmenvereinbarung über die Ausbildung und Prüfung von Altenpflegerinnen.[13] Hieran orientiert, haben die Bundesländer zur Durchführung und Überwachung eigene Verordnungen erlassen. Damit war der rechtliche Rahmen der Ausbildung letztlich durch die unterschiedlichen Schulgesetze der einzelnen Bundesländer geprägt. So ist verständlich, dass die Ausbildung beispielsweise in Berlin in Fachschulen stattfand, in Baden-Württemberg in Berufsfachschulen oder in anderen Bundesländern in Berufsfachschulen für Gesundheitswesen. Eine Ausnahme bildete das Land Hamburg: Neben der „beruflichen Schule der besonderen Art" findet bis 2006 die Ausbildung an Berufsschulen nach dem Berufsbildungsgesetz (BBiG) statt.

Diese Heterogenität der Pflegeausbildung und die damit fehlende Integration in das staatliche Bildungssystem der Länder, erschwerten nicht nur den landesinternen Umgang, sondern wirkte sich zunehmend auch hinderlich auf die Europäisierung der Ausbildung aus. Daher hat der Gesetzgeber spürbar auf die gestiegenen Anforderungen an das zukünftige Altenpflegepersonal und damit auf die Ausbildung Einfluss genommen. So unter anderem 1990 und 2000 mit den Heimgesetzen zur Regelung von vertraglichen Grundlagen. 1993 mit der den Bedarf an Pflegefachkräften in Altenheimen und Senioreneinrichtungen regelnden Heim-Personal-Verordnung und 2002 mit dem Pflege-Qualitätssicherungsgesetz, welches die Qualitätssicherung und -prüfung von Leistungen, Personalausstattung und Verbraucherschutz beinhaltet.

---

[12] Bis dahin waren vornehmlich konfessionell geprägte Pflegegemeinschaften, Krankenschwestern, Familienangehörige oder sogar ungelernte Arbeitskräfte in der Altenpflege tätig.

[13] Beschlüsse der Kultusministerkonferenz vom 09.11.1984 sowie der Arbeits-und Sozialministerkonferenz vom 18.07.1985.

Als ein bedeutender Reformschub innerhalb dieser Entwicklung ist der Erlass des Bundesaltenpflegegesetzes (AltPflG) zu sehen, welches die bis 2003 bestehenden 17 unterschiedlichen Länderregelungen[14] ablöste [32]. Somit fällt die Altenpflegeausbildung in die Regelungskompetenz des Bundesministeriums für Familie, Senioren, Frauen und Jugend (BMFSFJ). Wie die Krankenpflege ist nun auch die Altenpflege ein Heilberuf und die Berufsbezeichnung AltenpflegerIn ist entsprechend gesetzlich geschützt [72].[15]

Die Zulassung zu den Heilberufen stützt sich dabei im Wesentlichen auf die bundesrechtliche Gesetzgebungskompetenz gem. Art. 74 Abs. 1 Nr. 19 des Grundgesetzes (GG). Aus Gründen des Allgemeinwohls, des Patientenschutzes und des Schutzes der öffentlichen Gesundheit werden diese Ausbildungen auf Bundesebene geregelt. Die Zuständigkeit für diese Gesetzesvorgaben liegt wiederum beim Bundesministerium für Gesundheit und Soziale Sicherung (BMGS), die Fachaufsicht ist den obersten Gesundheitsbehörden der Bundesländer übertragen [72].

Eine länderübergreifende Verständigung auf gemeinsame Standards ist durch das Gesetz zwar im Grunde intendiert, die jeweils länderspezifischen Bedingungen, die ordnungspolitisch und finanziell wirksam werden, haben aber nach wie vor unmittelbaren Einfluss auf die Ausbildung, das Ausbildungsangebot, die Ausbildungsqualität und auf die erreichbare Berufskompetenz. Unabhängig davon liegt es in der Zuständigkeit der einzelnen Bundesländer, ihre jeweiligen Schulgesetze auf die pflegeberufliche Ausbildung zu übertragen, bzw. gesonderte Ausführungsbestimmungen zu erlassen [18]. Diese Heterogenität der Regelungskompetenzen erweist sich in diesem Prozess nach wie vor als kontraproduktiv.

9.5.1 Die Struktur der Ausbildung

In Deutschland existierten bisher im Pflegebereich drei unterschiedliche Ausbildungsberufe; die Alten-, Kranken-, und die Kinderkrankenpflege sowie in einigen Bundesländern die Altenpflegehilfe und bundeseinheitlich die Krankenpflegehilfe [72]. Ausbildungsbezogen differenzierten sich diese durch die abgegrenzte Zuständigkeit für nur jeweils eine Altersgruppe sowie den institutionell voneinander getrennten Arbeitsfeldern (Altenheim, Krankenhaus, Kinderkrankenhaus). Damit war bisher die Erstausbildung innerhalb einer dieser Pflegeberufe bereits Spezialisierung.

Alle drei Pflegeausbildungen dauern in der Vollzeitausbildung drei und in der Teilzeitausbildung fünf Jahre und schließen mit einer staatlichen Prüfung ab. Die Ausbildung ist dabei auf der sekundären Bildungsebene (Berufsfachschulen) angesiedelt. Selbst nach den neuen Berufsgesetzen ermöglichen diese berufsbildenden Abschlüsse keine weiterführende Durchlässigkeit in das tertiäre Ausbildungssystem von Fachhochschulen und Universitäten [72], da sie weder die fachgebundene noch die Allgemeine Hochschulreife verleihen.

---

[14] In Hamburg existierten zwei Regelungen.

[15] Dagegen wurde mit Entscheidung des Bundesverfassungsgerichts die Altenpflegehilfe als Heilberuf sowie die Bundeskompetenz zur Regelung der Berufszulassung abgelehnt und somit die Ausbildungen in der Altenpflegehilfe in die Länderzuständigkeit verwiesen. Damit existiert zwischen der Altenpflege und der Altenpflegehilfe eine ausgewiesene berufsrechtliche Trennung.

Damit besitzen die Ausbildungen in den Pflegeberufen weiterhin einen „Sackgassencharakter", d.h. nach Erreichung eines gewissen Ausbildungsstandards ist eine höhere Qualifizierung nur schwer und/oder nur über Sonderregelungen der Länder möglich.

Eine Verbesserung wäre hier beispielsweise eine größere Durchlässigkeit durch den Erwerb der Fachhochschulreife an Sekundarschulen in beruflichen Bildungsgängen zu ermöglichen. Ebenso sinnvoll wäre die Etablierung von „gestuften" Studiengängen, d.h. mit dem Erwerb z.B. des berufsqualifizierenden Bachelor-Abschlusses wäre die Zulassung für Weiterqualifikationen zu Master-Abschlüssen oder Promotionen gegeben [72].

9.5.2 Ausbildungsinhalte

Bisher existiert keine verbindliche Definition über die Aufgaben der Altenpflege, was neben der Ein- und Abgrenzung beruflicher Inhalte auch die Diskussion um die Verbesserung und Neuordnung von Ausbildungsinhalten erschwert. Lediglich die in § 3 AltPflG genannten Ausbildungsziele bieten eine Orientierungsgrundlage, die sich in den Berufsinformationen der Arbeitsagentur wiederfinden. Hier wird die Tätigkeit von Altenpflegerinnen und Altenpflegern wie folgt beschrieben: „Altenpfleger/innen betreuen und pflegen hilfsbedürftige alte Menschen. Sie unterstützen sie bei der Alltagsbewältigung, beraten sie, motivieren sie zu sinnvoller Beschäftigung und Freizeitgestaltung und nehmen pflegerischmedizinische Aufgaben wahr."[16]

Die Zweiteilung der Ausbildung in Theorie und Praxis sieht ca. 2.100 Stunden theoretischen Unterricht sowie ca. 2.500 Stunden praktische Ausbildung vor. Innerhalb der praktischen Ausbildung sollen dann die im Unterricht erworbenen Kenntnisse vertieft und in den jeweiligen stationären und ambulanten Einrichtungen der Altenpflege angewendet werden (vgl. Tab. 9.3).

---

[16] Vgl. http://www.berufenet.de - insbesondere http://infobub.arbeitsagentur.de/berufe/resultList.do?resultListItemsValues=9065_9054&suchweg=begriff&doNext=forwardToResultShort (Abruf 24.7.2006).

Tabelle 9.3 Ausbildungsinhalte in der Altenpflegeausbildung[17]

Themen	Ausbildungsstunden
Theoretischer und praktischer Unterricht	**2100**
theoretische Grundlagen in das altenpflegerische Handeln einbeziehen	80
Pflege alter Menschen planen, durchführen, dokumentieren, evaluieren	120
Personen- und situationsbezogene Pflege	720
Anleitung, Beratung, Gesprächsführung	80
Mitwirkung bei medizinischer Diagnostik und Therapie	200
Berücksichtigung der Lebenswelten und sozialen Netzwerke alter Menschen innerhalb der Pflege	120
Unterstützung alter Menschen bei der Wohnraum- und Wohnumfeldgestaltung	60
Unterstützung alter Menschen bei selbstorganisierten Aktivitäten und der Tagesgestaltung	120
institutionelle und rechtliche Rahmenbedingungen innerhalb der Pflege berücksichtigen	120
Mitwirkung an qualitätssichernden Maßnahmen in der Altenpflege	40
Entwicklung eines beruflichen Selbstverständnisses	60
Lernen lernen	40
Umgang mit Krisensituationen und sozialen Konflikten	80
die eigene Gesundheit erhalten und fördern	60
zur freien Gestaltung des Unterrichts	**200**
praktische Ausbildung	**2500**

Die Ausbildung schließt mit einer staatlichen Prüfung auf der Grundlage des Altenpflegegesetzes und der Altenpflegeausbildungs- und Prüfungsordnung ab. Die Prüfung selbst besteht aus einem schriftlichen, mündlichen und einem praktischen Teil. Die Erlaubnis, die Berufsbezeichnung Altenpflegerin oder Altenpfleger zu führen, wird auf Antrag erteilt, wenn die Voraussetzungen gemäß Altenpflegegesetz vorliegen.

---

[17] Quelle Berufsinformation der Arbeitsagentur: http://infobub.arbeitsagentur.de/berufe/berufId. do?_pgnt_pn=0&_pgnt_act=goToAnyPage&_pgn t_id=resultShort&status=A01 (Abruf 24.7.06); Rechtsgrundlage: Ausbildungs- und Prüfungsordnung der Altenpflege AltPflAPrv vom 26.11.2002 (BGBl. I S. 4418), zuletzt geändert durch Artikel 5 des Gesetzes vom 23.03.2005 (BGBl. I: 931) (BGBl. I : 4418, 4429) (BGBl. I : 931).

9.5.3 Ausbildungszahlen

1998 existierten bundesweit etwa 568 Altenpflegeschulen mit 39.118 Ausbildungsplätzen[18]. Im Schuljahr 2000/01 wurden 37.649 Ausbildungsplätze verzeichnet [26]. Nach diesem leichten Rückgang stieg die Zahl der Ausbildungsplätze deutlich auf 45.638, d.h. um rund 20 Prozent an [28].

Tabelle 9.4 Überblick der Ausbildungszahlen in der Altenpflege der einzelnen Bundesländer

Land	Schuljahr: 2003/04	Schuljahr 2005/06	Trend
Baden-Württemberg	6.661	6.941	+ 280
Bayern	6.797	4.956	- 1841
Berlin	1.479	1.444	- 35
Brandenburg	533		
Bremen		300	
Hamburg	623	728	+ 105
Hessen	3.100	3.334	+ 234
Mecklenburg-Vorp.	821	899	+ 78
Niedersachsen	4.630	4.922	+ 292
Nordrhein-Westfalen	12.599	11.133	- 1.466
Rheinland-Pfalz	1.860	2.012	+ 152
Saarland	458	388	- 70
Sachsen	4.025	4.649	+ 624
Sachsen-Anhalt	2.796	2.388	-408
Schleswig-Holstein			
Thüringen	1.491	1.563	+ 72

Der Überblick in Tab. 9.4 zeigt, dass sich die Ausbildungszahlen in den einzelnen Bundesländern nach Einführung des Altenpflegegesetzes zwischen den Schuljahren 2003/04 und 2005/06 eher heterogen entwickelt haben. Zugenommen hat die Zahl der Ausbildungsverhältnisse in der Altenpflege in Baden-Württemberg, Hamburg, Hessen, Mecklenburg-Vorpommern, Rheinland-Pfalz, Sachsen und Thüringen. Im Vergleich zu den Ausbildungszahlen der Schuljahre 2003/04 und 2005/06 gehören vor allem Hamburg mit einer Steigerungsrate von rund 17 Prozent und Sachsen mit rund 16 Prozent zu den Spitzenreitern.

Gesunken sind die Ausbildungszahlen dagegen in Bayern, Berlin, Nordrhein-Westfalen, im Saarland und in Sachsen-Anhalt. Besonders in Bayern (ca. -27 Prozent), Sachsen-Anhalt (ca. -14 Prozent) und Nordrhein-Westfalen (ca. -12 Prozent) sind die Rückgänge der Ausbildungszahlen in Relation zu jenen des Schuljahrs 2003/04 deutlich (vgl. Abb. 9.3).

---

[18] Quelle: Arbeitsgemeinschaft staatlich anerkannter ev. Ausbildungsstätten für Altenpflege im DEVA.

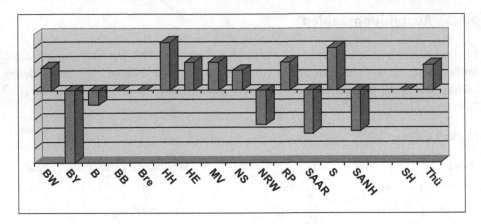

Abb. 9.3 Entwicklungstrends der Ausbildungszahlen in der Altenpflege zwischen 2003/04 und 2005/06
Eigene Darstellung.

9.6   Curriculare Umsetzung auf Länderebene

Laut der bundesweiten Erhebung der Ausbildungsstrukturen in der Altenpflege gaben 64
Prozent der befragen Altenpflegeschulen (n=303) an, sich nach dem Rahmenlehrplan bzw.
einer empfehlenden Richtlinie des Bundeslandes (40,3 Prozent) oder einer Erprobungs-
verordnung (9,9 Prozent) zu richten. Mit einem schulisch erstellten Stoffverteilungsplan
arbeiten 54,5 Prozent der Schulen. Die Materialien des Kuratorium Deutsche Altershilfe
(KDA) nutzten 37,3 Prozent aller Schulen (vgl. Tab. 9.5) [18].

Tabelle 9.5 Umsetzung des Rahmenlehrplans auf Landesebene

Bundesland	Lehrpläne	Entwicklung
Baden-Württemberg	liegt vor	
Bayern	liegt vor	
Berlin	k.A.	Überlegung Lehrplan von NRW zu übernehmen
Brandenburg	k.A.	Curriculum des BiBB wird seit 10/2003 genutzt[19]
Bremen		Rahmenvereinbarung liegt vor
Hamburg	liegt nicht vor	Geplant für Ende 2006. Umstellung auf AltPflG z. 1.8.2006
Hessen	liegt vor	
Mecklenburg-Vorpommern	k.A.	Evtl. Übernahme der Stundentafel des Kuratoriums Deutsche Altershilfe (KDA)
Niedersachsen	liegt vor	
Nordrhein-Westfalen	liegt vor	Ebenso Handlungsleitfäden und Musterausbildungsvertrag

---

[19] Diese Aussage stützt sich auf die Information von Herrn Dr. Wolfgang Becker, Bundesministerium für Berufsbildung Bonn.

Bundesland	Lehrpläne	Entwicklung
Rheinland-Pfalz	liegt vor	Ausbildungsinhalte sind in Lernmodule unterteilt
Saarland	Sonderstellung	Ausbildung seit 10/2002 auf Grundlage des Curriculums des BIBB einheitlich geregelt
Sachsen	k.A.	Erprobungslehrplan liegt vor
Sachsen-Anhalt	liegt vor	
Schleswig-Holstein	liegt vor	
Thüringen	k.A.	Lehrplan in Bearbeitung

Ohne ein genaueres Studium der einzelnen vorliegenden Rahmenpläne fällt auf, dass sie deutlich im Umfang voneinander abweichen. Einzelne Länder, wie beispielsweise NRW haben zusätzliche Handlungsleitfäden herausgegeben. Vermutlich wird auch die jeweilige Umsetzung in konkrete Curricula zwischen Schulen und Fachseminaren sowohl innerhalb eines einzelnen wie auch zwischen den Bundesländern Unterschiede aufweisen.

Zur Unterstützung der Schulen und praktischen Ausbildungsstätten ist inzwischen ein „Leitfaden für die praktische Ausbildung in der Altenpflege" entwickelt worden, der alle an der Ausbildung Beteiligten schrittweise an die Neuerungen und Herausforderungen der Altenpflegeausbildung heranführt [53].

Die Rückmeldungen sind äußerst positiv. Hervorgehoben wird die gute praktische Nutzbarkeit des Rahmenlehrplans als konkrete Planungsgrundlage für die praktische Ausbildung. Ebenso die Flexibilität und Gestaltungsoffenheit, die es möglich macht, betriebliche Besonderheiten und Interessen in die praktische Ausbildung zu integrieren. Darüber hinaus schafft ein solcher Leitfaden Transparenz darüber, was die Ausbildungsstätte auf der einen und die Auszubildenden auf der anderen Seite während der Ausbildung leisten müssen. Würde sich ein solcher Rahmenlehrplan einheitlich in allen Bundesländern durchsetzen, wäre er ein wichtiger Stabilitätsfaktor für die Qualitätssicherung, u.a. deshalb, weil die Auszubildenden ein vergleichbares Qualifikationsniveau erreichen würden.[20]

9.6.1 Das Beispiel Saarland

Das Saarland nimmt in der Umsetzung des Altenpflegegesetzes eine Sonderposition ein. Hier wurde schon zu einem sehr frühen Zeitpunkt auf der Grundlage des vom Bundestag verabschiedeten Altenpflegegesetzes reagiert:

„(…) Mit Unterstützung des Bundesinstituts für Berufsbildung wurde erstmals ein Curriculum für die Ausbildung in der Altenpflege entwickelt, das mit Beginn des neuen Ausbildungsjahres eine zeitgemäße, moderne Ausbildung garantiert und zugleich die Mängel des Altenpflegegesetzes des Bundes (AltPflG) in Bezug auf die praktische Ausbildung behebt. Kernstück dieses Curriculums ist ein nach der schulischen und der praktischen Ausbildung unterscheidender Ausbildungsrahmenplan, der die gesetzlichen Vorgaben für

---

[20] Vgl. http://www.bibb.de/redaktion/altenpflege_saarland/evaluation/evaluation_start.htm (Aufruf am 22.06.06).

die schulische Ausbildung in der Altenpflege mit einer weitgehenden Annäherung an die Standards des Berufsbildungsgesetzes(BBiG) verbindet."

Diesem saarländischen Ausbildungsrahmenplan ist eine kritische Auseinandersetzung mit den gesetzlichen Vorgaben des Bundes vorangegangen. Tenor dieser Diskussionen war u.a., dass das Altenpflegegesetz lediglich einen weit gesteckten Rahmen festlegt, der den einzelnen Bundesländern aber große Spielräume bei der Durchführung der schulischen und praktischen Ausbildung biete. Dadurch wird jedoch, so die saarländische Meinung, der vereinheitlichende Grundtenor des Berufsgesetzes auf dem Verfahrenswege wieder relativiert.

Ferner beschreibt die Ausbildungs- und Prüfungsverordnung lediglich die thematischen Inhalte der schulischen Ausbildung (2.100 Stunden). Die Chance einer inhaltlichen Modernisierung der Berufsausbildung wird hier nicht genutzt. Zentrale Kompetenzbereiche werden entweder gar nicht angesprochen (z.B. gerontologisches Wissen) oder in einer Aufzählung von Defizitbeschreibungen subsumiert (zum Beispiel gerontopsychiatrisches Wissen).

Der mit insgesamt 2.500 Stunden überwiegende praktische Anteil der Ausbildung ist dagegen weder zeitlich noch inhaltlich präzisiert. Dadurch wird das in der Fachliteratur immer wieder thematisierte Qualifikationsdefizit der bisherigen Ausbildungen in der Altenpflege – die nicht zureichende praktische Handlungskompetenz – nochmals verschärft [53].

9.6.2 Aufbau des Curriculums

Das Curriculum der schulischen Ausbildung ist – nach dem Muster des „Lernfeldkonzeptes" für die duale Berufsbildung gestaltet – an beruflichen Schlüsselqualifikationen und beruflichen Handlungskompetenzen orientiert. Im Lernfeldkonzept, dass auf eine Empfehlung der Kultusministerkonferenz der Länder für die duale Berufsausbildung zurückgeht, wird der Unterricht nicht mehr in traditionellen Fächern organisiert. Vielmehr wird er in Form von sogenannten Lernfeldern vorstrukturiert, die aus berufsbezogenen Handlungsfeldern (Tätigkeitsfeldern) abgeleitet werden. Auf diese Weise entsteht ein fächerübergreifender Lehrplan. An die Stelle der traditionellen fachlogischen Struktur tritt eine handlungslogische Struktur [53].

Das Curriculum der praktischen Ausbildung ist für die schulischen Ausbildungsberufe im Gesundheits- und Sozialwesen ein Novum, aber angesichts der Zeitverteilung im Altenpflegegesetz – mit ihrem Übergewicht auf der praktischen Ausbildung – eine zwingende Notwendigkeit. Es ist nach dem Vorbild der betrieblichen Ausbildungsrahmenpläne in der dualen Berufsausbildung konzipiert und erfordert duale Umsetzungsformen: Qualifizierte Ausbilderinnen und Ausbilder und die Konzeption individueller praktischer Ausbildungspläne gehören dabei zu den Mindestvoraussetzungen.

Neu ist auch die Aufgabenteilung zwischen ausbildender Schule und praktischer Ausbildung: jeder dieser Lernorte erhält einen auf seine besonderen Qualifikationsaufgaben zugeschnittenen Lehrplan [53].

9.6.3 Notwendige Veränderungen

Das Curriculum mit seiner Lernfeldstruktur und seiner Orientierung an den beruflichen Handlungskompetenzen macht einen Unterricht erforderlich, der die traditionelle Fächerstruktur aufgibt. Anstelle von „Rechtskunde", „Gesundheits- und Krankheitslehre" und „Soziologie" geht es um fächerintegrierten Unterricht, um exemplarisches Lernen, um die Entwicklung von tauglichen Unterrichtsprojekten, die, wenn es sich anbietet, auch in Kooperation mit der Praxis durchgeführt werden können und sollen [53].

Wichtig ist, dass im Lernfeldkonzept die traditionellen Verbindlichkeiten der Unterrichtsgestaltung umgekehrt werden. Werden im traditionellen Curriculum Inhalte und Ziele vorgegeben und liegt die Unterrichtsgestaltung sowie die didaktische Ausgestaltung im pädagogischen Verantwortungsbereich des Lehrenden, so legt ein nach Lernfeldern strukturiertes Curriculum dagegen nur teilweise verbindliche Standards zur Unterrichtsorganisation fest. Die Entscheidung über die relevanten Inhalte zur Förderung von Kompetenzen liegt dagegen bei den Lehrkräften [53].

Für die praktische Ausbildung stehen ohne Zweifel die größeren Veränderungen an. Die praktischen Arbeiten sind daraufhin zu prüfen, welche ihrer Elemente „bildungsfähig" sind, wie sie zu Bildungsinhalten aufbereitet werden und vermittelt werden können. Dabei kommt dem Praxistransfer in die Ausbildung eine erhebliche Bedeutung zu. Um dieser Anforderung gerecht zu werden, brauchen Einrichtungen, Betriebe und ihre Auszubildenden veritable Ausbilder und Mitarbeiter, welche die Bildungsanteile der Arbeit erkennen und diese auch vermitteln können. Die „Praxis" hat jetzt einen eigenständigen Bildungsauftrag [53]. Konkret heißt das, dass jede Ausbildungsstelle für ihre Auszubildenden einen betrieblichen Ausbildungsplan auf der Grundlage des Rahmenausbildungsplans für die praktische Ausbildung erstellt. Darin werden Inhalte und die Schritte zum Lernziel differenziert und nachvollziehbar aufgelistet.

Jeder Auszubildende führt ein sogenanntes Berichtsheft, in das er das Erlernte in eigenen Worten einträgt. Das Berichtsheft wird in Abständen von der Lehrkraft gelesen und abgezeichnet. Für die Lehrenden ist das Berichtsheft eine wichtige Rückmeldung über die Verarbeitung der Ausbildungsinhalte und eine der Grundlagen für die Absprachen mit den ausbildenden Schulen. Der betriebliche Ausbildungsplan als auch das Berichtsheft bilden die Grundlage für die Gestaltung der Prüfungen.

9.6.4 Vergleich des Curriculums mit den Vorgaben der Ausbildungs- und Prüfungsordnung

Für die theoretische Ausbildung weist die Ausbildungs- und Prüfungsordnung 14 Lernfelder aus, die vier übergeordneten Lernbereichen zugeordnet sind. Das vorliegende Curriculum des Saarlandes unterscheidet 13 Lernfelder mit teils identischer, teils abweichenden Bezeichnungen. Diese sind geordnet nach den Ausbildungsjahren, in denen sie zu vermitteln sind (je Ausbildungsjahr 700 Stunden). Für die einzelnen Lernfelder sind Zielformulierungen und Inhalte detailliert ausgearbeitet, ein Zeitrichtwert in Stunden ist vorgegeben, eine weitere Aufschlüsselung für die Umsetzung in eine Stundentafel erfolgt nicht.

Der Ausbildungsrahmenplan für die praktische Ausbildung unterscheidet 16 Teile des Ausbildungsberufes, ebenfalls gestaffelt nach den Ausbildungsjahren, in denen sie zu vermitteln sind; vier von ihnen wie z.B. „Sicherheit und Gesundheitsschutz bei der Arbeit" sind als übergeordnete Inhalte gekennzeichnet, die während der gesamten Ausbildungszeit zu vermitteln sind.

Trotz der Staffelung beider separater Curricula nach den Ausbildungsjahren findet eine zusammenführende Darstellung nicht statt – etwa in tabellarischer Form, aus der ersichtlich würde, welche Inhalte in Theorie und Praxis parallel laufen, und lässt die Verknüpfung zwischen Theorie und Praxis nicht klar erkennen. Während der theoretische Teil an das Lernfeldkonzept anknüpft und mit Zielformulierungen arbeitet, beschreibt das praktische Curriculum „zu vermittelnde Fertigkeiten und Kenntnisse", ohne einen eindeutig erkennbaren Zusammenhang mit den Lernfeldern.

Ein Handlungsleitfaden für die praktische Umsetzung sowie konkrete Empfehlungen und Aussagen über die Voraussetzungen am Ort der praktischen Ausbildung, insbesondere zu den Anforderungen an die PraxisanleiterInnen werden hier nicht gemacht.

9.7   Modellversuche zur inhaltlichen Neuordnung der Ausbildung

Während einer Erprobungsphase war in Anwendung des bundeseinheitlichen Altenpflegegesetzes und des Krankenpflegegesetzes die Möglichkeit geschaffen, zeitlich befristete Projekte einer integrierten Pflegeausbildung in der Praxis zu erproben [72].[21]

Im Rahmen des durch das Bundesministerium für Familie, Senioren, Frauen und Jugend in 2004 initiierten Modellvorhabens[22] „Pflegeausbildung in Bewegung" erproben derzeit bundesweit acht Projekte eine gemeinsame Weiterentwicklung der Altenpflegeausbildung sowie der Gesundheits- und Krankenpflegeausbildung.

An diesem Modellvorhaben mit einer Laufzeit von vier Jahren (Ende 2008) sind acht Bundesländer mit 15 Schulen und rund 300 Auszubildenden sowie eine große Anzahl von Pflegeeinrichtungen und Krankenhäusern beteiligt [49].

Die Modellprojekte bauen letztlich auf Impulsen und Erfahrungen auf, die durch bereits durchgeführte Ausbildungsmodelle gegeben wurden. Tab. 9.6 zeigt einen Überblick.

---

[21] Vgl. § 4 (6) KrpflG; § 4 (6) AltPflG.

[22] Neben dem Bundesministerium für Familie, Senioren, Frauen und Jugend wird das Modellvorhaben aus Mitteln des Europäischen Sozialfonds finanziert. Das Fördervolumen liegt bei insgesamt 4,4 Mio. Euro. Einige Projekte werden darüber hinaus von den zuständigen Ministerien des jeweiligen Bundeslandes finanziell unterstützt.

Tabelle 9.6 Ausbildungsmodelle

Modell	Inhalt
Essener Modell	gemeinsame Grundausbildung in der Alten-, Kranken- und Kinderkrankenpflege [36]
Nürnberger Modell	integrierte Unterrichtseinheiten (auf Krankenpflege beschränkt)
Limburger Modell	integrierte Pflegeausbildung mit dem Schwerpunkt der praktischen Ausbildung im ambulanten Bezugspflegesystem (KrankenpflegehelferIn)
NRW	Qualitätsentwicklung in der Kranken- und Kinderkrankenpflegeausbildung
Heidelberg	generalistische Ausbildung in der Krankenpflege [36]
Stuttgart/Robert Bosch Krankenhaus	integrative modulare Pflegeausbildung mit Schwerpunktsetzung und integrierter Spezialisierung
Bielefelder Modell „Leonardo da Vinci"	integrative/generalistische Ausbildung in Kooperation mit verschiedenen EULändern (u.a. NL, Polen und Luxemburg) – transnationale Vergleichbarkeit [36]

Die derzeit laufenden Modellversuche (vgl. Tab. 9.7) unterscheiden sich ebenso wie ihre Vorläufer, in ihrer Ausrichtung zwischen einer integrativen[23] und einer generalistischen[24] Pflegeausbildung [36].

Bei dem integrativen Modell werden im Rahmen einer Grundausbildung die bisher voneinander getrennten Ausbildungen in der Kranken-, Kinderkranken- und Altenpflege „integriert" angeboten. Erst im zweiten Ausbildungsabschnitt folgt die jeweilige Spezialisierung der Ausbildung mit Konzentration des Lehrstoffes mit Hinwendung auf den angestrebten Abschluss.

Dagegen erstreckt sich die generalistische Pflegeausbildung während der gesamten Ausbildungszeit für alle drei Pflegeberufe gemeinsam annähernd auf gleiche Ausbildungsinhalte. Auszubildende müssen sich jedoch für einen der Abschlüsse entscheiden.

Beide Varianten bieten die Möglichkeit, in einem Aufbaumodul einen weiteren der verbleibenden zwei Abschlüsse zu erwerben. Ergänzt werden die Ausbildungen durch Lehrinhalte wie z.B. Gesundheitsförderung, Prävention und Rehabilitation, Familiengesundheitspflege oder Anleitung und Beratung. Gegebenenfalls kann auch die *Fachhochschulreife* erworben werden.

---

[23] Der Deutsche Berufsverband für Altenpflege (DBVA) sieht Schnittstellen zwischen der Kranken- und der Altenpflege, die herausgearbeitet und „(...) konzeptionell auf eine integrierte Ausbildung in der Kranken-, Kinderkranken- und Altenpflege mit anschließender Spezialisierung abgestimmt (...)" werden sollten [21].

[24] Die Verbände Arbeitsgemeinschaft Deutscher Schwesternverbände und Pflegeorganisationen (ADS), der Bundesausschuss der Lehrerinnen und Lehrer für Pflegeberufe (BA), der Bundesausschuss Leitender Krankenpflegepersonen (BALK) sowie der Deutsche Berufsverband für Pflegeberufe (DBfK) sprechen sich einheitlich für eine generalistische Pflegeausbildung aus. Vgl. u.a. Pressemitteilung des DBfK vom 28.4.2000.

Tabelle 9.7 Die Modellversuche im Überblick

Bundesland	Umsetzung	Abschlüsse	Ausbildungsart	Schülerzahl	Besonderheiten
Baden-Württemberg	SRH Learnlife AG, Heidelberg	nach 2 Jahren: Zertifikat Pflege-hilfe nach 3 Jahren: Altenpflege oder Gesundheits- und Krankenpflege	1.-2. Jahr: integriert; 3. Jahr: differenziert	44	Ausbildung in zwei benachbarten Schulen; Zusammenarbeit in Arbeitsgruppen; Beratung Fachhochschule Heidelberg
Bayern	Diakoniewerk Martha-Maria Nürnberg	nach 3 Jahren: Altenpflege oder Gesundheits- und Krankenpflegeausbildung nach weiterem ½ Jahr: zweiter Abschluss	1.-3. Jahr: integriert; 3.-3,5 Jahr: differenziert	52 (zwei Gruppen zu je 26)	Ausbildung in zwei weit voneinander entfernten Schulen; Unterricht in gemischten Projektklassen; neue Konzepte in der Theorie-Praxis Vernetzung Doppelqualifikation in 3,5 Jahren
Berlin	Charité Berlin	nach 3 Jahren: Altenpflege oder Gesundheits- und Krankenpflege oder Gesundheits- und Kinder-krankenpflege	1.-2. Jahr: integriert; 3. Jahr: differenziert	24	Ausbildung im Rahmen eines Kurses; Kooperation mit anderen medizinischen Fachberufen soll interprofessionelles Arbeiten fördern; Beratung Charité
Hessen	DRK Landesverband Hessen e.V.	nach 3 Jahren: Altenpflege oder Gesundheits- und Krankenpflege nach weiterem ½ Jahr: zweiter Abschluss	1.-2. Jahr: integriert; 3.-3,5 Jahr: differenziert	50	Ausbildung an zwei räumlich nahe gelegenen Standorten in zwei gemischten Kursen; Doppelqualifikation in 3,5 Jahren

Bundesland	Umsetzung	Abschlüsse	Ausbildungsart	Schülerzahl	Besonderheiten
Niedersachsen	Henriettenstiftung, Hannover	Altenpflege oder Gesundheits- und Kranken-pflege	Schule: 1.-2. Jahr: integriert; 3. Jahr: differenziert Praxis: 1. Jahr: integriert; 2.-3. Jahr differenziert	28 (zwei Gruppen zu je 14)	Ausbildung in einer Klasse; Tandem-Unterricht
Nordrhein-Westfalen	Caritasverband für das Erzbistum Paderborn e.V.	Altenpflege oder Gesundheits- und Kranken-pflege oder Gesundheits- und Kinder-krankenpflege	1.-2,5 Jahr: generalistisch; 2,5-3. Jahr: abschlussbez. Schwerpunkt	24	Ausbildung am Fachseminar für Altenpflege; Entscheidung über die Art des Abschlusses fällt erst im letzten Ausbildungsjahr
Rheinland-Pfalz	Evangelische Diakonissenanstalt, Speyer	Altenpflege, Gesundheits- und Kranken-pflege und/oder Gesundheits- und Kinder-krankenpflege	Schule: 1.-3. Jahr.: generalistisch (1. Abschluss) 3-3,5 Jahr: differenziert (zweiter Abschluss) Praxis: 1.-2,5 Jahr: generalistisch; 2,5-3,5 Jahr: differenziert	56 (zwei Gruppen zu je 28)	Ausbildung in zwei Kursen derselben Schule; hoher generalistischer Anteil der theoretischen Ausbildung; Theorie-Praxis-Transfer; Doppelqualifikation in 3,5 Jahren
Sachsen-Anhalt	FIT-Ausbildungs-Akademie gGmbH, Magdeburg.	Altenpflege oder Gesundheits- und Kranken-pflege	1.2. Jahr integriert; 3. Jahr: differenziert	25	Ausbildung in einer Schule in einer Klasse; Beratung Fachhochschule Magdeburg

Quelle: Bundesministerium für Familie, Senioren, Frauen und Jugend; Pflege in Bewegung: Newsletter Ausgabe 3, April 2006: 4f. www.pflegeausbildung.de

Die Schwerpunkte der Modellversuche sind:

- Die Integration bzw. Generalisierung der bislang voneinander getrennten Ausbildungen in Alten-, Kranken- und Kinderkrankenpflege.

- Eine curriculare Erweiterung und Neugestaltung als Antwort auf gesellschaftliche, demografische und technische Entwicklungen.

- Die europakompatible Stufung der Berufsausbildung in Qualifikationsstufen.

- Die Herstellung der Durchlässigkeit zur tertiären Bildungsebene und damit zu Bachelor-, Diplom- und Masterstudiengängen.

Die Modellprojekte müssen zeigen, ob sich z.B. durch eine horizontale Durchlässigkeit[25] und/oder eine vertikale Durchlässigkeit[26] die Attraktivität der Pflegeberufe sowie die berufliche Mobilität steigern lässt. Dass diese Vorgehensweise positiv bewertet wird, zeigen bereits Umfrageergebnisse (PABIS) [25] 48,7 Prozent der Befragten sprechen sich für die generalistische Ausbildung (Alten-, Kranken- und Kinderkrankenpflege) aus, 21,4 Prozent für die gemeinsame Ausbildung mit anschließender Differenzierungsphase, während lediglich 7,6 Prozent der Befragten eine Rückkehr zur bisher getrennten Ausbildung vorziehen würden. Eine weitere Umfrage bestätigt diese Aussage: 35,3 Prozent der Befragten würden sich für eine generalistische Ausbildung mit anschließender Differenzierung (drei Abschlüsse) entscheiden, 25,7 Prozent für eine gemeinsame Ausbildung mit Differenzierung und der Wahl eines entsprechenden Abschlusses [27].

Neben der Flexibilisierung und Optimierung der Ausbildung wird ein weiteres Ziel sein, die Ausübung eines Pflegeberufs als lebenslange Karriere zu begreifen und zu entwickeln. Hierzu sollte auch die Möglichkeit gehören, seinen Beruf im Ausland auszuüben [16]. Bevor jedoch erfolgreich erprobte Ausbildungsmodelle in Regelangebote überführt werden können, müssen die benannten Strukturprobleme innerhalb der deutschen Pflegeausbildung beseitigt werden, die begreiflicherweise einer Europäisierung und Internationalisierung der Pflegeberufe (d.h. einer internationalen Vergleichbarkeit und gegenseitiger Anerkennung beruflicher Qualifikationen) entgegenstehen.

9.8   Das Finanzierungssystem der Altenpflegeausbildung

Die Vergütung der Altenpflegeausbildung wird durch das Altenpflegegesetz (AltPflG) geregelt. Hierzu folgende Auszüge:

Altenpflegegesetz AltPflG [19]
„Altenpflegegesetz in der Fassung der Bekanntmachung vom 25. August 2003 (BGBl. I S. 1690), zuletzt geändert durch Artikel 3a des Gesetzes vom 8. Juni 2005 (BGBl. I S. 1530)"

§ 13
(2) Der Ausbildungsvertrag muss mindestens enthalten:

---

[25] Integrierte Ausbildung: Entscheidung über das Berufsziel erst im Laufe der Ausbildung.

[26] Möglicher Zugang zum tertiären Bildungsbereich.

5. die Höhe der monatlichen Ausbildungsvergütung

5.a die Höhe der nach § 17 Abs. 1a zu erstattenden Weiterbildungskosten

§ 15

Der Träger der praktischen Ausbildung hat

2. der Schülerin und dem Schüler kostenlos die Ausbildungsmittel, Instrumente und Apparate zur Verfügung zu stellen, die zur praktischen Ausbildung und zum Ablegen der jeweils vorgeschriebenen Prüfung erforderlich ist.

§ 17

(1) Der Träger der praktischen Ausbildung hat der Schülerin und dem Schüler für die gesamte Dauer der Ausbildung eine angemessene Ausbildungsvergütung zu zahlen, soweit nicht Ansprüche auf Unterhaltsgeld nach dem Dritten Buch Sozialgesetzbuch oder Übergangsgeld nach den für die berufliche Rehabilitation geltenden Vorschriften bestehen oder andere vergleichbare Geldleistungen aus öffentlichen Haushalten gewährt werden. (1a) Im dritten Ausbildungsjahr einer Weiterbildung zur Altenpflegerin oder zum Altenpfleger, die nach dem 31. Dezember 2005 beginnt, hat der Träger der praktischen Ausbildung der Schülerin oder dem Schüler über die Ausbildungsvergütung hinaus die Weiterbildungskosten entsprechend § 79 Abs. 1 Nr. 2 bis 4 des Dritten Buches Sozialgesetzbuch zu erstatten, sofern diese im dritten Ausbildungsjahr anfallen.

(2) Sachbezüge können in der Höhe der durch Rechtsverordnung nach § 17 Abs. 1 Satz 1 Nr. 3 des Vierten Buches Sozialgesetzbuch bestimmten Werte angerechnet werden, jedoch nicht über 75 vom Hundert der Bruttovergütung hinaus. Können die Sachbezüge während der Zeit, für welche die Ausbildungsvergütung fortzuzahlen ist, aus berechtigtem Grund nicht abgenommen werden, so sind sie nach den Sachbezugswerten abzugelten.

Abschnitt 5
Kostenregelung
§ 24

Der Träger der praktischen Ausbildung kann die Kosten der Ausbildungsvergütung sowie die von ihm nach § 17 Abs. 1a zu erstattenden Weiterbildungskosten in den Entgelten oder Vergütungen für seine Leistungen berücksichtigen. Ausgenommen sind: die Aufwendungen für die Vorhaltung, Instandsetzung oder Instandhaltung von Ausbildungsstätten die laufenden Betriebskosten (Personal- und Sachkosten) der Ausbildungsstätten sowie die Verwaltungskosten für ein Ausgleichsverfahren nach § 25. Bei Einrichtungen, die zur ambulanten, teil- oder vollstationären Versorgung von Pflegebedürftigen nach dem Elften Buch Sozialgesetzbuch zugelassen sind (zugelassene Pflegeeinrichtungen), sowie bei Einrichtungen mit Vereinbarungen nach § 75 Abs. 3 des Zwölften Buches Sozialgesetzbuch richtet sich die Berücksichtigung der Kosten der Ausbildungsvergütung und der nach § 17 Abs. 1a zu erstattenden Weiterbildungskosten einschließlich einer Ausbildungsumlage (§ 25) in den Vergütungen ausschließlich nach diesen Gesetzen.

§ 25

Die Landesregierungen werden ermächtigt, durch Rechtsverordnung zu bestimmen, dass zur Aufbringung der Mittel für die Kosten der Ausbildungsvergütung und der nach § 17 Abs. 1a zu erstattenden Weiterbildungskosten von den in § 4 Abs. 3 Satz 1 genannten Einrich-

tungen Ausgleichsbeträge erhoben werden, und zwar unabhängig davon, ob dort Abschnitte der praktischen Ausbildung durchgeführt werden. Dies gilt jedoch nur, wenn ein Ausgleichsverfahren erforderlich ist, um einen Mangel an Ausbildungsplätzen zu verhindern oder zu beseitigen. Führt eine Landesregierung ein Ausgleichsverfahren ein, darf die Gesamthöhe der Ausgleichsbeträge den voraussichtlichen Mittelbedarf zur Finanzierung eines angemessenen Angebots an Ausbildungsplätzen nicht überschreiten. Die Landesregierungen regeln das Nähere über die Berechnung des Kostenausgleichs und das Ausgleichsverfahren. Sie bestimmen die zur Durchführung des Kostenausgleichs zuständige Stelle. § 24 Satz 2 und 3 bleibt unberührt .Hat eine Landesregierung ein Ausgleichsverfahren nach Absatz 1 eingeführt, so ist sie verpflichtet, in angemessenen Zeitabständen die Notwendigkeit der Fortführung zu überprüfen.

Faktisch bedeutet dies, dass die Schülerinnen und Schüler während der gesamten Ausbildungszeit Anspruch auf eine Ausbildungsvergütung haben, die vom Träger der praktischen Ausbildung zu zahlen ist. Dabei können die entsprechenden Kosten in den Pflegesätzen berücksichtigt werden.[27] Zudem erhalten die Länder die Möglichkeit, ein Umlageverfahren zur Refinanzierung der Kosten einzuführen. Dabei stellt die Umlagefinanzierung jedoch keine Alternative zur Abrechnung nach § 24 AltPflG dar, da die Länder diese nur einführen können, wenn hierdurch ein Mangel an Ausbildungsplätzen verhindert oder beseitigt werden kann (§ 25 AltPflG).

9.8.1   Ausbildungsvergütung

Absolvieren die Auszubildenden in der Altenpflege ihre praktische Ausbildung in Einrichtungen des öffentlichen Dienstes oder in Einrichtungen von Trägern, die sich an die tariflichen Vereinbarungen des öffentlichen Dienstes anlehnen, erhalten sie derzeit die in Tab. 9.8 dargestellte Ausbildungsvergütung[28].

Tabelle 9.8 Ausbildungsvergütung

Ausbildungsjahr	Tarifgebiet West	Tarifgebiet Ost
1. Jahr	729 €	685 €
2. Jahr	788 €	741 €
3. Jahr	884 €	831 €

---

[27] Vgl. § 17 und § 24 AltPflG.

[28] Quelle: Tarifvertrag für Auszubildende des öffentlichen Dienstes (TVAöD) - Besonderer Teil Pflege; Vgl. auch http://infobub.arbeitsagentur.de/berufe/berufId.do?_pgnt_pn=0&_pgnt_act=goTo AnyPage&_pgnt_id=resultShort&status=A08 (Abruf 3.8.2006).

9.8.2 Umschulungen

Zudem ergeben sich auch bei der Finanzierung von Umschulungen in der Altenpflege Änderungen:

Umschulungsmaßnahmen zur Altenpflegerin/zum Altenpfleger, die bis zum 31. Dezember 2005 begonnen haben, werden dreijährig durch die Bundesanstalt für Arbeit gefördert.

Umschulungsmaßnahmen, die ab dem 1. Januar beginnen, werden im ersten und zweiten Jahr der Maßnahme von der Bundesagentur für Arbeit gefördert. Das dritte Weiterbildungsjahr wird nunmehr vom Träger der praktischen Ausbildung getragen. Der Ausbildungsträger hat den Umschülern eine angemessene Ausbildungsvergütung zu zahlen. Darüber hinaus hat er die anfallenden Weiterbildungskosten entsprechend § 79 Abs. 1 Nr. 2 bis 4 SGB III zu erstatten. Hierbei handelt es sich um Fahrkosten (§ 81 SGB III), Kinderbetreuungskosten (§ 83 SGB III) und um Kosten der auswärtigen Unterbringung und Verpflegung (§ 82 SGB III). Die Kosten der Ausbildungsvergütung sowie die Erstattungskosten sind in den Pflegesätzen berücksichtigungsfähig. Die Länder stellen die Finanzierung der Schulkosten sicher.[29]

9.8.3 Probleme

Als problematisch erweist sich, dass Schülerinnen und Schüler der Altenpflege nunmehr, quasi als Zulassungsvoraussetzung, neben einem schulischen Ausbildungsplatz gleichzeitig auch einen Ausbildungsvertrag mit einem praktisch ausbildenden Betrieb benötigen. Das heißt, dass selbst bei Zusage eines schulischen Ausbildungsplatzes der Ausbildungsbeginn solange fraglich bleibt, bis ein praktischer Ausbildungsplatz nachgewiesen werden kann.

Ferner zeigt sich bereits, dass durch die Refinanzierung der Ausbildungsstellen über die Pflegesätze immer mehr auszubildende Betriebe verloren gehen [1]. Durch die unterschiedlichen Finanzierungsmodalitäten und Haushaltslagen der einzelnen Bundesländer sind ebenso bereits Altenpflegeschulen von der Schließung bedroht.

Bei Umschulungen erweist sich als problematisch, dass die Vergabe von Bildungsgutscheinen durch die Arbeitsagenturen unterschiedlich gehandhabt wird [1].

Einige Bundesländer erheben derzeit heftigen Protest gegen die Altenpflegeausbildungsumlage. Der Bundesverband privater Anbieter sozialer Dienste e.V. (bpa) hat bereits im Vorfeld des Inkrafttretens Bedenken gegen die Rechtmäßigkeit der Altenpflegeausbildungsumlage angemeldet. So betonte der Bundesverband, dass es zum einen an dem vom

---

[29] Die notwendigen Änderungen des SGB III, des Altenpflegegesetzes und des SGB XI hat der Deutsche Bundestag am 21. April 2005 im Rahmen des Zweiten Gesetzes zur Änderung des Seemannsgesetzes und anderer Gesetze beschlossen. Der Bundesrat hat dem Änderungsgesetz am 29. April 2005 zugestimmt. Gleichzeitig wurde eine Entschließung verabschiedet, aus der sich ableitet, dass die Länder die Finanzierung der Schulkosten sicherstellen. Vgl. 1530 Bundesgesetzblatt Jahrgang 2005 Teil I Nr. 32, ausgegeben zu Bonn am 13. Juni 2005, http://www.bmfsfj.de/RedaktionBMFSFJ/Abteilung3/Pdf-Anlagen/gesetzesaenderungen-umschulung-altenpflege,property=pdf,bereich=,rwb=true.pdf (Abruf 4.8.2006).

Verfassungsgericht geforderten Nachweis eines Mangels an Pflegekräften fehle, zum anderen berichteten die Einrichtungen, dass derzeit mehr Bewerber als freie Stellen vorhanden seien. Außerdem stelle dieses Umlageverfahren bei der Erhebung von Ausgleichsbeträgen und der Erstattung der Ausgleichszuweisungen einen bürokratischen Moloch dar.[30]

9.8.4 Finanzierungsmodelle der Altenpflegeausbildung in Deutschland

Tabelle 9.9 Finanzierungsmodelle

Land	Schulkosten	Praktische Ausbildung	Umlageverfahren
Baden-Württemberg	Land	Ausbildungsvergütung	+
Bayern	Land[31]	Ausbildungsvergütung	-
Berlin			
Brandenburg	Land/ EU-Förderung	Ausbildungsvergütung	-
Bremen	Land	Ausbildungsvergütung	-
Hamburg	Land	Ausbildungsvergütung	-
Hessen	Land	Ausbildungsvergütung	-
Mecklenburg-Vorpommern	Land	Ausbildungsvergütung	-
Niedersachsen	Land	Ausbildungsvergütung	-
Nordrhein-Westfalen	Land / EU-Förderung	Ausbildungsvergütung	-[32]
Rheinland-Pfalz	Land	Ausbildungsvergütung	+
Saarland	Land	Ausbildungsvergütung	Refinanzierung
Sachsen	Land	Ausbildungsvergütung	+[33]
Sachsen-Anhalt	Land[34]	Ausbildungsvergütung	-
Schleswig-Holstein	Land/Förderung	Ausbildungsvergütung	-
Thüringen			

Vergleicht man nun die Entwicklung der Ausbildungszahlen in der Altenpflege mit den jeweiligen Finanzierungssystemen kann man nach wie vor die föderale Heterogenität innerhalb der Entwicklung der Altenpflegeausbildung und ihrer Finanzierung bemerken. Eine Vereinheitlichung im Sinne des Altenpflegegesetzes wird daher erst in den nächsten Jahren bemerkbar umgesetzt werden können.

---

[30] Pressemitteilung v. 28.06.2006 [20].

[31] Bayern gewährt privaten Berufsfachschulen einen Schulgeldausgleich.

[32] Das bisher geltende Umlageverfahren wurde zum 1. August 2006 aufgehoben.

[33] Derzeit wird geprüft, ob die Grundlagen für das Umlageverfahren noch bestehen.

[34] Private Berufsfachschulen erhalten einen Kostenzuschuss.

Im Vergleich der Ausbildungszahlen kann nicht eindeutig von einem einheitlichen Ansteigen oder Sinken der Schülerzahlen in der Altenpflege gesprochen werden. Vielmehr ist auch in diesem Bereich jedes Bundesland einzeln zu betrachten.

Ferner kann nicht davon ausgegangen werden, dass gerade in den großen, d.h. bevölkerungsstarken Bundesländern eher ein Anstieg der Ausbildungszahlen zu verzeichnen ist. Im Gegenteil – gerade in „großen" Bundesländern wie Bayern und Nordrhein-Westfalen ist ein spürbarer Rückgang der Schülerzahlen in der Altenpflegeausbildung in den letzten drei Jahren festzustellen.

Interessant ist die Beobachtung, dass in den Bundesländern, die das Umlageverfahren anwenden (Baden-Württemberg, Rheinland-Pfalz und Sachsen) in den letzten drei Jahren die Schülerzahlen ansteigen. Inwieweit hier ein Zusammenhang besteht, kann jedoch nicht abschließend bestätigt werden, da in Bundesländern wie Hamburg oder Hessen, die das Umlageverfahren nicht anwenden, die Schülerzahlen ebenfalls ansteigen.

Es bleibt zu wünschen, dass die Vereinheitlichung der Altenpflegeausbildung im Sinne des Altenpflegegesetzes zügig voranschreitet, sodass die bundesdeutschen Qualifikationen in Zukunft auch europaweit anerkannt werden können.

9.9 Literatur

[1]   Altenheim. Zeitschrift für das Altenhilfe-Management. Vincentz, Hannover 7/2005

[2]   Altenheim. Zeitschrift für das Altenhilfe-Management. Vincentz, Hannover 9/2005

[3]   Altenpflege. Magazin für Fachkräfte in der Altenpflege. Vincentz, Hannover 3/2005

[4]   Altenpflege. Magazin für Fachkräfte in der Altenpflege. Vincentz, Hannover 8/2005

[5]   Altenpflegegesetz (AltPflG): Gesetz über die Berufe in der Altenpflege in der Fassung der Bekanntmachung vom 25. August 2003 (BGBl. I. S. 1690), zuletzt geändert durch Artikel 3a des Gesetzes vom 8. Juni 2005 (BGBl. I. S. 1530).

[6]   Altenpflege-Ausbildungs- und Prüfungsverordnung (AltPflAPrV) (2002) vom 26. November 2002 (BGBl. I. S. 4418).

[7]   Amtsblatt der Europäischen Gemeinschaft: EU-Richtlinien 77/452/EWG und 77/453/EWG des Rates, Nr. L 176 (Gesundheits- und Krankenpflege)

[8]   Amtsblatt der Europäischen Gemeinschaft: EU-Richtlinie 92/51/EWG des Rates, Nr. L 209/25

[9]   Arbeitsagentur: www.arbeitsagentur.de (Abruf 2006)

[10]   Arbeitsgemeinschaft Jugend und Bildung e.V.: „Duales und modulares Ausbildungssystem im Vergleich" http://www.jugend-und-bildung.de (Abruf 2.8.2006)

[11]   Bayerisches Staatsministerium für Unterricht und Kultus: www.km.bayern.de

[12]   Berufenet: www.berufenet.de (Abruf 2006)

[13]   Bollinger, Grewe: „Die akademisierte Pflege in Deutschland zu Beginn des 21. Jahrhunderts." In: Jahrbuch für kritische Medizin 37, Fachhochschule Fulda, 2002

[14]   Bickel, H.: „ Lebenserwartung und Pflegebedürftigkeit in Deutschland", in: „Das Gesundheitswesen", Thieme, 63, 9-14

[15]   Bundesagentur für Arbeit: www.arbeitsagentur.de (Abruf 2006)

[16]   Bundeskonferenz der Pflegeorganisationen. Deutscher Berufsverband für Pflegeberufe/ Arbeitsgemeinschaft Deutscher Schwesternverbände und Pflegeorganisationen e.V. : „Brennpunkt Pflege. Zur Situation der beruflichen Pflege in Deutschland." Göttingen o.J.: 20

[17]   Bundesministerium für Familie, Senioren, Frauen und Jugend: www.bmfsfj.de (Abruf 2006)

[18]   Bundesministerium für Familie, Senioren, Frauen und Jugend: „Bundesweite Erhebung der Ausbildungsstrukturen an Altenpflegeschulen" Universität Bremen, 2006

[19]   Bundesministerium für Justiz: www.bundesrecht.juris.de (Abruf 2006)

[20]   Bundesverband privater Anbieter sozialer Dienste e.V.: www.bpa.de (Abruf 2006)

[21]   Deutscher Berufsverband für Altenpflege e.V.: www.dbva.de (Abruf 2006)

[22]   Deutscher Berufsverband für Pflegeberufe e.V. (DBfK): „Bildungskonzept 2000." Eschborn

[23]   Deutscher Berufsverband für Pflegeberufe e.V. (DBfK): „Anerkennung pflegeberuflicher Qualifikationen innerhalb der Europäischen Union (EU)" 2005 http://www.dbfk.de/international/EU-Anerkennung2.pdf (Abruf 4.8.2006)

[24]   Deutscher Berufsverband für Pflegeberufe e.V. (DBfK); Arbeitsgemeinschaft Deutscher Schwesternverbände und Pflegeorganisationen e.V. (ADS). Bundeskonferenz der Pflegeorganisaitonen: „Brennpunkt Pflege. Zur Situation der beruflichen Pflege in Deutschland." Göttingen 2005

[25]   Deutsches Institut für angewandte Pflegeforschung (dip): Pflegeausbildungsstudie PABIS. www.dip-home.de/material/downloads/pabis-kurzbericht.pdf; www.dip-home.de (Abruf 2006)

[26]   Deutsches Institut für angewandte Pflegeforschung e.V.: Pflege-Thermometer 2003. www.dip-home.de (Abruf 2006)

[27]   Deutsches Krankenhausinstitut: www.dki.de (Abruf 2006)

[28]   Dielmann, G.: „Wer bildet wo wen aus?" Aktuelle Ausbildungstrends in den Gesundheitsberufen. In: Dr. med. Mabuse 30(2005) 157, Mabuse-Verlag, Frankfurt/Main: 23-26

[29]   Evangelisches Johanneswerk: www.johanneswerk.de (Abruf 2006)

[30]   Expertenkommission Pflege/BGW: Positionspapier Empfehlungen zur Qualitätssteigerung und -sicherung der Altenpflegeausbildung in Deutschland, Hamburg (2006)

[31]   Görres, S., Guski, E., Al-Diwany, M..: Unveröffentlichtes Expertengutachten zum Thema „Altenpflegeumschulung". Bremen 2005

[32]   Görres, S., Panter, R., Mittnacht, B.: „Bundesweite Erhebung der Ausbildungsstrukturen an Altenpflegeschulen (BEA)". Gefördert vom Bundesministerium für Familie, Senioren, Frauen und Jugend. Institut für angewandte Pflegeforschung (iap), Bremen 2006 http://www.bmfsfj. de/Kategorien/Publikationen/publikationsliste,did=73500.html (Abruf 1.8.2006)

[33]   Hoffmann, Menning: „Wie alt ist Deutschland?", GeroStat Informationsdienst Altersfragen

[34]   Institut für Arbeitsmarkt- und Berufsforschung: http://iab.de/iab/default.htm (Abruf 2006)

[35]   Johanniter international: http://www.europaeische-bewegung.de/fileadmin/files_ebd/PDF-Dateien/PA_Illicit_Work_-_Sept05-DE.pdf (Abruf 3.8.2006)

[36]   Kersting, K.: „Fachrecherche zum Thema ‚Weiterentwicklung der Ausbildung in den Pflegeberufen'" im Auftrag des Bundesministeriums für Familien, Senioren, Frauen und Jugend. Private Universität Witten/Herdecke, Institut für Pflegewissenschaft der Fakultät für Medizin, 2001. http://www.bmfsfj.de/Politikbereiche/aeltere-menschen,did=28234.html (Abruf 1.8.2006)

[37]   Kultusministerium Sachsen-Anhalt: www.mk.sachsen-anhalt.de (Abruf 2006)

[38]   Landenberger, M., Görres, S.: „Sachverständigengutachten und Urteil des Bundesverfassungsgerichts zum Altenpflegegesetz." Köln 2004

[39]   Landenberger, M., Stöcker, G., Filkins, J., de Jong, A., Them, C. et al.: „Ausbildung der Pflegeberufe in Europa." Vergleichende Analyse und Vorbilder für eine Weiterentwicklung in Deutschland. Hallesche Schriften, Schlütersche Verlagsgesellschaft, Hannover 2005

[40]   Landenberger, M.: „Ländervergleich: Lehren in Deutschland, Großbritannien, den Nieder-
        landen und Österreich für die Reform der Pflegeausbildung in Deutschland und Berlin" In:
        Landenberger, M., Stöcker, G., Filkins, J., de Jong, A., Them, C. et al.: „Ausbildung der Pfle-
        geberufe in Europa. Vergleichende Analyse und Vorbilder für eine Weiterentwicklung in
        Deutschland." Hallesche Schriften, Schlütersche Verlagsgesellschaft, Hannover 2005: 177-215

[41]   Landenberger, M.: „Situation der Pflegeausbildung in Deutschland und Europa – Ist-Stand
        und Reform" in: Landenberger, M., Stöcker, G., Filkins, J., de Jong, A., Them, C. et al.: „Aus-
        bildung der Pflegeberufe in Europa. Vergleichende Analyse und Vorbilder für eine Weiterent-
        wicklung in Deutschland." Hallesche Schriften, Schlütersche Verlagsgesellschaft, Hannover
        2005:13-15

[42]   Landtag Nordrhein-Westfalen: „Situation und Zukunft der Pflege in NRW", Toennes Druck&
        Medien, Düsseldorf 2005

[43]   Löser, I.: „Pflege studieren" Mabuse Verlag, Frankfurt a. Main 1995

[44]   Menning, S.: „ Report Altersdaten", GeroStat DZA

[45]   Ministerium für Arbeit, Soziales, Familie und Gesundheit Rheinland-Pfalz: www.masfg.rlp.
        de (Abruf 2006)

[46]   Ministerium für Gesundheit, Soziales, Frauen und Familie des Landes Nordrhein-Westfalen:
        „Entwurf einer empfehlenden Richtlinie für die Altenpflegeausbildung." Juni 2003

[47]   Ministerium für Soziales, Gesundheit, Familie, Jugend und Senioren Schleswig-Holstein:
        Förderung der Ausbildung in der Altenpflege, http://landesrechnungshof-sh.de/index
        php?getfile=bm2006_tz32.pdf (Abruf 24.7.2006)

[48]   Olbrich, C.: „Pflegekompetenz" Hans Huber, Bern, Göttingen, Toronto, Seattle 1999

[49]   Pflegeausbildung in Bewegung: „Ein Modellvorhaben zur Weiterentwicklung der Pflegeberu-
        fe". Newsletter 3/2006; www.bmfsfj.de/Kategorien/Publikationen/publikationsliste,did=77162.
        html (Abruf 2006)

[50]   Pflegefachtag 11/2005: http://www.bawue.gruene-fraktion.de/ cms/themen/dokbin/91/91602.
        die_zukunft_der_pflege_in_badenwuerttemb@de.pdf#search=%22pflegefachtag%20
        11%2F2005%22 (Abruf 2006)

[51]   Pflegestatistik 2003: Statistisches Bundesamt: http://www.destatis.de/allg/d/veroe/d_pflege99.
        htm (Abruf 2006)

[52]   Rennen-Allhoff, B., Bergmann-Tyacke, I.: „Lehrerinnen und Lehrer für Pflegeberufe in Euro-
        pa." Ausbildungsstandards in den EU-Mitgliedstaaten. Bern u.a. 2000

[53]   Saarland/ BIBB: „Berufsausbildung in der Altenpflege" Bertelsmann 2003

[54]   Schulberatung Bayern: www.schulberatung.bayern.de (Abruf 2006)

[55]   Servicestelle der Bayerischen Staatsregierung: www.servicestelle.bayern.de (Abruf 2006)

[56]   Statistisches Bundesamt: www.destatis.de (Abruf 2006)

[57]   Statistisches Landesamt Baden-Württemberg: www.statistik-bw.de (Abruf 2006)

[58]   Bayerisches Landesamt für Statistik und Datenverarbeitung: www.statistik.bayern.de (Abruf
        2006)

[59]   Statistisches Landesamt Berlin: www.statistik-berlin.de (Abruf 2006)

[60]   Landesbetrieb für Datenverarbeitung und Statistik Brandenburg: www.lds-bb.de (Abruf 2006)

[61]   Statistisches Landesamt Bremen: www.statistik.bremen.de (Abruf 2006)

[62]   Statistisches Amt für Hamburg und Schleswig-Holstein: www.statistik-nord.de (Abruf 2006)

[63]   Hessisches Statistisches Landesamt: www.statistik-hessen.de (Abruf 2006)

[64]   Statistisches Amt Mecklenburg-Vorpommern: www.statistik-mv.de (Abruf 2006)

[65]   Niedersächsisches Landesamt für Statistik: www.nls.niedersachsen.de

[66]   Landesamt für Datenverarbeitung und Statistik Nordrhein-Westfalen: www.lds.nrw.de

[67]   Statistisches Landesamt Rheinland-Pfalz: www.statistik.rlp.de (Abruf 2006)

[68]   Statistisches Landesamt Saarland: www.statistik.saarland.de (Abruf 2006)

[69]   Statistisches Landesamt des Freistaates Sachsen: www.statistik.sachsen.de (Abruf 2006)

[70]   Statistisches Landesamt Sachsen-Anhalt: www.statistik.sachsen-anhalt.de (Abruf 2006)

[71]   Stöcker, G.: „Europäisierung der Gesundheits- und Pflegeausbildung" In: Landenberger, M., Stöcker, G., Filkins, J., de Jong, A., Them, C. et al.: „Ausbildung der Pflegeberufe in Europa. Vergleichende Analyse und Vorbilder für eine Weiterentwicklung in Deutschland." Hallesche Schriften, Schlütersche Verlagsgesellschaft, Hannover 2005: 17-23

[72]   Stöcker, G.: „Ausbildung der Pflegeberufe in Deutschland und Berlin" In: Landenberger, M., Stöcker, G., Filkins, J., de Jong, A., Them, C. et al.: „Ausbildung der Pflegeberufe in Europa. Vergleichende Analyse und Vorbilder für eine Weiterentwicklung in Deutschland." Hallesche Schriften, Schlütersche Verlagsgesellschaft, Hannover 2005: 25-77

[73]   Sozialministerium Hessen: www.sozialministerium.hessen.de (Abruf 2006)

[74]   Thüringer Landesamt für Statistik: www.statistik.thueringen.de (Abruf 2006)

[75]   Verdi: „Ausbildung in der Altenpflege" Materialien Altenpflegegesetz v. 25. August 2003. Redemanuskript „Chancen, Grenzen und Regelungsbedarf in der Ausbildung nach dem neuen Altenpflegegesetz. In: Infopost 06/04

Expertenexpertise

Thomas Bals

10

Altenpflegeausbildung – zukunftsfestes Erfolgsmodell oder Bildungsblase?

Die Pflegeberufe und darunter insbesondere der Altenpflegeberuf sind im Konkurrenzkampf um den Fachkräftenachwuchs derzeit offensichtlich auf der Gewinnerseite. „Im Schuljahr 2012/2013 haben rund 47.600 Personen eine Ausbildung in den drei Pflegeberufen begonnen. Ein Spitzenwert im Vergleich zu allen anderen Ausbildungsberufen" - wie der aktuelle Berufsbildungsbericht ausdrücklich konstatiert [2].

Gut eine Dekade nach Verabschiedung des Bundesaltenpflegegesetzes scheint diesem Beruf gelungen zu sein, was bei anderen Ausbildungsberufen im Gesundheitswesen und vor allem auch bei der Rekrutierung von Auszubildenden im kaufmännisch-verwaltenden und insbesondere gewerblich–technischen Bereich offensichtlich nicht erfolgreich ist. Trotz demografiebedingt sinkender Zahlen von Schulabsolventen und einer Veränderung des Bildungswahlverhaltens, d. h. insbesondere zunehmender Studierneigung[1] steigt die Zahl der Auszubildenden in der Altenpflege deutlich und kontinuierlich an.

Gerade dieser demografieresistente und dynamische Trend erscheint angesichts des weiter zunehmenden Bedarfs an (Alten)Pflegekräften bedeutsam[2]. So geht der aktuelle Berufsbildungsbericht von einer gegenüber 2013 sinkenden Zahl der nichtstudienberechtigten Schulabgänger und Schulabgängerinnen bundesweit um rund -109.900 (-19,8 Prozent) bis 2025 aus. Mittel- und langfristig reduziert sich danach auch die Zahl der studienberechtigten Schulabgänger und Schulabgängerinnen um 42.700 (-13,2 Prozent) auf 282.000 in 2025. Bemerkenswert ist, dass dieser Rückgang allein der demografischen Entwicklung in den alten Bundesländern geschuldet ist, während in den neuen Bundesländern im glei-

---

[1] Im Jahr 2013 lag die Zahl der Studienanfänger/-innen erstmals über der Zahl der Ausbildungsanfänger/-innen [2]. Siehe auch Übersicht 10 und Schaubild 17 zur Verschiebung der Bildungsbeteiligung im Berufsbildungsbericht 2014 [2].

[2] Dass die Altenpflege zu den besonders stark wachsenden Dienstleistungsbranchen gehört, wird auch daran sichtbar, dass die Zahl aller in der Altenpflege Beschäftigten im Zeitraum 1999 – 2011 um rund 53 Prozent auf rund 952.000 gestiegen ist (Pflegestatistik 2011 zit. in: [2]).

chen Zeitraum sogar Zuwächse an Schulabgängern und Schulabgängerinnen absehbar sind [2].

In konkreten Zahlen ausgedrückt stellt sich die Situation wie folgt dar: Während dem aktuellen Berufsbildungsbericht zufolge die Zahl der Schüler/-innen in der Gesundheits- und Krankenpflege im Jahr 2013 zuletzt auf 63.342 (+5,82 Prozent gegenüber dem Vorjahr) angewachsen ist, stieg die Gesamtzahl der Schüler/-innen in der Altenpflegeausbildung durch ein Plus von 5,3 Prozent bei den Neueintritten (21.511) im Vergleichszeitraum noch etwas deutlicher auf inzwischen 59.365 (+6,1 Prozent). Auch die Ausbildungszahlen in der Altenpflegehilfe, Krankenpflegehilfe bzw. Pflegeassistenz zeigen im Vorjahresvergleich bemerkenswerte Zuwächse. Die von den hier zuständigen Bundesländern gemeldeten Ausbildungszahlen betrugen in der Ausbildung in der Altenpflegehilfe 8.068 (+29,7 Prozent), in der Krankenpflegehilfe 3.761 (+40,3 Prozent) und 3.417 Schüler/-innen in einer Ausbildung zur Pflegeassistenz[3] [2].

Damit ist zwar die, in der von Bund, Ländern und Verbänden als Gemeinschaftsinitiative getragenen und im Dezember 2012 auf den Weg gebrachten „Ausbildungs- und Qualifizierungsoffensive Altenpflege" (www.altenpflegeausbildung.net/ausbildungsoffensive.html) genannte stufenweise Steigerung der Eintritte in die Altenpflegeausbildung um jährlich 10 Prozent während der dreijährigen Laufzeit bis Ende 2015 nicht erreicht.

Auf der anderen Seite bewegt sich die Dimension der Qualifizierung in der Altenpflege inzwischen aber fast auf Augenhöhe mit der Ausbildung in der Gesundheits- und Krankenpflege. Dass diese Entwicklung Auswirkungen auf das Selbstverständnis der für die Altenpflegeausbildung Verantwortlichen in Schulen und Administrationen hat, zeigt sich in der heftigen Debatte um das neue Pflegeberufegesetz[4] (siehe z. B. [7]). Neben anderen ungelösten Problemlagen z.B. bezüglich der Rechtsform der die zukünftige Pflegeausbildung tragenden berufsbildenden Schulen, der Finanzierung der angestrebten generalistischen Ausbildung und der Zuständigkeit bzw. Autonomie der Hochschulen für ihre Studiengänge ist vor allem die „generalistische" Konzeption selbst und ihre systematische wie empirische Legitimation strittig [7].

Trotzdem im Eckpunktepapier zum Pflegeberufegesetz auch weiterhin Schwerpunktsetzungen in den bisherigen Bereichen Krankenpflege, Kinderkrankenpflege und Altenpflege vorgesehen sind, findet dieser Ansatz in der Altenpflege wenig Akzeptanz, wobei interessanterweise die Akademisierungsdebatte[5] dabei kaum von Bedeutung ist. Auch das nicht von der Hand zu weisende Argument, dass die bisherige Altenpflegeausbildung im EU-Kontext (insbes. „Richtlinie über Berufsqualifikationen") nicht als der Gesundheits- und Krankenpflege gleichwertig anerkannt wird und examinierte Altenpfleger/-innen aus Deutschland damit auf dem europäischen Arbeitsmarkt Nachteile haben, erfährt eine Relativierung. So verweist beispielsweise Sahmel [7] darauf, dass „die verfolgte Strategie einer Abschaffung der Altenpflege-Ausbildung durch Absorption in eine generalistische

---

[3] Hierfür liegen keine Vergleichszahlen vor, da die Angaben im Schuljahr 2012/2013 erstmalig ausgewiesen wurden [2].

[4] Eckpunktepapier (2012). Bund-Länder-Arbeitsgruppe Weiterentwicklung der Pflegeberufe: Eckpunktepapier zur Vorbereitung eines Entwurfes eines neuen Pflegeberufegesetzes, 01.03.2012.http://www.bmg.bund.de / pflege/%20pflegekraefte/eckpunkte-pflegeberufegesetz.html.

[5] Vgl. dazu die aufschlussreiche Zwischenbilanz von Kälble (2013) [6].

Ausbildung ... nur *eine* mögliche (politische) Strategie [ist]. Eine Alternative wäre, andere europäische Staaten ... davon zu überzeugen, die Altenpflege-Ausbildung in ihren Ländern einzuführen." Ansatzpunkte für eine solche offensive Strategie böten hier der deutschen Altenpflege(hilfe)ausbildung inhaltlich vergleichbare Berufsbildungsprogramme anderer europäischer Länder, wie sie beispielsweise im Rahmen der vom Bundesministerium für Bildung und Forschung (BMBF) initiierten Machbarkeitsstudie für ein „Berufsbildungs-pisa" (VET-LSA) unter Beteiligung des Autors sondiert wurden [1]. Auch aus der vom BMBF geförderten und gerade erschienenen GesinE-Studie mit einer „Bestandsaufnahme der Ausbildung in den Gesundheitsfachberufen im europäischen Vergleich" [5] ergeben sich hier interessante Anknüpfungspunkte.

Die vorweg insgesamt recht optimistische Einschätzung der Entwicklung der Qualifizierung in der Altenpflege basiert allerdings vornehmlich auf der aktuellen quantitativen Betrachtung. Nimmt man hier die im Zuge – insbesondere der „Ausbildungs- und Qualifizierungsoffensive Altenpflege" – neu bzw. zusätzlich erschlossenen Zielgruppen und den nachhaltigen Verbleib im Altenpflegeberuf in den Blick, deuten sich durchaus Risiken und Problemlagen an.

So wurden, wie bereits von der Expertenkommission Pflege der Berufsgenossenschaft für Gesundheitsdienst und Wohlfahrtspflege (BGW) in ihrer Publikation „Entwicklungen und Handlungsbedarfe Positionspapiere I–IV – eine Bilanz" [4] dezidiert dargelegt, schon vor der oben genannten „Ausbildungs- und Qualifizierungsoffensive Altenpflege" rechtliche Änderungen auf den Weg gebracht, die entsprechende legislative Rahmenbedingungen zum Abbau des Nachwuchsmangels sowie zur Förderung der Weiterqualifizierung geschaffen haben:

„Mit einer Änderung des Altenpflegegesetzes (AltPflG) zum 17.6.2009 ist eine Altenpflegeausbildung nunmehr auch mit einem zehnjährigen Hauptschulabschluss möglich.[6] Zudem wurde zur Verbesserung der Weiterqualifizierung in der Altenpflege, mit einer Änderung des Aufstiegsfortbildungsförderungsgesetzes (AFBG)[7] ab dem 1.7.2009, die Förderung des sogenannten „Meister-BAföG" auch im Bereich der ambulanten und stationären Altenpflege möglich – und damit die Teilnahme an Fortbildungsmaßnahmen mit Aufstiegscharakter förderfähig. Daneben erfolgte, mit Inkrafttreten zum 1.1.2009[8], der Einbezug der betrieblichen Berufsausbildung nach dem Bundesaltenpflegegesetz in die Förderung der Berufsausbildung mit Berufsausbildungsbeihilfe (§ 60 SGB III) in die Ausbildungsförderung zugunsten von lernbeeinträchtigten und sozial benachteiligten Auszubildenden, in die Förderung der Einstiegsqualifizierung (§ 235b SGB III) sowie in die befristete Förderung mit Ausbildungsbonus (§ 421r SGB III). Ferner wird der Beruf der Altenpflegerin

---

[6] Quelle: http://altenpflege.bafza-online.de/?id=625 Damit ist für diese Personengruppe ohne die bisher notwendige erfolgreich abgeschlossene Altenpflege- oder Krankenpflegehilfeausbildung oder eine andere mindestens zweijährige Berufsausbildung, der direkte Einstieg in die Fachkraftausbildung möglich.

[7] Gesetz zur Förderung der beruflichen Aufstiegsfortbildung (Aufstiegsfortbildungsförderungsgesetz – AFBG) in der Fassung der Bekanntmachung vom 18.6.2009 (BGBl. I S. 1322, [1794]), das zuletzt durch Artikel 2 des Gesetzes vom 24.10.2010 (BGBl. I S. 1422) geändert worden ist.

[8] Gesetz zur Förderung der beruflichen Aufstiegsfortbildung (Aufstiegsfortbildungsförderungsgesetz – AFBG) in der Fassung der Bekanntmachung vom 18.6.2009 (BGBl. I S. 1322, [1794]), das zuletzt durch Artikel 2 des Gesetzes vom 24.10.2010 (BGBl. I S. 1422) geändert worden ist.

beziehungsweise des Altenpflegers nunmehr von der Vermittlung der Bundesagentur für Arbeit erfasst. Dies bedeutet einerseits, dass Ausbildungssuchende als Bewerber registriert werden, andererseits, dass potenzielle Arbeitgeber bei der Ausbildungsvermittlung unterstützt werden."

Flankierend wurden unterschiedliche Projekte und Kampagnen zur Intensivierung der Nachwuchsgewinnung auf Länderebene unternommen, die sich vor allem an neue und bisher unterrepräsentierte Zielgruppen für eine mögliche Altenpflegeausbildung richten [4].

Mit der vorgenannten „Ausbildungs- und Qualifizierungsoffensive Altenpflege" wurden darüber hinaus vor allem die Wiedereinführung der dreijährigen Umschulungsförderung durch die Bundesagentur für Arbeit bei gleichzeitiger Stärkung der Möglichkeit zur Ausbildungsverkürzung bei entsprechenden Vorkenntnissen sowie die Nachqualifizierung von bis zu 4.000 Pflegehelferinnen und Pflegehelfern zur Altenpflegekraft vorgesehen [2]. Auf Basis des am 19.03.2013 in Kraft getretenen Gesetzes zur Stärkung der beruflichen Aus- und Weiterbildung können nunmehr zwischen dem 01.04.2013 und 31.03.2016 begonnene Umschulungen zur Altenpflegerin bzw. zum Altenpfleger wieder dreijährig und damit voll von den Arbeitsagenturen bzw. Jobcentern finanziert werden. Gleichzeitig wurden durch das Gesetz die Möglichkeiten zur Verkürzung der Ausbildungszeit ausgeweitet [2].

So engagiert und kreativ dieses umfangreiche Maßnahmenpaket zur Förderung der Aus-, Fort- und Weiterbildung und die Attraktivitätssteigerung des Berufs- und Beschäftigungsfeldes Altenpflege auch erscheint, so defizitär erscheint die diesbezügliche Evaluation- und Qualitätssicherung der verschiedenen Maßnahmen. Trotz der Dimension und bildungs- wie beschäftigungspolitischen Bedeutung des vorgenannten Programms von Bund, Ländern und Verbänden gibt es offensichtlich bisher keine unabhängige wissenschaftliche Begleitforschung weder zum Gesamtkonzept noch zu den, z.T. durchaus innovativen Einzelmaßnahmen (z. B. Anerkennung bzw. Anrechnung nicht formal und informell erworbener Kompetenzen). Dabei gäbe es, gerade auch aufgrund der Heterogenität und divergenten Bildungsvoraussetzungen der Altenpflegeschüler/-innen, die sich maßgeblich auch aus dem sogenannten „Übergangsbereich" rekrutieren[9], einen dringlichen Informations- bzw. Forschungsbedarf zur Inputqualität (z.B. Berufswahlmotivation, Bildungsbiographien), Prozessqualität (z. B. Ausbildungsverläufe/-abbrüche, Bewährung von „assistierter Ausbildung") und Ergebnisqualität (z. B. Prüfungsergebnisse, Übergang bzw.

---

[9] Beispielsweise dürfte die Altenpflege von der in den letzten Jahren erfolgten Einstellung (einjähriger) berufsfachschulischer Bildungsangebote in vielen Bundesländern im Bereich Hauswirtschaft profitieren. Zudem wurden hier auch in der dualen Berufsausbildung zuletzt 7,5 Prozent weniger Ausbildungsverträge als im Vorjahr abgeschlossen, womit der Rückgang doppelt so hoch wie im Gesamtdurchschnitt (3,7 Prozent) war [2]. Möglicherweise stößt die weitere Rekrutierungsmöglichkeit aus dem sogenannten Übergangsbereich zudem auf Grenzen, da sich die Anfängerzahlen im Übergangsbereich 2005 und von rund 417.600 in 2005 (erfreulicherweise) auf im Jahr 2013 rund 257.600 junge Menschen in einschlägigen Maßnahmen reduziert hat. Die diesbezüglichen Szenarien gehen von einer weiteren insbesondere demografisch bedingten Abnahme der Anfängerzahlen im Übergangsbereich bis 2025 auf unter 200.000 aus [2].

Verbleib im Beruf[10]). Dazu kommt, dass manche Maßnahmen (z. B. Zugang für Haupt-schulabsolventen) unter dem Vorbehalt der Überprüfung bzw. Befristung stehen [6].

Mit dieser Kritik bzw. Anregung wird zugleich grundsätzlich auf eine Forderung Bezug genommen, die bereits die Expertenkommission Pflege der Berufsgenossenschaft für Ge-sundheit und Wohlfahrtspflege (BGW) in ihrem ersten Positionspapier „Empfehlungen zur Qualitätssteigerung und -sicherung der Altenpflegeausbildung in Deutschland" (2006) als eines von fünf Qualitätsmerkmalen als dringlich herausgestellt hatte, nämlich die „Sys-tematische Datenerhebung und einheitliche Berichterstattung" [3]. Ohne eine systema-tische Qualitätssicherung und Begleitforschung wird sich nämlich die Frage, ob sich die Altenpflegeausbildung als zukunftsfestes Erfolgsmodell etablieren kann oder nur als eine episodische „Bildungsblase" erweist, nicht seriös beantworten lassen.

10.1 Literatur

[1]   Baethge M., Arends L.: Feasibility Study VET-LSA. A comparative analysis of occupational profiles and VET programmes in 8 European countries. International report, in cooperation with Schelten A., Müller M., Nickolaus R., Geißel B., Breuer K., Hillen S., Winther E., Bals T., Wittmann E., Barke A., Göttingen 2009

[2]   Bundesministerium für Bildung und Forschung (BMBF): Berufsbildungsbericht 2014. Bonn 2014

[3]   Berufsgenossenschaft für Gesundheitsdienst und Wohlfahrtspflege (BGW) (Hrsg.) - Exper-tenkommission Pflege: Empfehlungen zur Qualitätssteigerung und –sicherung der Altenpfle-geausbildung in Deutschland. Positionspapier. Hamburg 2006

[4]   Berufsgenossenschaft für Gesundheitsdienst und Wohlfahrtspflege (BGW) (Hrsg.) – Exper-tenkommission Pflege: Entwicklungen und Handlungsbedarfe. Positionspapiere I-IV – eine Bilanz. Hamburg 2012

[5]   Lehmann, Y., Beutner, K., Karge, K., Ayerle, G., Heinrich, S., Behrens, J., Landenberger, M.: Bestandsaufnahme der Ausbildung in den Gesundheitsfachberufen im europäischen Ver-gleich. Band 15 der Reihe Berufsbildungsforschung, Hrsg. Vom Bundesministerium für Bil-dung und Forschung. Bonn 2014

[6]   Kälble, K.: Der Akademisierungsprozess der Pflege. Eine Zwischenbilanz im Kontext aktuel-ler Entwicklungen und Herausforderungen. In: Bundesgesundheitsblatt 2013 56:1127–1134 DOI 10.1007/s00103-013-1753-y Online publiziert: 18. Juli 2013 © Springer-Verlag, Berlin Heidelberg 2013

[7]   Sahmel, K.-H.: Kritische Debatte zur Generalistischen Pflegeausbildung: Einspruch gegen den Versuch, eine grundlegende und kritische Debatte über die „Generalistische Pflegeausbil-dung" zu unterbinden. In: PADUA, 9 (1), 19 – 26, Bern 2014

---

[10] „Eine weitere zentrale Bedeutung im Kontext der Fachkräftesicherung kommt der Verlängerung der Verweildauer in Pflegeberufen zu. Derzeit beträgt sie bei Altenpflegerinnen und Altenpflegern durchschnittlich 8,4 Jahre – bei Krankenschwestern und Krankenpflegern sind es immerhin 13,5 Jahre." [4]

Teil F

Entbürokratisierung der Pflegedokumentation und psychische Gesundheit

Begründungshintergrund der BGW

Claudia Stiller-Wüsten

Im Jahr 2013 wurde durch das BMG das Thema „Entbürokratisierung der Pflegedokumentation" [38] aufgenommen. Das durchgeführte Projekt hat in diesem Jahr seinen Abschlussbericht vorgelegt. Die BGW hat als zuständige Unfallversicherungsträgerin dies zum Anlass genommen, den beteiligten Projektteilnehmern aus der Pflegebranche eine moderierte „Plattform" anzubieten, um in einen übergreifenden Erfahrungsaustausch zu gehen. Die Fragestellung, inwieweit die Entbürokratisierung zur Reduzierung von psychischen Belastungen beiträgt, stand im Mittelpunkt. Da psychische Belastungen weiter zunehmen und die Pflegebranche in einem hohen Maße betroffen ist, hatte und hat die BGW ein großes Interesse, sich in der Ursachenforschung weiter zu engagieren und mit Fachexperten und Pflegekräften in den Austausch über Maßnahmen zur Reduzierung von Belastungen zu treten.

Positionspapier: Psychische Belastungen in der Pflege und die Rolle der Pflegedokumentation

Kathrin-Rika Freifrau von Hirschberg, Bjørn Kähler

Die Pflegebranche gehört innerhalb der Berufsgenossenschaft für Gesundheitsdienst und Wohlfahrtspflege (BGW) mit 1.196.139 versicherten Arbeitnehmerinnen und Arbeitnehmern (2012) zu den größten Versichertengruppen.

Insbesondere vor dem Hintergrund des demografischen Wandels, der sich im Pflegebereich u.a. durch die Zunahme von Demenzerkrankungen und Multimorbidität sowie kürzeren Verweildauern der Pflegebedürftigen bemerkbar macht, und sich damit durch Zunahme der Aufgabenkomplexität und Betreuungsintensität belastungssteigernd auf die Pflegekräfte und ihre Leistungsfähigkeit auswirkt, kommt dem Erhalt ihrer Arbeitsfähigkeit durch Gesunderhaltung eine zentrale Bedeutung zu.

Daher setzt sich die BGW neben ihren Kernaufgaben als Unfallversicherungsträger von Pflegekräften und -einrichtungen schon seit Jahren mit vielfältigen Aktivitäten für ihre Versicherten in diesen Bereichen ein, so u.a. mit der Kampagne *„Aufbruch Pflege"*, der aktiven Mitwirkung innerhalb der *„Ausbildungs- und Qualifizierungsoffensive Altenpflege"*[1] der Bundesregierung oder als Mitglied des Lenkungsausschusses des Modellprojektes *„Effizienzsteigerung der Pflegedokumentation in der ambulanten und stationären Langzeitpflege"* der Ombudsfrau zur Entbürokratisierung der Pflege, Frau Elisabeth Beikirch.

Mit der bereits im Jahr 2006 etablierten *„Expertenkommission Pflege"* hat die BGW darüber hinaus den Dialog zwischen Pflegepraktikern, Verbänden, Gremien und der politischen Ebene maßgeblich unterstützt.

Die Erfahrungen aus dieser Arbeit in den vergangenen Jahren haben eindrucksvoll belegt, wie wichtig eine umfassende und übergreifende aktive Reflektion der die Pflegebranche und ihrer Beschäftigten betreffenden Themen und den sich hieraus für sie verändernden Anforderungen auf bundespolitischer Ebene ist.

Nicht zuletzt, um auch weiterhin als (zuständiger) Unfallversicherungsträger im Sinne einer moderierenden Funktion eine „Plattform" für einen solchen übergreifenden Erfah-

---

[1] Quelle: http://www.altenpflegeausbildung.net/ausbildungsoffensive.html

rungsaustausch anzuregen, wird sich die BGW auch zukünftig in diesen Bereichen für die Interessen ihrer Versicherten im Pflegebereich engagieren.

Auf Anregung der Ombudsfrau „Zur Entbürokratisierung in der Pflege", Frau Elisabeth Beikirch, und in Fortführung des bisherigen BGW-Engagements kamen am 6. und 7. Februar 2014 16 Experten aus Wissenschaft und Praxis auf der Wartburg zusammen, um der Frage nachzugehen, ob ein Zusammenhang zwischen der Durchführung der Pflegedokumentation in ihrer bisherigen Form und dem Auftreten von psychischen Belastungen bei Pflegekräften besteht.

Nachfolgende Darstellung möchte die Gesprächsergebnisse zwischen Praxiserfahrungen und Fachwissen (des ersten Tagungstages) dokumentieren.

Nach einleitenden Erläuterungen zu den Einflüssen der Pflegedokumentation auf die Pflegeabläufe und damit auch auf die Fachkräfte, sowie zum Stellenwert der Thematik der psychischen Belastungen in der Pflege, werden im Weiteren die in einer Gruppenarbeit aus den täglichen Erfahrungswerten lokalisierten Stressoren im Berufsalltag der Pflegekräfte dargestellt.

Über diese soll die inhaltliche Annäherung an eine mögliche psychische Belastungswirkung durch die Ausführung der Dokumentationspflichten auf die Pflegekräfte geschaffen werden.

Anschließend wird das durch die Teilnehmerinnen und Teilnehmer des Symposiums ermittelte psychische Belastungspotential aus der Durchführung der Pflegedokumentation dargestellt und analysiert.

Mit einem Kurzausblick auf in diesem Kontext weitere, wünschenswerte Entwicklungen und Aktivitäten schließt die vorliegende Dokumentation ab.

11.1   Ausgangslage und Hintergründe

11.1.1 Die Einflüsse der Pflegedokumentation auf die Pflegeabläufe

Durch die gestiegenen Anforderungen an Qualität und Transparenz nehmen die Regulierungs-, Kontroll- und Berichtspflichten in der Pflegearbeit seit einigen Jahren deutlich zu und haben zu einer starken Bürokratisierung des Pflegemarktes geführt [30].

Die Träger von Pflegeeinrichtungen sind nach §113 SGB XI zur Festlegung und Durchführung von Maßnahmen der internen Sicherung der Struktur-, Prozess- und Ergebnisqualität verpflichtet. Darüber hinaus sind sie durch das Pflege-Qualitätssicherungsgesetz (PQaG) in der Verantwortung, ein internes Qualitätsmanagement einzuführen und weiterzuentwickeln (§§ 72, 80 SGB XI). Zudem sind Pflegeeinrichtungen nach § 112 Abs. 2 SGB XI verpflichtet, erbrachte Leistungen und deren Qualität in regelmäßigen Abständen nachzuweisen [29].

Regelungen und Maßstäbe hinsichtlich einer praxistauglichen Pflegedokumentation (§ 113 Absatz 1 SGB XI) wurden darüber hinaus von den Vertragsparteien[2] gemeinsam ent-

---

2 Dies sind Spitzenverband Bund der Pflegekassen, Bundesarbeitsgemeinschaft der überörtlichen Träger der Sozialhilfe, Bundesvereinigung der kommunalen Spitzenverbände und Vereinigungen der Träger der Pflegeeinrichtungen auf Bundesebene.

wickelt. Die aktuell geltenden „Maßstäbe und Grundsätze für die Qualität und die Qualitätssicherung in der ambulanten und stationären Pflege sowie für die Entwicklung eines einrichtungsinternen Qualitätsmanagements (MuG)" sind am 21. Juli 2011 für alle Pflegedienste und stationäre Pflegeeinrichtungen verbindlich in Kraft getreten [25].

Darin heißt es u.a.: „Die Pflegedokumentation dient der Unterstützung des Pflegeprozesses, der Sicherung der Pflegequalität und der Transparenz der Pflegeleistung [32][33]."

Dabei wird die Verantwortlichkeit für die „Planung, Durchführung und Evaluation der Pflege" sowie „die fachgerechte Führung der Pflegedokumentation" – für die vollstationäre wie auch die ambulante Pflege – auf die Pflegefachkraft festgeschrieben [32][33].

Aus diesen für die Pflegekräfte umfassenden Verpflichtungen und Verantwortlichkeiten ergeben sich erhebliche zeitliche und finanzielle Auswirkungen, wie die Ergebnisse des Berichtes der Bundesregierung „*Erfüllungsaufwand im Bereich Pflege - Antragsverfahren auf gesetzliche Leistungen für Menschen, die pflegebedürftig oder chronisch krank sind*" [25] belegen.

Der gemessene Kostenumfang, der sich aus den Vorgaben zur Pflegedokumentation ergibt, beläuft sich auf rund 2,7 Mrd. Euro jährlich. Am stärksten schlägt dabei mit 1,9 Mrd. Euro das Ausfüllen der Leistungsnachweise zu Buche, eine Tätigkeit, die jährlich rund 408 Mio. Mal durchgeführt wird [25].

Die verursachten Kosten bilden den enormen Zeitaufwand für die Pflegekräfte ab. Ist das Ausfüllen einer einzelnen Leistungsnachweises isoliert betrachtet wenig zeitaufwendig, summieren sich die Aufwände jedoch dadurch, dass diese Aktivität mehrmals täglich und für jede pflegebedürftige Person durchgeführt werden muss. Ermittelt wurden hier durchschnittlich neun Minuten pro Tag und Pflegebedürftigen [25].

Und dies ist nur eine der Vorgaben zur Pflegedokumentation – daneben sind u.a. noch Meldungen und Ergänzungen zum Pflegebericht oder die anlassbezogene Evaluierung der Pflegeplanung zu nennen.

Ergebnisse, die eine tatsächliche Umsetzung der vereinbarten „Maßstäbe und Grundsätze für die Qualität und die Qualitätssicherung nach § 113 SGB XI in der Pflege (MuG)" in Frage stellen. Hier heißt es: „Die Pflegedokumentation muss praxistauglich sein und sich am Pflegeprozess orientieren. (…)Die Anforderungen an sie und insbesondere an den individuellen Dokumentationsaufwand müssen verhältnismäßig sein und dürfen für die vollstationäre Pflegeeinrichtung über ein vertretbares und wirtschaftliches Maß nicht hinausgehen [32]."

Dieser bürokratisierende Einfluss auf die Arbeitsabläufe der Pflegekräfte verursacht jedoch nicht nur Kosten, sondern bindet darüber hinaus auch erhebliche zeitliche, personelle Ressourcen.

Erhebungsergebnisse verdeutlichen immer wieder, dass dem Pflegeprozess durch Dokumentationsaufgaben und Administration ein hohes Maß an Pflegezeit verloren geht[3] und durch eine angemessene Entbürokratisierung eine große Anzahl[4] [3] benötigter Pfle-

---

[3] Eine Studie der Saarländischen Pflegegesellschaft e.V. (2010) ermittelte, dass 33 Prozent der Bruttopflegezeit durch die Durchführung der Pflegedokumentation beansprucht werden [49].

[4] Nach den Ergebnissen des Pflegeheim Rating Report 2011 sind dies bis zu 10.000 Pflegekräfte, die durch die Einführung einer entbürokratisierten Dokumentationsform „freigesetzt" und damit im Kernprozess der Pflege eingesetzt werden könnten [3].

gekräfte anderweitig, und damit im Kernprozess der Pflege selbst, eingesetzt werden könnten.

Dieses „Korsett" an Kosten, Zeitaufwand und Ressourcenverbrauch wird durch eine Überfrachtung der Pflegedokumentation mit zusätzlichen Funktionen weiter eingeengt.

Qualitätsprüfungen durch den Medizinischen Dienst der Krankenkassen (MDK) oder die Heimaufsicht konzentrieren sich überwiegend auf die Prozessqualität und das Führen der Pflegedokumentation selbst und nicht, wie es sinnvoll und wünschenswert wäre, auf die Ergebnisqualität und damit auf den Pflegezustand und das Wohlbefinden der Pflegebedürftigen.

Zudem bildet die Pflegedokumentation die Grundlage bei der Ermittlung der Pflegestufe der Pflegebedürftigen in den Einrichtungen durch den MDK.

Das lässt zwar nachvollziehbar werden, dass Pflegeeinrichtungen aus wirtschaftlicher Sicht (ohne Pflegestufe keine adäquate Geldzuweisung durch die Pflegekassen) an einer zeitnahen und korrekten Einstufung ihrer Bewohner interessiert sind, und in Zeiten des immer stärker werdenden Wettbewerbs untereinander an einer guten Benotung durch den MDK großes Interesse haben, zeigt aber auch, dass der wesentliche Sinn und Zweck der Pflegedokumentation nahezu abhanden und sehr deutlich in den Hintergrund gerückt ist [20].[5]

Dieser Wirkmechanismus lässt jedoch nicht nur die eigentliche Funktion der Pflegedokumentation immer weiter ins Abseits treten, sondern erhöht auch den Druck auf die Pflegekräfte bei der Durchführung dieser. Sie entbehren zunehmend das Verständnis für das „Warum?" und beklagen gleichzeitig die mangelnde Durchschaubarkeit durch fehlende Transparenz und Anleitung hinsichtlich des „Wie?".

Die Überfrachtung der Pflegedokumentation überlagert den eigentlichen (und für die Pflege-Ergebnisqualität unentbehrlichen) Kernprozess der Pflege nicht nur unverhältnismäßig stark, sondern erschwert auch die Umsetzung notwendiger entbürokratisierender Maßnahmen.

Zur Verbesserung und Vereinfachung der Pflegedokumentation existieren zwar bereits vielfältige Vorschläge und erprobte Modelle [1][6], eine grundlegende, umfassende, im Sinne einer flächendeckenden und einrichtungsübergreifenden Umsetzung dieser hat bisher jedoch noch nicht stattgefunden.

Im Februar 2014 wurden die Ergebnisse des Praxistests „*Effizienzsteigerung der Pflegedokumentation in der ambulanten und stationären Langzeitpflege*" [17]durch die Ombudsstelle „Zur Entbürokratisierung der Pflege" der Öffentlichkeit vorgestellt. Sie zeigen eindrücklich, dass eine Begrenzung der Pflegedokumentation auf das fachlich wie auch rechtlich notwendige Maß den Zeitaufwand für ihre Durchführung spürbar minimieren konnte, ohne fachliche Standards zu vernachlässigen. Gleichzeitig war die Kommunikation zur Situation der Pflegebedürftigen sichergestellt, sodass eine gute Grundlage für die interne und externe Qualitätssicherung gegeben war [17].

---

[5] Vgl. hierzu u.a. das Diskussionspapier des Bundesverband Pflegemanagement [20]. Hier heißt es „Keine Dokumentation zum Zweck von Prüfungsinstanzen. Fokus auf eine strukturierte Darstellung der Leistungen für alle am Versorgungsprozess Beteiligten."

Es bleibt daher zu hoffen, dass es nicht bei diesem Praxistest bleibt, sondern die geplante, zentral gesteuerte Implementierungsstrategie auf Landes- und Bundesebene tatsächlich durchgeführt wird [17].

11.1.2 Psychische Belastungen in der Pflege – ein Thema?

Als psychische Belastungen werden in der Regel alle erfassbaren Einflüsse, die von außen auf den Menschen zukommen und psychisch auf ihn einwirken, verstanden. Sie umfassen mentale, geistige, emotionale sowie soziale Aspekte.

Ebenso wirken bestimmte Gegebenheiten der Arbeitsumgebung, wie z.B. Licht, Geräusche und/oder Gerüche „psychisch".

Die Erhebungskategorien der psychischen Belastungen, u.a. in Gefährdungsbeurteilungen, zeigen, dass sie in der Regel nicht durch einen einzigen Belastungsfaktor oder durch eine monokausale Belastungssituation entstehen, sondern meist aus einem Zusammenspiel unterschiedlicher Faktoren resultieren.

Diese Faktoren werden üblicher Weise in fünf Kategorien unterteilt:

1. Arbeitsplatz und Arbeitsumgebung

2. Arbeitsmittel

3. Arbeitsaufgaben und -inhalte

4. Arbeitsorganisation

5. Soziale Beziehungen

Nach den Ergebnissen der Europäischen Unternehmensumfrage über neue und aufkommende Risiken *(European Survey of Enterprises on New and emerging Risks, ESENER)* der Europäischen Agentur für Sicherheit und Gesundheitsschutz am Arbeitsplatz (EU-OSHA) 2013, gehört vor allem der arbeitsbedingte Stress zu den (neuen) Gesundheitsrisiken in der Berufswelt, insbesondere im Gesundheits-und Sozialwesen (vgl. Tab. 11.1) [28].

Tabelle 11.1 Sicherheits- und Gesundheitsrisiken und Branchen, in denen diese am häufigsten als wichtiges oder weniger wichtiges Thema betrachtet werden (% der Betriebe, EU-27)

Problem (%-Anteil am Durchschnitt der EU-27)	Branche
Unfälle (80%)	Baugewerbe (90%)
	Energie- und Wasserversorgung (87%)
Arbeitsbedingter Stress (79%)	Gesundheits- und Sozialwesen (91%)
	Bildungswesen (84%)
Muskel- und Skeletterkrankungen (78%)	Energie- und Wasserversorgung (87%)
	Gesundheits- und Sozialwesen (86%)
Lärm und Vibrationen (61%)	Bergbau (84%)
	Baugewerbe (82%)

Problem (%-Anteil am Durchschnitt der EU-27)	Branche
Gefahrstoffe (58%)	Energie- und Wasserversorgung (75%)
	Bergbau (73%)
Gewalt oder Androhung von Gewalt (37%)	Gesundheits- und Sozialwesen (57%)
	Bildungswesen (51%)
Mobbing oder Belästigung (37%)	Gesundheits- und Sozialwesen (47%)
	Bildungswesen (47%)

Grundlage: alle Betriebe, Quelle: EU-OSHA 2013:8

Der Stressreport Deutschland (2012) benennt dabei das Multitasking, starken Leistungs- und Termindruck u.a. im Zusammenhang der Arbeitszeitorganisation, Arbeitsunterbrechungen, sowie stetig wiederkehrende Arbeitsvorgänge als zentrale Belastungsfaktoren [44].

Aktuell verursachen psychische Belastungen etwa 13 Prozent der Arbeitsunfähigkeitstage und stellen mittlerweile die häufigste Frühverrentungsursache dar [15].

Psychische Belastungen in der Pflegebranche werden bereits seit einigen Jahren wahrgenommen und thematisiert. Auch haben sie mittlerweile teilweise Eingang in entsprechende Gefährdungsbeurteilungen gefunden. Eine Gefährdungsbeurteilung psychischer Belastungen wird im Arbeitsschutzgesetz (§5) gefordert und entsprechende Mindestanforderungen durch die Leitlinien der Gemeinsamen Deutschen Arbeitsschutzstrategie (GDA) definiert.[6]

Trotz verstärkter Aktivitäten zur Sensibilisierung für die Thematik, werden Gefährdungsbeurteilungen unter Berücksichtigung psychischer Belastungen in Unternehmen noch recht selten umgesetzt [7][46][47].

2012 waren „Psychische Störungen und Verhaltensstörungen" in Berufen des Gesundheitswesens bei 11,6 von 100 GKV-Versicherten die zugrunde gelegte Diagnose für eine Arbeitsunfähigkeit. Damit liegen die GKV-Versicherten dieses Wirtschaftszweiges nicht nur deutlich über dem Durchschnitt (7,9 von 100), sondern nehmen im Gesamtbild aller Wirtschaftszweige den höchsten Wert ein [13].

Diese „Erstplatzierung" setzt sich auch bei den durchschnittlich entstehenden Arbeitsunfähigkeitstagen je Diagnose fort. Diese liegen 2012 im Gesundheits- und Sozialwesen bei der Diagnose „Psychische Störungen und Verhaltensstörungen" bei 30,9 Arbeitsunfähigkeitstagen und damit auch hier über dem Durchschnitt aller Wirtschaftszweige (28,0 Arbeitsunfähigkeitstagen).

Den gewachsenen nachteiligen Einfluss psychischer Belastungen auf die Gesundheit von Pflegekräften bestätigen unterschiedliche weitere Erhebungen [24], wie auch die Ergebnisse der internationalen Pflegestudie „Rn4CAST"[7] [22], die u.a. untersucht hat, in-

---

[6] Gemeinsame Deutsche Arbeitsschutzstrategie (GDA): Arbeitsschutz gemeinsam anpacken. Leitlinien Beratung und Überwachung bei psychischer Belastung am Arbeitsplatz. Berlin, 24. September 2012

[7] http://www.rn4cast.eu/; Die Studie lief zwischen 2009-2011: in 12 europäischen Ländern wurden in 500 Krankenhäusern insgesamt 34.000 Pflegefachkräfte befragt. In Deutschland wurden 1.508 Pflegefachkräfte in 49 Krankenhäusern befragt. Nursing Forecasting: Prognosemodelle zur quantitativen und qualitativen Bedarfsplanung von Krankenpflegekräften.

wieweit die Arbeitssituation in deutschen Krankenhäusern einen Einfluss auf die Arbeit und das Wohlbefinden des Pflegepersonals hat und ob sich die Arbeitszufriedenheit in der Pflege in der Versorgungsqualität widerspiegelt.

Im europäischen Vergleich liegen die befragten deutschen Pflegefachkräfte mit 30,1 Prozent (2011) hinsichtlich ihrer emotionalen Erschöpfung zwar noch im Mittelfeld, sehr wohl aber über dem errechneten europäischen Durchschnitt von 29,1 Prozent. Zu beachten ist vor allem die Verdoppelung der emotional erschöpften Pflegekräfte von 15 Prozent (1999) auf 30,1 Prozent (2011) (vgl. Abb. 11.1).

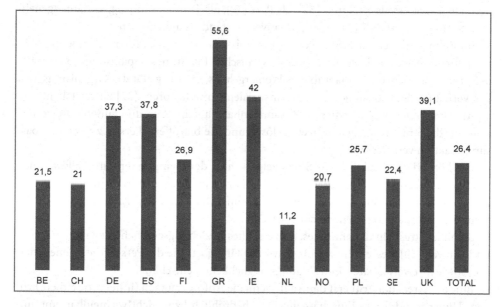

Abb. 11.1 Darstellung der Rn4CAST-Länder, in denen die Pflegekräfte sich unzufrieden mit ihrer Arbeitssituation sind – hier im Vergleich mit 1999 und einem deutlichen Anstieg
Eigene Darstellung; Daten entnommen aus Busse 2013 [22].

Es wird also mehr als deutlich, dass psychische Belastungen ein Thema mit wachsender Brisanz für die Pflegebranche und ihre Beschäftigten ist, die Wahrnehmung dieser und daraus folgend, die Entwicklung und Umsetzung entsprechender Präventivmaßnahmen noch deutlich ausbaufähig ist.

11.2 Stressoren in der Pflege und ihre Auswirkungen auf die Beschäftigten

Um sich dem möglichen Zusammenhang zwischen dem Anstieg psychischer Belastungen und der Durchführung der Pflegedokumentation inhaltlich zu nähern, ermittelten die TeilnehmerInnen des Wartburg-Symposiums im Rahmen einer Gruppenarbeit mit anschließender Diskussion aus den unterschiedlichen Perspektiven von Praxiserfahrung und Wissenschaft die wesentlichen Stressoren, denen Pflegekräfte in der Ausübung ihrer Tätigkeit ausgesetzt sind, sowie vorhandene Ressourcen, die im Zusammenhang von belastenden Arbeitssituationen Grundlage für Bewältigungsstrategien sein können.

Die Bezeichnung „Stress" ist in den letzten Jahren zum geläufigen Begriff geworden. Sie führt nicht nur auf wissenschaftlicher, sondern auch auf pseudowissenschaftlicher Ebene zu einer Informationsflut und häufig zu einer falschen Gleichsetzung mit einem definierten Krankheitsbild.

Auch in der Arbeitswelt hat das Thema um Entstehung und Bewältigung von Stress in den letzten Jahren zunehmend an Bedeutung gewonnen, und unterschiedliche arbeitspsychologische Stressmodelle sind entwickelt worden [5].

Ebenso vielfältig wie die Verwendung des Begriffs „Stress" sind auch seine Definitionen, die u.a. Stress als Reaktion [52], als Reiz [39], als Transaktion [41], als „unangenehmen Spannungszustand" [35] oder „negativen Zustand" [10] begreifen.

Im Rahmen dieser Ausführungen ist *Stress* als eine „(…) zusammenfassende Bezeichnung für alle extremen körperlichen und psychischen Belastungs-, Spannungs- oder Schädigungssituationen, die das Gefühl des Wohlergehens, die Integrität des Organismus bzw. das Verhältnis der betroffenen Person zur sozialen Umwelt stören" [37] zu verstehen.

Als *Stressoren* werden in diesem Zusammenhang alle inneren und äußeren Reize verstanden, die Stress verursachen bzw. auslösen und die betroffene Person zu einer Anpassungsreaktion veranlassen.

Die körperliche Reaktion auf Stress zeigt sich in den Symptomen eines allgemeinen Adaptionssyndroms und unterteilt sich in drei Phasen: der Alarmreaktion, der Resistenz mit optimaler Anpassung, sowie der Erschöpfung, die durch den Zusammenbruch des Anpassungsverhaltens gekennzeichnet ist [2].

Somit ist Stress ein dynamisches, prozesshaftes Beziehungsgeschehen zwischen Person und Umwelt [50], dessen Entstehung davon abhängig ist, wie die Person die eigene Situation sowie ihre verfügbaren Bewältigungsmöglichkeiten einschätzt.

Eine Stressreaktion tritt erst dann auf, wenn die Anforderungen (innere wie äußere) vor dem Hintergrund dieser Einschätzungen als bedrohlich bzw. nicht vermeidbar empfunden werden und Ressourcen nicht ausreichend verfügbar sind, um diesen (bewältigend) gerecht werden.

Sind Personen andauernden Stressbelastungen ausgesetzt, führt dies im Weiteren zu psychosomatischen und chronisch-degenerativen Erkrankungen wie beispielsweise Herz-Kreislauferkrankungen [10], die sich nachteilig auf die Gesundheit der Betroffenen auswirken können [22][50][53].

Bereits zu Beginn der Gruppenarbeit waren sich die TeilnehmerInnen darüber einig, dass die Arbeitsinhalte von Pflegekräften an sich bereits ein hohes Belastungspotential beinhalten, da die Pflege kranker und alter Menschen für sich gesehen bereits eine anspruchsvolle Tätigkeit mit vielfältigen Anforderungen darstellt, die von jeder Fachkraft individuell verarbeitet und bewältigt werden müssen [50].

In der weiteren Gruppenarbeit und der anschließenden Diskussion wurden die wesentlichen Stressoren der Pflegearbeit aus Sicht der TeilnehmerInnen herausgearbeitet und wurden in einer vorgenommenen Gruppeneinteilung von Arbeitsbelastungen eingeordnet [31].

Im Wesentlichen findet sich in dieser, wenn auch in differenzierter Form, die arbeitspsychologische Unterscheidung zwischen bedingungsbezogenen Stressoren und personenbezogenen Risikofaktoren wieder [10].

11.2.1 Aufgabenbezogene Stressoren

Im Bereich der aufgabenbezogenen Stressoren wurde von den TeilnehmerInnen v.a. die *Aufgabenverdichtung* genannt, die in den letzten Jahren in der Pflegearbeit deutlich zugenommen hat.

Diese ist durch die steigende Zahl von Pflegebedürftigen sowie die höhere Prävalenz von Demenzerkrankungen und Multimorbidität entstanden. Sie führen zu einem erhöhten Pflegebedarf bei sich verkürzenden Verweildauern und daraus folgend zu einer stärkeren *Komplexität der Pflegesituation mit höherer Betreuungskontinuität.* Gleichzeitig wurde die erforderliche Anpassung der Personalschlüssel [36] nicht vorgenommen.

Verstärkt wird diese Spannungssituation durch eine Wirkkette aus häufigen *Schichtdiensten,* der Zunahme krankheitsbedingter Fehltage und daher häufig *wechselnden Teamstrukturen.*

Gleichzeitig ist eine *Verlagerung der Aufgaben* zu beobachten, die den Kernprozess der direkten Pflege in die Rolle einer Nebentätigkeit abdrängen und durch periphere Aufgaben zunehmend überlagern.

Diese peripheren Aufgaben lassen den Arbeitsaufwand nicht nur ansteigen, sondern stellen *zusätzliche Anforderungen* in Form differenzierter Dokumentationspflichten, administrativer und organisatorischer Aufgaben usw., auf welche die Fachkräfte teilweise nur unzureichend durch Aus- oder Weiterbildung vorbereitet worden sind.

Daraus resultierend empfinden sich Pflegekräfte selbst vielfach als inkompetent und sorgen sich darüber, den fachlichen Anforderungen nicht mehr genügen zu können. Begleitet wird dieses Gefühl durch Angstempfindungen, Fehler zu machen, die sich nachteilig für die Pflegebedürftigen, für das Team und letztlich auch auf die Einrichtung auswirken könnten (vgl. 11.2.2)

Eng im Zusammenhang hiermit stehen die Zunahme des *Arbeitstempos* und der hieraus resultierende *Zeitdruck,* der von der Mehrheit der Pflegekräfte, so die TeilnehmerInnen, als deutlich belastend wahrgenommen wird.

Eine weitere Auswirkung dieser Arbeitssituation ist ferner, dass Arbeitsabläufe nicht zusammenhängend, sondern mit häufigen *Unterbrechungen* durchgeführt werden, die per se eine Belastung für Fachkräfte darstellen.

Beachtet werden sollte nach Ansicht der TeilnehmerInnen, dass diese aufgabenbezogenen Stressoren von den meisten Pflegekräften täglich erlebt werden und somit von einer „Langzeitwirkung" dieser Belastungen bzw. Stressoren ausgegangen werden muss.

11.2.2 Soziale und psycho-mentale Stressoren

Soziale Stressoren sind Merkmale der sozialen Situation am Arbeitsplatz, die aus dem menschlichen Miteinander und der sozialen Interaktion entstehen [58].

Deutlich wurde in der Gruppendiskussion, dass soziale Stressoren in einem engen Zusammenhang mit aufgabenbezogenen und betrieblichen sowie arbeitsorganisationalen Stressoren stehen, die sie bedingen oder verstärken können [58].

Es ist zu beachten, dass Pflegekräfte in einem „helfenden Beruf" arbeiten, der über die notwendige Fachkompetenz hinaus als weitere wesentliche Schlüsselqualifikation ein sehr hohes Maß an Kommunikations- und Sozialkompetenz verlangt. Daher wird die Pflegetätigkeit häufig auch als „dialogische Tätigkeit" [34] bezeichnet, bei der durch die durchgängige Beziehung zu hilfs- und pflegebedürftigen Personen selbst einfache Handlungen in komplexe Zusammenhänge der Kommunikation eingebettet sind.

Aufgrund dieser Tatsache findet Kommunikation in der Pflegetätigkeit nicht nur auf einer Inhaltsebene, sondern immer auch auf einer emotionalen Beziehungsebene statt, die, so die TeilnehmerInnen, insbesondere im Zusammenwirken mit aufgabenbezogenen Stressoren, sozialen Stressauslösern eine höhere Eintrittswahrscheinlichkeit gibt.

Diese besondere emotionale Ebene der Kommunikation spielt jedoch nicht nur für die pflegetherapeutischen Beziehungen zu den Pflegebedürftigen selbst, sondern auch für den Austausch mit ihren Angehörigen und für die Arbeitsbeziehungen zu den Teamkollegen und Vorgesetzten eine wichtige Rolle [34].

Nach Ansicht der TeilnehmerInnen sind hier in den letzten Jahren verstärkt stressauslösende Faktoren festzustellen, wie das Entstehen von *Teamkonflikten*, die u.a. durch unzureichend geklärte und kommunizierte organisationale Abläufe, Defizite in der Führungsqualität oder der (Zusammen-) Arbeit in häufig wechselnden Teamstrukturen entstehen.

Auch *Rollenkonflikte* können nach Ansicht der TeilnehmerInnen als soziale Stressoren wirken, die beispielsweise aus der Diskrepanz zwischen eigenen Ansprüchen an die Ausführung der Pflegetätigkeit und an die pflegetherapeutische Beziehung auf der einen, sowie den realen Gegebenheiten zunehmender Aufgabenverdichtung, Zeitdruck, sowie inhaltlicher und organisationaler Unsicherheiten auf der anderen Seite entstehen.

Das *Erleben dieser Diskrepanzen* wird im Weiteren häufig von den Pflegekräften als eine andauernde *Konfrontation mit Defiziten*, zwischen „Wollen" und „Nicht-Können", erlebt.

Verstärkt wird dieses Empfinden durch eine oftmals sehr *hohe Erwartungshaltung der Angehörigen* der pflegebedürftigen Personen.

Bedingt durch diese sozialen Stressoren entstehen darüber hinaus auch auf psychomentaler Ebene der Fachkräfte stressauslösende Faktoren oder stehen mit diesen in Wechselwirkung.

Dazu zählen, so die TeilnehmerInnen, quantitative wie auch qualitative *Überforderungsgefühle*, der Komplexität der Anforderungen, sowie den Erwartungen auf unterschiedlichen Ebenen (Einrichtung, Kollegen, Pflegebedürftigen und deren Angehörigen) nicht mehr gerecht werden oder diese nicht erfüllen zu können. Dabei werden die eigenen Kompetenzen schnell grundsätzlich in Frage gestellt und bedingen somit *Unsicherheiten* im täglichen Arbeitsablauf und verstärken diese.

Am Ende dieser Verkettung von sozialen und psycho-mentalen Stressoren steht oft die gefühlte *Erosion des beruflichen Selbstverständnisses*, die in einem empfundenen *Sinnverlust* der eigenen Tätigkeit gipfeln kann.

11.2.3 Betrieblich-organisationale und überbetriebliche Stressoren

Nach Erfahrungen der TeilnehmerInnen wirken auch die betrieblichen und überbetrieblichen Rahmenbedingungen und Vorgaben zur Durchführung der täglichen Pflegearbeit als Stressauslöser und verstärken ggf. die beschriebenen aufgabenbezogenen, sozialen und psycho-mentalen Stressauslöser weiter.

Die Schaffung eines „Pflegemarktes" und die Privatisierung der Leistungserbringung im Zuge der Einführung der Pflegeversicherung [12] unterwerfen die Pflegeeinrichtungen und -dienste immer spürbarer betriebswirtschaftlichen Handlungslogiken [36]. Sie sind einer Wettbewerbs-und Konkurrenzsituation mit entsprechendem Leistungsdruck ausgesetzt, der als *qualitativer wie auch wirtschaftlicher Erfolgsdruck* an die Pflegekräfte weitergegeben wird.

Besonders der zunehmende Kostendruck wird nach Studienergebnissen [36] ebenso wie aus den Erfahrungswerten der TeilnehmerInnen von Pflegekräften als negativ prägend für ihre Arbeit eingeschätzt, da beispielsweise behördlich eingeforderte Leistungen faktisch unterfinanziert sind.

Diese (zwangsläufig) rational-ökonomisierte Orientierung der Einrichtungsleitungen entzieht einer sozial-zwischenmenschlich ausgerichteten Pflege den notwendigen Raum und engt die *Gestaltungs- und Handlungsspielräume* der Pflegekräfte nicht nur spürbar ein, sondern widerspricht in den Grundzügen ihrem eigenen berufsethischen Verständnis.

Damit stehen sie in einem *Spannungsverhältnis* zwischen betriebswirtschaftlich gesetzten Vorgaben und dem Anspruch an eine personenorientierte und aktivierende Pflege. Sie fühlen sich im *Spagat zwischen Pflegequalitäts- und Wirtschaftlichkeitsanforderungen,* die sie mit den individuellen Bedarfen der einzelnen Pflegebedürftigen auszubalancieren haben. Dies gelingt je nach vorhandenen persönlichen und institutionellen Ressourcen, sowie dem Grad der Führungsqualität und der Funktionstüchtigkeit von Teamstrukturen mehr oder minder gut.

Die deutsche Pflegelandschaft ist einem stetigen Wandel unterworfen. Die Pflegequalität und deren Sicherung ist immer wieder Gegenstand gesetzlicher Neuregelungen. Die Neu- und Weiterentwicklung von qualitätssichernden Vorgaben und Maßnahmen tut ein Übriges. Pflegekräfte sind somit ständig mit entsprechenden *Veränderungen* und *Neuerungen* konfrontiert, so die TeilnehmerInnen.

In diesem Zusammenhang verstärken auch die im Zuge des Pflege-Weiterentwicklungsgesetzes (2008) veränderten Regelungen hinsichtlich der Prüfkompetenz des Medizinischen Dienstes der Krankenkassen mit nun unangemeldeter Prüfungen (§ 114 SGB XI), sowie der seit 2009 veröffentlichten „Pflegenoten", einerseits den *(Leistungs-)Druck* auf die Beschäftigten und schaffen andererseits *Verwirrung* und *Unsicherheiten.*

Dies gilt im gleichen Maße für die Anforderung, dass sich Pflege an wissenschaftlich definierten Expertenstandards, wie beispielsweise der „Dekubitusprophylaxe" oder der „Sturzprophylaxe" auszurichten hat, um u.a. eine vergleichbare Pflegequalität zu gewährleisten.

Auch diese Expertenstandards entwickeln sich stetig weiter, setzen *immer wieder neue Pflege-Prioritäten* und fordern von den Pflegekräften stetig Anpassungsleistungen, wobei sich der sozial-menschliche und der fachkompetente Entscheidungsspielraum für eine individuelle Pflege weiter verengt.

Die von außen an die Pflegeeinrichtungen und ihre Beschäftigten herangetragene Informationsflut erhöht nicht nur die Leistungsmengen und das Arbeitstempo, sondern steigert auch die *Unübersichtlichkeit* und die damit einhergehende Verwirrung des Pflegepersonals, woran sie ihre Arbeitsabläufe auszurichten und zu orientieren hat.

Mangelt es darüber hinaus intern an Klarheit und Transparenz, weil eine entsprechende „Übersetzung", im Sinne der verständlichen Vermittlung der Bedeutung und Inhalte anstehender Änderungen durch die Einrichtungsleitungen nicht erfolgt, entsteht schnell nicht nur eine *Verständnis- und Orientierungslosigkeit*, sondern auch eine Motivationslosigkeit bis hin zur Lethargie, die bedingt, sich Neuerungen gegenüber eher zu verschließen und/oder deren Umsetzung nicht aktiv zu verfolgen.

Nach Ansicht der TeilnehmerInnen wirken *Führungsdefizite* insbesondere in den genannten Zusammenhängen, jedoch auch darüber hinaus, generell nachteilig auf Teams, Beschäftigte und damit letztlich auch auf die Pflegequalität. Sie wirken sich dann besonders drastisch aus, wenn bereits ein angespanntes Betriebsklima herrscht.

Der Mangel an Führungsqualität und Orientierung durch die Leitungsebene der Einrichtungen bewirkt *Unklarheit bei Zuständigkeiten und Zielvorgaben*, vermittelt notwendige Informationen unvollständig oder unverständlich und erzeugt so widersprüchliche Arbeitsanweisungen oder mangelhafte Rückmeldungen.

Ein Arbeitsalltag in einem derartigen Kontext wirkt bereits in sich als Stressor auf die betroffenen Mitarbeiter.

Hinsichtlich möglicher Führungsdefizite ist jedoch zu beachten, dass verschiedentlich Leitungsaufgaben parallel zur Pflegetätigkeit ausgeführt werden (müssen) und somit eine Doppelrolle verlangen. Ein Beispiel hierfür sind Wohnbereichsleitungen, die einerseits verantwortliche Führungskraft sind, andererseits aber auch als Pflegefachkräfte in die alltägliche Pflege eingeplant werden. Sie befinden sich damit in einer *„Sandwichposition"* [36], die ein Spannungsverhältnis in sich trägt, welches stressauslösend wirken oder die Intensität des Belastungserlebens erhöhen kann.

In summa, so die Praxiserfahrungen der TeilnehmerInnen, wirken sich die beschriebenen Situationen oftmals nicht nur stressauslösend sondern auch -verstärkend auf die Pflegekräfte aus. Aus dem Erleben der beschriebenen Defizite, Diskrepanzen, Unklarheiten, aus Überforderungs- und Versagensempfindungen und dem damit verbundenen Infragestellen eigener (Fach-) Kompetenzen, bei gleichzeitigem Zeit- und Leistungsdruck, resultieren, so die Erfahrung der TeilnehmerInnen, häufig umfassende, tiefe Angstempfindungen.

11.2.4 Umweltbezogene Stressoren

Auch bei umweltbezogenen Stressoren gibt es verschiedene Typen, die zusammenfassend jedoch alle als Merkmale der sozialen Umwelt der Individuen verstanden werden können, die je nach Situation und individueller Bewertung durch diese hinsichtlich ihrer Ressourcen und persönlichen Bewältigungsfähigkeit (Lazarus) stressauslösend wirken können.

Innerhalb der Stressforschung werden dabei beispielsweise auch Aspekte der gesell-schaftlichen Position und des sozio-ökonomischen Status einbezogen, und hinsichtlich der Stressauslöser auch zwischen einzelnen kritischen Lebensereignissen (life changing events) und chronischen Belastungen (environmental demands) unterschieden.

Hinsichtlich der möglichen umweltbezogenen Stressoren bei Pflegekräften sind insbe-sondere die chronischen Belastungen zu sehen, die sich beispielsweise durch dauerhaft *belastende Arbeitsbedingungen* und/oder eine *nicht angemessene Entlohnung* ergeben [51].

Immer auch mit einflussnehmend bleibt die einzelne Person selbst, ihre individuellen Ressourcen, der Lebensstil oder das Auftreten von kritischen Lebensereignissen, wie bei-spielsweise Scheidung, Tod von Angehörigen o.ä.

Hierzu gehört auch der Umstand, wie innerhalb der Diskussion deutlich wurde, dass die Mehrheit der Pflegekräfte weiblich ist und sich die innerfamiliäre Situation, z.B. die Anforderungen als (ggf. alleinerziehende) Mutter im Zusammenhang mit den beschriebe-nen Situationen als ein immerwährender *„Spagat" zwischen Familie und Beruf*, stressver-stärkend auf die Gesamtsituation der Pflegekräfte auswirken kann.

Auch das gesellschaftliche *Image der Pflege* und damit auch des Pflegeberufs, welches durch immer wieder geführte, die Pflege negierende Diskussionen in der Öffentlichkeit, noch keine tatsächliche, umfassende Aufwertung erfahren hat, kann nach Ansicht der TeilnehmerInnen als umweltbezogener Stressor wirken.

11.2.5 Resümee

Die von den TeilnehmerInnen herausgearbeiteten Stressoren in der Pflege decken sich im Wesentlichen mit Studienergebnissen, wie beispielsweise der Untersuchung von Zimber und Weyerer (1998) zum Thema Stress in der stationären Altenpflege, die u.a. auch im Verhältnis „Pflegebedürftige und Ethik", in „Personalkonflikten" und „Verunsicherungen" hohes stressauslösendes Potential ermittelten [60].

Innerhalb der Diskussion wurde deutlich, dass gegebene Anforderungen in der Pfle-gearbeit zu Stressauslösern und damit zu Belastungen werden können, sich auf den un-terschiedlichen Ebenen gegenseitig beeinflussen und Stressreaktionen verstärken können.

Als gravierend sind mögliche Entwicklungen zu bewerten, die bei den Betroffenen dazu führen, bei Nichtverfügbarkeit notwendiger Ressourcen und/oder Bewältigungsstrategien, sich in den „Stress" weiter hinein zu steigern und somit chronisch (psychische) Beanspru-chung, emotionale und körperliche Erschöpfung zu erleiden, die sich nachteilig auf ihre Gesundheit auswirken (kann).

Sichtbarer Ausdruck hierfür sowie für die Bedeutung dieser Thematik für die Gesun-derhaltung der Pflegekräfte und somit auch für die Fachkräftesicherung ist die bereits fest-stellbare Zunahme der Arbeitsunfähigkeit aufgrund psychischer Belastungen.

Für die Reduzierung der Beanspruchung von Pflegekräften lassen sich im Wesentlichen zwei „Stellschrauben" [43] nennen: einerseits die Reduzierung der bestehenden Stresso-ren, insbesondere der aufgabenbezogenen sowie der betrieblich-organisatorischen, ande-rerseits die Stärkung und der Ausbau der sozialen wie auch der individuellen Ressourcen der Pflegekräfte, beispielsweise durch die Inhalte gesundheitsfördernder Führung, der Erweiterung ihres Handlungsspielraums und die Verbesserung von Kommunikationsstrukturen.

Dies sollte nicht nur bei der weiteren Neu- und Weiterentwicklung von organisationalen Rahmenbedingungen, sondern auch bei der inhaltlichen Ausrichtung betriebsinterner, wie auch -übergreifender Maßnahmen zur Reduzierung sowie Prävention psychischer Belastungen Beachtung finden.

11.3   Psychische Belastungen und die Rolle der Pflegedokumentation

11.3.1 Forschungsstand

Die Zunahme der Anforderungen an die Pflegekräfte durch die Pflegedokumentation wird zwar immer wieder thematisiert, doch wird hierbei meist nur oberflächlich, also ohne explizite Verweise auf Daten und/oder Studien, Bezug auf einen Zusammenhang zwischen der Durchführung der Dokumentation und dem Auftreten psychischer Belastungen bei Pflegekräften genommen. Die getroffenen Aussagen sind daher häufig allgemein gehalten.

Eine im Vorfeld des Wartburg-Symposiums durchgeführte Recherche[8] bestätigt diese Situation. Studien oder Erhebungen, die ausschließlich den Zusammenhang zwischen dem Auftreten psychischer Belastungen und der Durchführung der Pflegedokumentation untersuchen, konnten nicht gefunden werden. Dies schließt die Möglichkeit nicht aus, dass es projektbezogene oder universitär-interne Arbeiten gibt, die dann allerdings nicht durch die Recherche lokalisiert werden konnten.

Eine Erklärung für das Nicht-Vorhandensein solcher Studien kann sein, dass erst durch ein Zusammenspiel aus unterschiedlichen Belastungsfaktoren , wie eingangs erwähnt, psychisch erlebte und feststellbare Fehlbelastungen entstehen und somit die Durchführung der Pflegedokumentation nicht als monokausaler Belastungsfaktor untersucht wird bzw. untersucht werden kann.

Verschiedene Publikationen [40][59] nennen allerdings die Pflegedokumentation im Zusammenhang der Belastungen der Arbeitsaufgabe bzw. des Arbeitsinhaltes.

Denn klar ist, so auch die Erfahrungswerte der TeilnehmerInnen, dass die Anforderungen der Pflegedokumentation als Stressor im Arbeitsablauf auf die Pflegekräfte wirken und den Zeitdruck maßgeblich verstärken [40].

Eine Untersuchung der Fachhochschule Jena zum Thema „Optimierung des Pflegeprozesses in der Pflegepraxis und Pflegedokumentation" [27] verdeutlicht, dass unnötiger Dokumentationsaufwand nicht nur wertvolle Zeit bindet, der im eigentlichen Pflegeprozess fehlt, sondern dass dieser auch bei Pflegefachkräften als „Ballast" erlebt wird und häufig das rein mechanische Bearbeiten fördert [27].

Auch Optimierungspotenziale hinsichtlich der Durchführung der Pflegedokumentation werden unter dem Aspekt der „Entlastung" immer wieder in der Literatur genannt, jedoch ohne konkret die Belastungen und ihre Ausprägung darzulegen.

---

[8] Es wurde eine vornehmlich internetbasierte Recherche im Zeitraum November 2013-Januar 2014 durchgeführt.

Allerdings bestehen bereits unterschiedliche Screening-Instrumente zur Feststellung psychischer Belastungen in der stationären Krankenpflege und der ambulanten Altenpflege [23]. Wie gezielt diese jedoch mögliche psychische Belastungen durch die Durchführung der Pflegedokumentation untersuchen können und welche Zusammenhänge und ggfs. Wechselwirkungen mit anderen Beanspruchungen bestehen, soll an dieser Stelle nicht geklärt werden.

Ebenfalls existieren bereits verschiedene Handlungshilfen [40] und Handbücher [21], die sich den psychischen Belastungen und ihrer Prävention widmen, die Pflegedokumentation jedoch nur exemplarisch, z.B. im Zusammenhang mit „Regulationsüberforderungen" [21] nennen.

Es bleibt festzustellen, dass der Einfluss der Pflegedokumentation auf psychische Belastungen bei Pflegekräften bisher nicht untersucht wurde – eine Forschungslücke, die auch seitens der TeilnehmerInnen aus der Wissenschaft bestätigt wurde.

11.3.2 Spirale der psychischen Belastungskumulation durch Ausführung der Pflegedokumentation

In der weiteren Diskussion herrschte Einigkeit unter den TeilnehmerInnen darüber, dass die Pflegedokumentation ein notwendiges und wichtiges Instrument zur Herstellung von Transparenz und Überprüfbarkeit von Pflegeabläufen und zur Qualitätssicherung ist, allerdings nur dann, wenn sie tatsächlich die (Rechts-)Sicherheit für Pflegebedürftige, Beschäftigte und Einrichtungen gewährleistet, den Pflegeablauf personenorientiert strukturiert und in die Lage versetzt, eine verbesserte Ergebnisqualität zu erreichen und abzusichern. In ihrer jetzigen Form und Struktur zwischen Unklarheit, Heterogenität und bürokratischer Verselbständigung ist dies nach Ansicht der TeilnehmerInnen jedoch nur bedingt der Fall.

Auch wenn das Auftreten psychischer Belastungen durch eine Vielzahl verschiedener Faktoren bedingt wird, und sich daher eine eindimensionale Kausalkette zwischen konkreter psychischer Belastungen und der Durchführung der Pflegedokumentation (noch) nicht eindeutig verifizieren lässt, herrschte unter den TeilnehmerInnen des Wartburg-Symposiums Einigkeit: *Die Durchführung der Pflegedokumentation in ihrer aktuellen Form fördert das Auftreten psychischer Belastungen bzw. kann diese sogar auslösen und/oder das bereits vorhandene Belastungsspektrum bei Pflegekräften deutlich verstärken.*

Insbesondere wird dafür die bestehende Dokumentationsstruktur verantwortlich gemacht, die sich nach übereinstimmender Ansicht der TeilnehmerInnen deutlich von den Kernaufgaben der Pflege entfernt hat und von den Fachkräften verlangt, ihren Beruf im Spannungsfeld immer stärker werdender Ambivalenzen auszuüben.

Im Laufe der Diskussion wurde auch deutlich, dass die verschiedenen Faktoren, die im Prozess der Dokumentationsdurchführung von vielen Pflegekräften als belastend empfunden werden, sich einer Spirale gleich belastungsverstärkend kumulieren (vgl. Abb. 11.2).

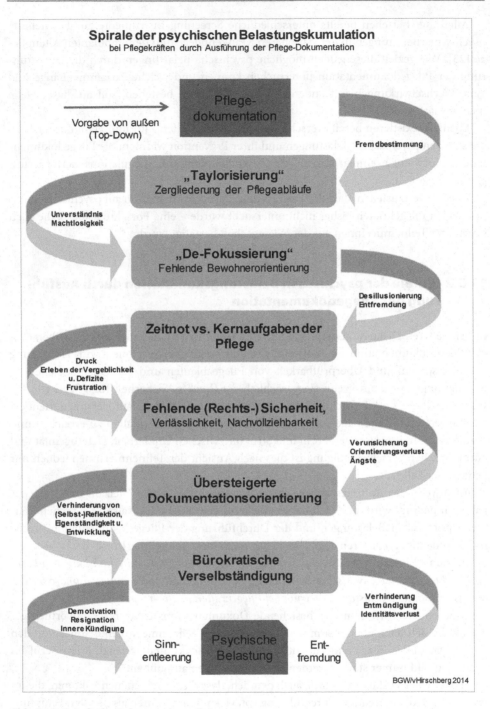

Abb. 11.2 Spirale der Belastungskumulation

Eigene Darstellung.

Die einzelnen Bestandteile dieser Spirale der Belastungskumulation wurden im weiteren Fortgang der Diskussion vertiefend diskutiert.

Fremdbestimmung

Die Durchführung der Pflegedokumentation zur Sicherung der Pflegequalität ist durch gesetzliche Grundlage (§ 113 Abs. 1, Satz 1, SGB XI) sowie Rahmenverträge (§ 75 SGB XI; § 13 HeimG) per se bereits eine Vorgabe „von oben" (top-down). Durch fehlende Klarheit ihrer Ausführung sowie mangelndem persönlichen Handlungsspielraum wird die Dokumentationspflicht von Pflegekräften vielfach als Fremdbestimmung empfunden.

Unverständnis und Machtlosigkeit

Im Rahmen des berufsethischen (Selbst-)Verständnisses wirkt die Zergliederung der Pflegetätigkeiten in einzelne Prozess-Schritte für Pflegekräfte als „Taylorisierung". Sie empfinden diese starke Segmentierung als praxisfern, da sie dem tatsächlichen, ganzheitlich durchgeführten Pflegeablauf widerspricht.

Diese Aufgliederung erschwert den Fachkräften nicht nur die Nachvollziehbarkeit (Unverständnis) ihres Tuns, sondern stiftet bei der „ordnungsgemäßen" Dokumentation bei Einhaltung der vorgegebenen Struktur Verwirrung durch die Abweichungen vom eigentlichen Kernprozess und dem entsprechenden Pflegeablauf.

Durch den wenig erkennbaren Handlungsspielraum für eine eigenverantwortliche Anpassung der Dokumentationsschritte auf die tatsächlichen Gegebenheiten fühlen sich die Fachkräfte darüber hinaus häufig „machtlos" der Dokumentationspflicht ausgesetzt.

Desillusionierung und Entfremdung

Durch die strukturelle Entfernung der Pflegedokumentation von der personenorientierten Ergebnisqualität bei gleichzeitig verstärkter Konzentrationsverlagerung auf die Pflegeplanung wird die Aufmerksamkeit vom eigentlichen Kernprozess der Pflege abgelenkt und verschiebt die Prioritäten pflegerischen Tuns.

Die Verhinderung der freien Entfaltung der pflegerischen Fähigkeiten und Kompetenzen in ganzheitlichen Arbeitsabläufen sowie der fehlende Raum für den Auf- und Ausbau einer therapeutisch-pflegerischen Beziehung zu den Pflegebedürftigen fördert die Desillusionierung in Bezug auf das eigene Berufsverständnis und die Möglichkeiten des eigenen Tuns. So entsteht eine zweifache Entfremdung: von der eigenen Tätigkeit einerseits und von den pflegerischen Beziehungen zu den Pflegebedürftigen als ursprünglich sinngebende Grundlage des Pflegeberufs andererseits.

(Zeit-)Druck, Frustration durch Erleben der Vergeblichkeit, der Diskrepanzen und Defizite

Die Durchführung der Pflegedokumentation kostet Pflegekräfte bis zu 30 Prozent ihrer ohnehin knappen täglichen Arbeitszeit, die für Kernaufgaben der Pflege somit nicht zur Verfügung stehen. Neben dem enormen Zeitdruck – verstärkt durch Schichtdienste – erfahren Pflegekräfte täglich die Diskrepanz zu ihrem pflegerischen Selbstverständnis, empfinden die „Vergeblichkeit" des Nicht-Ändern-Könnens und des eigenen Tuns und dokumentieren quasi genau diese erlebten „Defizite". Die Folge ist ein tiefes Frustrationsempfinden bei den Pflegekräften.

Verunsicherung, Orientierungsverlust, Ängste und Verantwortungsdruck

Die oftmals fehlende Klarheit, Einheitlichkeit und Transparenz „über das Wie" der Dokumentationsdurchführung sowie über den Nutzen und Sinn („Warum? Und Wofür?") behindern das Verständnis und die Nachvollziehbarkeit der Dokumentationspflichten und -aufgaben und unterstützen einen Orientierungsverlust, der als „Sinnentleerung" wahrgenommen wird.

Persönliche Unsicherheiten und fehlende Eindeutigkeit hinsichtlich des tatsächlich erforderlichen Maßes der Qualitätssicherung und vor allem der Rechtssicherheit führen zu einem hohen wahrgenommenen Verantwortungsdruck und schüren und potenzieren Ängste: über die eigene Unzulänglichkeit, vor rechtlichen Konsequenzen, vor „schlechter Benotung" und damit auch vor Nachteilen für die Marktposition der Einrichtung und somit der eigenen beruflichen Existenz.

Verhinderung von (Selbst-)Reflexion, Eigenständigkeit und fachlicher (Weiter-)Entwicklung

Ein von außen vorgegebener und in den Einrichtungen durch Eigendynamik gesteigerter „Qualitätssicherungswahn" verschiebt die Prioritäten der ursprünglichen Aufgabe der Pflegedokumentation. Sie wird zu einem übermächtigen Kontrollinstrument, von dem sich die Pflegekräfte selbst eingeengt und überwacht fühlen, und unterbindet ihre (Selbst-)Reflexion und eigenständiges Handeln. Eine eigene fachliche (Weiter-)Entwicklung findet in ihrem Empfinden dann nicht mehr statt.

Am Ende dieser Verkettung von Belastungsfaktoren empfinden sich Pflegekräfte nach den Erfahrungswerten der TeilnehmerInnen bei unzureichenden persönlichen oder einrichtungsinternen Ressourcen und Bewältigungsstrategien, demotiviert und resigniert in einer Sackgasse von Sinnentleerung, Entfremdung und beruflichem Identitätsverlust.

Diese Entwicklung kumuliert unterschwellig gesundheitsgefährdende psychischer Belastungen, die zu Arbeitsausfall, langen Krankenständen und in letzter Konsequenz zu hoher Personalfluktuation und verfrühtem Berufsausstieg führen können und sorgen damit auch für einen weiteren Attraktivitätsverlust des Berufsbildes.

11.4 Fazit

Der Austausch der TeilnehmerInnen des Wartburg-Symposiums hat nochmals plastisch veranschaulicht, dass Pflegekräfte verstärkt psychischen (Arbeits-)Belastungen ausgesetzt sind, die mit einem Anstieg nachteiliger gesundheitlicher Folgen und damit der krankheitsbedingten Fehlzeiten einhergehen. Sie wirken sich damit auf die hohe Personalfluktuation und den verfrühten Berufsausstieg vieler qualifizierter Fachkräfte aus, und tragen damit letztlich auch zum Attraktivitätsverlust des Berufsbildes bei [43].

In Herausarbeitung der unterschiedlichen, in Wechselwirkung miteinander stehenden Stressoren, denen Pflegekräfte in ihrem täglichen Tun ausgesetzt sind, wurde deutlich, dass im Fall der kontinuierlichen Konfrontation mit diesen, bei gleichzeitigem Mangel an Ressourcen und Bewältigungsstrategien, durch „Kumulation" komplexe psychische Belastungsprofile entstehen, die sich zu (chronischen) psychischen Erkrankungen entwickeln können.

Es wurde ersichtlich, dass sich die Einfluss-Zunahme pflegeperipherer Ebenen, insbesondere der Dokumentationsaufgaben und -pflichten, nicht nur spürbar hemmend auf die Ausübung der tatsächlichen Pflegearbeit, sondern auch psychisch belastungsauslösend und/oder -verstärkend auf die Pflegekräfte auswirkt [29][30].

Für diesen nachteiligen Einfluss, welchen die Durchführung der Pflegedokumentation in ihrer derzeitigen Form auf das psychische Belastungspotential bei Pflegekräften hat, sind für die TeilnehmerInnen des Wartburg-Symposiums, trotz derzeitigem Mangel an wissenschaftlich ermittelten validen Daten, die aufgezeigten Inhalte der „Spirale der psychischen Belastungskumulation" eindeutiger Nachweis. Quod erat demonstrandum.

Insbesondere zur Verbesserung der Arbeitsbedingungen und unter den Aspekten von Arbeits- und Gesundheitsschutz begrüßen die TeilnehmerInnen des Wartburg-Symposiums daher Initiativen zur Entbürokratisierung der Pflegedokumentation, wie u.a. das „Hamburger Modell" [1], „Redudok" [48] und ausdrücklich das durch das Bundesministeriums für Gesundheit und die Ombudsfrau „Zur Entbürokratisierung in der Pflege" initiierte Strukturmodell: „Effizienzsteigerung der Pflegedokumentation in der ambulanten und stationären Langzeitpflege" [17].

Insbesondere für letzteres wäre äußerst wünschenswert, wenn die erfolgreich erprobten Grundlagen für eine entbürokratisierte Form der Pflegedokumentation nicht mit Abschluss der Testphase „versanden", sondern eine flächendeckende Umsetzung begleitend unterstützt und gefördert würde.

Allerdings, dies geben die TeilnehmerInnen zu bedenken, ist die Vorlage für eine entbürokratisierte Pflegedokumentation per se noch kein Garant für eine tatsächlich verbesserte Umsetzung dieser im täglichen Pflegeablauf, und stellt damit für sich gesehen noch keine (langfristig) wirksame Entlastung für die Fachkräfte dar.

Dringend notwendig werden hier geeignete, den Umsetzungsprozess flankierende Maßnahmen sein, welche die Pflegekräfte auch auf der Verhaltensebene (Verhaltensprävention) dazu befähigen, besser und gesünder mit den zunehmend komplexer werdenden Anforderungen ihres Berufs, zu denen auch die Dokumentationspflichten gehören, umzugehen.

Insbesondere mit der Wissensvermittlung zur Durchführung einer „neuen" Pflegedokumentation und damit der Herstellung von Verstehbarkeit, Verständnis und Sinn unter den Pflegekräften steht und fällt nach Meinung der TeilnehmerInnen ihre erfolgreiche Umsetzung, sowie ihre zweckorientierte und sinnvolle Anwendung.

Eine solche Form der Wissensvermittlung kann, so die Meinung der TeilnehmerInnen des Wartburg-Symposiums, spürbar belastungsreduzierend und somit gesundheitsfördernd auf die Pflegekräfte wirken, und sollte daher unbedingt als integrierte Maßnahme die Implementierung einer entbürokratisierten Pflegedokumentation ebenso wie weitere anstehende und zukünftige Umstrukturierungsmaßnahmen die Pflege betreffend, begleiten.

11.5   Literatur

[1]   Arbeitsgemeinschaft Entbürokratisierte Pflegedokumentation im Bezirk Hamburg-Eimsbüttel: Erläuterung und Hinweise zum Hamburger Modell zur Entbürokratisierung der Pflegedokumentation in der stationären Pflege. Hamburg 2007 Quelle: http://www.hamburg.de/contentblob/128234/data/pflegedokumentation-datei (Aufruf 2013)

[2]   Arnold, W., Eysenck, H..J., Meili, R.: Lexikon der Psychologie. Dritter Band. 7. Auflage, Freiburg, Basel, Wien 1991

[3]   Augurzky, B., Krolop, S., Mennicken, R., Schmidt, H., Schmitz, H., Terkatz, St.: Pflegeheim Rating Report 2011. Boom ohne Arbeitskräfte? Executive Summary/Heft 68. Rheinisch-Westfälisches Institut für Wirtschaftsforschung, Essen 2011 Quelle: http://en.rwi-essen.de/publikationen/rwi-materialien/250/

[4]   Baldegger, E.: Bewältigung/Coping. In: Käppeli, S. (Hrsg.): Pflegekonzepte. Phänomen im Erleben von Krankheit und Umfeld. Band 3. Bern, 2000: 125-145

[5]   Bamberg, E., Busch, C., Ducki, A.: Stress und Ressourcenmanagement. Strategien und Methoden für die neue Arbeitswelt. Bern 2003

[6]   Bayerisches Staatsministerium für Arbeit und Sozialordnung, Familie und Frauen: Projekt „Entbürokratisierung der Pflegedokumentation". München 2004 Quelle: http://www.stmastest.bayern.de/pflege/stationaer/entb-ges.pdf (Aufruf 2014)

[7]   Beck, D., Richter, G., Ertel, M., Morschhäuser, M.: Gefährdungsbeurteilung bei psychischen Belastungen in Deutschland. Verbreitung, hemmende und fördernde Bedingungen. Elektronischer Sonderdruck. 2012 Quelle:http://www.baua.de/de/Publikationen/Fachbeitraege/artikel28.pdf?__blob=publicationFile&v=5 (Aufruf 2014)

[8]   Beikirch, E.: Entbürokratisierung der Pflege. Kommunikation von Entbürokratisierungsmaßnahmen im PNG und Überblick. Berlin, 19.03.2013 Quelle:http://www.bmg.bund.de/fileadmin/dateien/Downloads/E/Entbuerokratisierung/130319_Kommunikation_Beikirch-PNG_kurz.pdf (Aufruf 2014)

[9]   Berufsgenossenschaft für Gesundheitsdienst und Wohlfahrtspflege. Zaddach, M., Kähler, B.: Entbürokratisierung – ein Märchen wird wahr? Dokumentation der Tagung „Rückschau, Reflexion und Zukunft", 7. Mai 2008. BGWthemen, Hamburg 2008 Quelle: http://www.bgw-online.de/SharedDocs/Downloads/DE/Medientypen/bgw-themen/EP-APEb-11_AP_Entbuerokratisierung_Maerchen_Download.pdf?__blob=publicationFile Aufruf (29.07.14)

[10]   Berufsgenossenschaft für Gesundheitsdienst und Wohlfahrtspflege. Bamberg, E., Keller, M., Wohlert, C., Zeh, A.: Das arbeitspsychologische Stressmodell. Hamburg 2006

[11]   BGW / DAK: Gesundheitsreport 2003 – Altenpflege. Arbeitsbedingungen und Gesundheit von Pflegekräften in der stationären Altenpflege. Hamburg 2003

[12]   Blass, K.: Gesund Pflegen in der Altenpflege. Analyse und Maßnahmeentwicklung zur Reduzierung der Arbeitsbelastung in der stationären Altenpflege. Initiative Neue Qualität der Arbeit (INQA). 2. Auflage. Dortmund/Dresden 2006

[13]   Bundesanstalt für Arbeitsschutz und Arbeitsmedizin (BAuA): Sicherheit und Gesundheit bei der Arbeit 2012. Unfallverhütungsbericht Arbeit. Dortmund/Berlin/Dresden 2014 Quelle: http://www.baua.de/de/Publikationen/Fachbeitraege/Suga-2012.html (Aufruf 2014)

[14]   Bundesarbeitsgemeinschaft der Freien Wohlfahrtspflege (BAGFW): Positionen zur Entbürokratisierung in der Pflege. Berlin 2011 Quelle: http://www.paritaet-alsopfleg.de/index.php/pflegerische-versorgung/319-arbeitshilfen/1186-entbuerokratisierung-in-der-pflege-v15-1186 (Aufruf 2014)

[15] Bundesministerium für Arbeit (BMA)/ Bundesvereinigung der Deutschen Arbeitgeberverbände(BDA)/ Deutscher Gewerkschaftsbund (DGB): Gemeinsame Erklärung Psychische Gesundheit in der Arbeitswelt. Bonn 2013 Quelle: http://www.bmas.de/SharedDocs/Downloads/DE/PDF-Publikationen/a-449-gemeinsame-erklaerung-psychische-gesundheit-arbeitswelt.pdf?__blob=publicationFile (Aufruf 2014)

[16] Bundesministerium für Familie, Senioren, Frauen und Jugend (BMfFSFJ): Identifizierung von Entbürokratisierungspotenzialen in Einrichtungen der stationären Altenpflege in Deutschland. Abschlussbericht. Berlin 2006 Quelle: http://www.bmfsfj.de/RedaktionBMFSFJ/Abteilung3/Pdf-Anlagen/entbuerokratisierung-in-der-stationaeren-altenhilfe,property=pdf,bereich=,rwb=true.pdf (Aufruf 2014)

[17] Bundesministerium für Gesundheit(BMG), Beikirch, E., Breloer-Simon, G., Rink, F., Roes, M.: Projekt „Praktische Anwendung des Strukturmodells – Effizienzsteigerung der Pflegedokumentation in der ambulanten und stationären Langzeitpflege" – Abschlussbericht. Berlin/ Witten April 2014 Quelle:http://www.bmg.bund.de/fileadmin/dateien/Downloads/E/Entbuerokratisierung/Abschlussbericht_und_Anlagen__fin20140415_sicher.pdf (Aufruf 2014)

[18] Bundesministerium für Gesundheit (BMG)/Ombudsstelle Entbürokratisierung in der Pflege: Zentrale Themenfelder der Entbürokratisierung der Pflege. Quelle: http://www.bmg.bund.de/pflege/entbuerokratisierung-in-der-pflege/kontakt-zu-elisabeth-beikirch/zentrale-themenfelder-der-entbuerokratisierung.html (Aufruf 2014)

[19] Bundesrat: Verordnungsantrag der Länder Hamburg, Brandenburg, Bremen, Nordrhein Westfalen, Schleswig-Holstein. **Entwurf einer Verordnung zum Schutz vor Gefährdungen durch psychische Belastung bei der Arbeit.** Drucksache 315/13, beschlossen am 3.5.2013 Quelle: http://www.ergo-online.de/html/service/download_area/Bundesrat-Anti-Stress-VO-BR-315-13.pdf (Aufruf 2014)

[20] Bundesverband Pflegemanagement: Entbürokratisierung in der Pflege. Diskussionspapier Arbeitskreis Entbürokratisierung. 31.10.2012 Quelle: http://www.bv-pflegemanagement.de/fokus-thema-227/items/5.html (Aufruf 2014)

[21] Bundesverband der Unfallkassen: Psychische Belastungen am Arbeits- und Ausbildungsplatz. Ein Handbuch. Phänomene, Ursachen, Prävention. München 2005 Quelle: http://publikationen.dguv.de/dguv/pdf/10002/i-8628.pdf (Aufruf 2014)

[22] Busse, R.: Welchen Einfluss haben qualitative und quantitative Parameter der Pflege in Akutkrankenhäusern auf Personal und Patienten-Outcomes? Ergebnisse der RN4Cast-Studie. Vortrag. Berlin 2013 Quelle: http://www.mig.tu-berlin.de/fileadmin/a38331600/2013.lectures/Hamburg_2013.03.06.rb_RN4Cast-FINAL.pdf (Aufruf 2014)

[23] Büssing, A., Glaser, J., Höge, T.: Belastungsscreening in der ambulanten Pflege (Schriftenreihe der Bundesanstalt für Arbeitsschutz und Arbeitsmedizin Fb 1048). Dortmund/Berlin/Dresden 2005

[24] Deutsche Angestellten Krankenkassen (DAK): DAK-Gesundheitsreport 2013. Berlin 2013 Quelle. http://www.dak.de/dak/download/Vollstaendiger_bundesweiter_Gesundheitsreport_2013-1318306.pdf (Aufruf 2014)

[25] Die Bundesregierung/ Statistisches Bundesamt (destatis): Erfüllungsaufwand im Bereich Pflege. Antragsverfahren auf gesetzliche Leistungen für Menschen, die pflegebedürftig oder chronisch krank sind. Projektreihe Bestimmung des bürokratischen Aufwands und Ansätze zur Entlastung. Berlin/Wiesbaden März 2013 Quelle: http://www.bundesregierung.de/Content/DE/_Anlagen/Buerokratieabbau/2013-03-20-erfuellungsaufwand-pflege.pdf;jsessionid=7373DB21A8E58D55B4BE18105D543DB1.s3t1?__blob=publicationFile&v=3 (Aufruf 2014)

[26] Domnowski, M.: Burnout und Stress in Pflegeberufen. 2. Auflage. Hannover 2005

[27]   Dorschner, St., Meussling-Sentpali, A.: Optimierung des Pflegeprozesses in der Pflegepraxis und der Pflegedokumentation. Zwischenbericht 1/2007. Forschungs- und Entwicklungsprojekt. Fachhochschule Jena 2007 Quelle: http://pflege.sw.fh-jena.de/pflegeprozess/pdf/Zwischenbericht_PP_PE1-080307Endf.pdf (Aufruf 2014)

[28]   Europäische Agentur für Sicherheit und Gesundheitsschutz am Arbeitsplatz (EU-OSHA): Europäische Unternehmensumfrage über neue und aufkommende Risiken am Arbeitsplatz. Zusammenfassung. Bilbao 2013 Quelle: https://osha.europa.eu/de/publications/reports/de_esener1-summary.pdf (Aufruf 2014)

[29]   Expertenkommission Pflege/BGW: Pflege raus aus dem Abseits. Empfehlungen zu einer Re-Fokussierung auf den Kernprozess der Pflege. An die Akteure im Gesundheits- und Pflegewesen. Positionspapier, BGWthemen, Hamburg 2009

[30]   Expertenkommission Pflege/BGW: Entwicklungen und Handlungsbedarfe. Positionspapiere I-IV. Eine Bilanz. BGWthemen, Hamburg 2012

[31]   Gelsema, T.I., van der Doef,M., Maes, St., Akerboom, S., Verhoeven, Ch.: Job Stress in Nursing Profession: The influence of Organizational and Environmental Conditions and Job charakteristics. In: International Journal of Stress Management vol. 12/ No.3, 2005: 222-240 Quelle: https://openaccess.leidenuniv.nl/bitstream/handle/1887/12080/03.pdf?sequence=8   (Aufruf 2014)

[32]   GKV Spitzenverband (2011a): Maßstäbe und Grundsätze für die Qualität und die Qualitätssicherung sowie für die Entwicklung eines einrichtungsinternen Qualitätsmanagements nach § 113 SGB XI in der vollstationären Pflege vom 27. Mai 2011 Quelle: http://www.gkv-spitzenverband.de/media/dokumente/pflegeversicherung/richtlinien__vereinbarungen__formulare/richtlinien_und_grundsaetze_zur_qualitaetssicherung/2011_06_09_MuG_stat_Fassung_nach_Schiedsspruch.pdf (Aufruf 2014)

[33]   GKV Spitzenverband (2011b): Maßstäbe und Grundsätze für die Qualität und die Qualitätssicherung sowie für die Entwicklung eines einrichtungsinternen Qualitätsmanagements nach § 113 SGB XI in der ambulanten Pflege vom 27. Mai 2011 Quelle:http://www.gkv-spitzenverband.de/media/dokumente/pflegeversicherung/richtlinien__vereinbarungen__formulare/richtlinien_und_grundsaetze_zur_qualitaetssicherung/2011_06_09_MuG_ambulant_Fassung_nach_Schiedsspruch.pdf (Aufruf 2014)

[34]   Glaser, J., Höge, Th.: Probleme und Lösungen in der Pflege aus Sicht der Arbeits- und Gesundheitswissenschaft. Dortmund, Berlin, Dresden, 2005 Quelle: http://www.baua.de/cae/servlet/contentblob/680434/publicationFile/47111/Gd18.pdf (Aufruf 2014)

[35]   Greif, S.: Stress in der Arbeit – Einführung und Grundbegriffe. In: Greif, S., Bamberg, E., Semmer, N.: Psychischer Stress am Arbeitsplatz. Göttingen 1991: 1-28

[36]   Hielscher, V., Nock, L., Kirchen-Peters, S., Blass, K.: Zwischen Kosten, Zeit und Anspruch. Das alltägliche Dilemma sozialer Dienstleistungsarbeit. Springer, Wiesbaden 2013

[37]   Hillmann, K.-H.: Wörterbuch der Soziologie. 4. Auflage, Stuttgart 1994

[38]   Hirschberg, K.-R. Freifrau von, Kähler, B., Stiller-Wüsten, C.: Psychische Belastungen in der Pflege und die Rolle der Pflegedokumentation, Dokumentation des Wartburgsymposiums, Hamburg 2014

[39]   Holmes, TH, Rahe, RH: The Social Readjustment Rating Scale. In J Psychosom Ress 11(2) 1967: 213-8

[40]   Initiative Neue Qualität der Arbeit (INQA): Entbürokratisierung in der Pflege. 2. Auflage. Dresden/Berlin 2010 Quelle: http://www.inqa.de/SharedDocs/PDFs/DE/Publikationen/pflege-hh6-buerokratie.pdf;jsessionid=02A2D5B75EA9747CB5909128548F2CC2?__blob=publicationFile (Aufruf 2014)

[41]   Lazarus, R.S.: Stress and Emotion. A new Synthesis. London 1999

[42]   Leittretter, S. (Hrsg.): Arbeit in Krankenhäusern human gestalten. Arbeitshilfe für die Praxis von Betriebsräten, betrieblichen Arbeitsschutzexperten und Beschäftigten in Krankenhäusern. Edition der Hans-Böckler- Stiftung 184, Düsseldorf 2008

[43]   Lohmann, A., Prümper, J.,Ehlbeck, I.: Erfassung und Bewertung psychischer Belastungen mit dem Kurzfragebogen zur Arbeitsanalyse (KFZA). In: Leittretter, S. (Hrsg.): Arbeit in Krankenhäusern human gestalten. Arbeitshilfe für die Praxis von Betriebsräten, betrieblichen Arbeitsschutzexperten und Beschäftigten in Krankenhäusern. Edition der Hans-Böckler- Stiftung 184, Düsseldorf 2008: 32-58

[44]   Lohmann-Haislah, A.: Stressreport Deutschland 2012. Psychische Anforderungen, Ressourcen und Befinden. Dortmund/Berlin/Dresden 2012 Quelle: http://www.baua.de/de/Publikationen/Fachbeitraege/Gd68.pdf?__blob=publicationFile&v=16 (Aufruf 2014)

[45]   Medizinischer Dienst der Spitzenverbände der Krankenkassen e.V.: Grundsatzstellungnahme Pflegeprozess und Dokumentation. Handlungsempfehlungen zur Professionalisierung und Qualitätssicherung in der Pflege. Essen 2005 Quelle: http://www.aok-gesundheitspartner.de/imperia/md/gpp/bund/pflege/qs/pflege_dokumentation.pdf (Aufruf 2014)

[46]   Nationale Arbeitsschutzstrategie (Hrsg.) (2013a): Zwischenbericht zur Dachevaluation der Gemeinsamen Deutschen Arbeitsschutzstrategie. Berlin 5. Juni 2013 Quelle: http://www.gda-portal.de/de/pdf/GDA-Dachevaluation_Zwischenbericht.pdf?__blob=publicationFile&v=6 (Aufruf 2014)

[47]   Nationale Arbeitsschutzstrategie (Hrsg.) (2013b): Arbeitsschutz auf dem Prüfstand. Botschaften und Fakten zum Zwischenbericht der GDA-Dachevaluation. Berlin, 20. Juni 2013 Quelle: http://www.gda-portal.de/de/pdf/GDA-Dachevaluation_Zwischenbericht_Botschaften-Fakten.pdf?__blob=publicationFile&v=2 (Aufruf 2014)

[48]   Reuschenbach, B., Hornstein, N.: Abschlussbericht zum Projekt „Reduktion des Dokumentationsaufwandes in der stationären Altenhilfe" (Redudok). München 2013 Quelle: http://projekte.ksfh.de/redudok/redudok/Abschlussbericht_final_08_05_2013.pdf (Aufruf 2014)

[49]   Saarländische Pflegegesellschaft e.V.: Fachkräftesituation und Fachkräftebedarf im Saarland. Schreiben des Vorsitzenden an das Ministerium für Gesundheit und Verbraucherschutz vom 10.12.2010 Quelle: http://www.saarlaendische-pflegegesellschaft.de/assets/files/Stellungnahmen/2010-12-10_Erhebung_Ausbildungsbedarf-Ausbildungsbereitschaft.pdf (Aufruf 2014)

[50]   Schäfer-Walkmann, S.: Stress in der Pflegearbeit: anregend oder aufregend? Vom Umgang mit der eigenen Gesundheit in einem belastenden Beruf. Vortrag. Demenz weiter denken. Fachtagung am 14. November 2007. Quelle: http://www.stmgp.bayern.de/pflege/fachtage/doc/ftdw-schaefer.pdf (Aufruf 2014)

[51]   Schmidt-Traub, S., Lex, T.-P.: Angst und Depression. Kognitive Verhaltenstherapie bei Angststörungen und unipolarer Depression. Göttingen 2005

[52]   Selye, H.: A syndrome produced by diverse nocuous agents. In: Nature. Band 138, 4. Juli 1936

[53]   Spannring, G.: Stress in der Krankenpflege. Einfluss und Auswirkung von belastenden Faktoren auf die Gesundheit und deren Bewältigung. Bachelorarbeit. Medizinische Universität Graz, 2010

[54]   SPD Fraktion im Schleswig-Holsteinischen Landtag/ Pauls, B.: Dokumentation ja – Qualitätsverbesserung in der Pflege. TOP 36, Mehr Zeit für Pflege (Drucksache 18/629, 18/660) v. 21.3.2013: o.S. Quelle: http://www.spd.ltsh.de/presse/dokumentation-ja-zur-qualit-tsverbesserung-der-pflege (Aufruf 2014)

[55]   Techniker Krankenkasse (TK): Gesundheitsreport 2013. Hamburg 2013 Quelle: http://www.tk.de/centaurus/servlet/contentblob/516416/Datei/84352/Gesundheitsreport-2013.pdf (Aufruf 2014)

[56]   Techniker Krankenkasse (TK): Stress erfolgreich managen. Grundlagen, Instrumente und Strategien für die betriebliche Praxis. Hamburg o.J. Quelle: http://www.ngg.net/themen_

von_a_bis_z/faire-arbeit-gutes-leben/materialien-und-werkzeuge/gesundheit-techniker-krankenkasse.pdf (Aufruf 2014)

[57]   Zapf, D., Semmer, N.: Stress und Gesundheit in Organisationen. In: Schuler, H. (Hrsg.): Enzyklopädie der Psychologie. Themenbereich D, Serie III, Band 3 Organisationspsychologie. 2. Auflage, Göttingen 2004: 1007-1112

[58]   Zapf, D., Frese, M.: Eine Skala zur Erfassung von sozialen Stressoren am Arbeitsplatz. In: Zeitschrift für Arbeitswissenschaft 1987/41: 134-141

[59]   Zimber, A., Barthelme, G., Ihsen, M., Polak, U.: Die Situation der Pflegeberufe in Deutschland. Gutachten zur Arbeits- und Gesundheitssituation der Pflegekräfte in ambulanten Pflegediensten und Einrichtungen der stationären Altenhilfe. Hamburg 2000

[60]   Zimber, A., Weyerer, S. (Hrsg.) (1999): Arbeitsbelastung in der Altenpflege. Göttingen: Verlag für Angewandte Psychologie

Expertenexpertise

Bernd Reuschenbach

12

Die Ergebnisse des BGW-Workshops zu psychischen Auswirkungen der Pflegedokumentation zeigen, dass die unzureichende Möglichkeit selbst über Art und Umfang der Dokumentation zu entscheiden (Fremdbestimmung) und die damit einhergehende unzureichende Handlungsrelevanz der Dokumentationsinhalte (Entfremdung) wesentliche Gründe für psychische Delastungen sind. Eine Befreiung aus den strukturellen Zwängen, die die derzeitige Form der Pflegedokumentation fördern, fällt schwer, weil die Pflege selbst nur unzureichende Entscheidungsmacht über die Regularien hat, die zur Pflicht geworden sind. Es ist erstaunlich, mit welcher Beständigkeit es die Berufsgruppe der Pflegenden seit Jahren erträgt, dass andere vorgeben zu wissen, was richtig für sie ist.

Als Lösung aus der derzeitigen Misere lässt sich daher schon ein erster Baustein ableiten:

Eine pflegerische Selbstverwaltung und die Partizipation der Pflegenden sind eine notwendige Bedingung, damit die Anliegen der Versorgungspraxis berücksichtigt werden. Dazu zählt auch die Partizipation bei Entscheidungen über Art und Umfang der Pflegedokumentation.

Eine eindeutige Antwort auf die Frage „Wie viel Dokumentation ist überhaupt nötig?" wird man mit dieser Maßnahme alleine jedoch nicht finden, denn die Pflege ist in einem Dilemma. Auf der einen Seite sieht sie in strukturierten Assessments und einer prozessorientierten Pflegeplanung die Grundlage professionellen Tun und Handelns, grenzt sich damit also von der Laienpflege ab, auf der anderen Seite entfernt sie sich aber just durch die intensive Beschäftigung mit diesen Errungenschaften vom Kern der Pflege, d.h. von der Begegnung mit Menschen und der Sorge für diese.

Kurz gesagt: Die Pflegedokumentation wird als Hürde und Voraussetzung für wirksame pflegerische Leistungen wahrgenommen, sie kann aber nicht beides zugleich sein.

Dass dies ein schwer zu lösendes Dilemma ist, zeigt sich an vier Dingen:

- Trotz gleicher gesetzlicher Bestimmungen ist in der Praxis eine *große Varianz in der Ausgestaltung der Pflegedokumentation* festzustellen. Warum in einem Fall wenige Seiten ausreichen und in anderen Fällen hundertseitige Dokumente erstellt werden, bleibt aufzuklären. Mögliche Einflussfaktoren sind die Blickwinkel und Interpretationen der Qualitätsprüfer; die Anforderungen, die von Patienten und Bewohner ausgehen; die Fach- und Schreibkompetenz der Pflegenden; die Einflüsse durch Anbieter von Dokumentationssystemen und deren Schulungen.

- *Innerhalb der Pflegewissenschaft besteht Uneinigkeit über Form und Art der Pflegeplanung* als Teil der Pflegedokumentation. Ob die externe Evidenz für oder gegen den Einsatz spricht, hängt von der Art der herangezogenen Kriterien (Struktur-, Prozess- oder Ergebniskriterien), vom Studiendesign, der Verquickung mit ökonomischen Interessen und von der Interpretation der Studienergebnisse ab.

- *Empfehlungen zu Art und Umfang der Pflegedokumentation sind in der Fachliteratur sehr unterschiedlich,* ebenso wie die Empfehlungen, die sich aus den bisherigen Modellprojekten ergeben. Bedeutsame Einflussfaktoren, die diese Varianz aufklären, sind das berufliche Selbstverständnis und die berufliche Sozialisation der jeweiligen Autoren, deren Erfahrungen in der Umsetzung in verschiedenen Feldern des Gesundheitswesens und deren Verquickung mit kommerziellen Vermarktern von Dokumentations- und Schulungssystemen.

- *Entbürokratisierungsbemühungen in der Pflege gab es schon früher.* Die zyklisch aufkommenden Bemühungen zur Entbürokratisierung der Pflege haben nicht wirklich zu einer dauerhaften Reduktion des Dokumentationsumfangs und damit des Belastungserlebens beigetragen. Warum die Wirkung der Modellprojekte so flüchtig ist, bleibt aufzuklären. Ein denkbarer Einflussfaktor ist die Hartnäckigkeit, mit der sich Mythen und Rituale in der Pflege halten. Hohe Arbeitsverdichtungen und fehlende Freiräume neue Wege zu wagen, sind weitere Gründe. Häufig führen auch gut gemeinte Bildungsmaßnahmen zu einer Fehladjustierung der Pflegedokumentation.

Es gibt also offensichtlich viele Einflussfaktoren auf die Entwicklung, Umsetzung, Empfehlung und Forschung zur Pflegeplanung/Pflegedokumentation. Solche Freiheitsgrade sind notwendig, um das oben beschriebene Dilemma flexibel lösen zu können. Das bedeutet aber auch, dass es eine verbindliche und standardisierte Lösung eigentlich nicht geben kann. Eine Pflegedokumentation für eine Bewohnerin, die in einem betreuten Wohnbereich wohnt, muss zwingend anders aussehen, als die Pflegeplanung eines Bewohners mit hochkomplexen Pflegeanforderungen in einem beschützenden Bereich. Die Nutzbarkeit und die Gestaltung der Pflegeplanung wird außerdem durch die Kompetenzen der Pflegenden, die Personalausstattung und das Pflegeverständnis der Akteure mitbestimmt.

Vor dem Hintergrund solch vielfältiger Einflussfaktoren sind einengende Empfehlungen für die Praxis fehl am Platz. Es ist eine Illusion, dass sich eine Pflegeplanung standardisieren ließe, wenn sich schon die Einflussfaktoren jeglicher Standardisierung entziehen.

Sollen Akzeptanz und Handlungsrelevanz der Pflegeplanung erhöht werden und damit, im Sinne der Ergebnisse des BGW-Workshops, die psychischen Belastungen reduziert werden, dann muss am Anfang eine Rückbesinnung auf Ziele des pflegerischen Handelns stehen: „Was wollen wir in der Pflege für den jeweiligen Bewohner erreichen?" Im zweiten Schritt ist dann die Frage zu beantworten: „Welche Dokumente sind notwendig, um diese Ziele zu erreichen?"

Dieses Vorgehen, das Betroffene zu Beteiligten macht, begründet sich aus der eben dargestellten Vielfalt der Einflussfaktoren und aus professionstheoretischen Überlegungen. Wer als Kennzeichen einer Profession die Autonomie des beruflichen Handelns nennt, der muss aus dem eigenen beruflichen Selbstverständnis heraus die Pflegeplanung und Pflegedokumentation begründen, und nicht weil externe Prüfbehörden dies so wollen. Professionen üben, so jedenfalls die Sichtweise Oevermanns, ein offenes Mandat aus, um für Patienten/Bewohner/Klienten Bestes zu tun. Die verlangt nach pflegerischer Expertise und Aushandlungsprozessen mit dem Vertragspartner. Diese Beziehungen und Begegnungen müssen fallorientiert sein und kontinuierlich neu ausgehandelt werden. Schon deshalb ist eine Systematisierung und ein verbindlicher Kanon von Dimensionen und Inhalten der Pflegedokumentation unmöglich. Gute Pflege ist de-routinisiert, weil personenorientiert. Folglich müssen – wenn man die Autonomie ernst nimmt - auch Inhalte, Dimensionen und Umsetzungen der Pflegedokumentation variantenreich sein. Die Erfahrungen im Projekt Redudok haben gezeigt, dass Pflegende in der Lage und bereit sind, diese Autonomie zu nutzen. Das Resultat ist nicht die Verbannung jeglicher Dokumentation, sondern eine durchdachte und begründete Sammlung von Assessments, Maßnahmenplanungen und Evaluationen.

Ohne autonome und kreativ entwickelte Lösungen und ohne die Auflösung der strengen Orientierung an äußeren Vorgaben und Standards, geht das professionelle Moment verloren.

Alle derzeitigen Kampagnen zur Entbürokratisierung sind daher aus pflegefachlicher und pflegeprofessioneller Sicht zu begrüßen. Sie schaffen Freiraum für die pflegerischen Kernaufgaben und sie regen zum Nachdenken über die notwendigen Inhalte der Pflegedokumentation an.

Ohne solche Freiräume werden alte Anforderungen durch neue, ebenfalls entfremdende Anforderungen ersetzt und Autonomie beschränkt.

Kritiker einer solchen Deregulation werden einlenken, dass diese Überlegungen von falschen Prämissen ausgehen, weil Reflexionsvermögen und hohe Fachlichkeit in der Praxis oft nicht gegeben seien. Dem ist entgegenzuhalten: Wir werden hohe Fachlichkeit und Reflexionsvermögen auch zukünftig nicht vorfinden, wenn Pflege durch derartige externe Überregulierung deprofessionalisiert und eingeengt wird. Wachsende Anforderungen an die Pflegedokumentation ergaben sich in der Vergangenheit häufig aus Pflegemängeln. Die Pflegedokumentation, so eine häufig Illusion, sei unter den gegebenen Arbeitsbedingungen ein wichtiger Garant hoher Pflegequalität. Eine solche „schnelle" Lösung für Qualitätsmängel, die besonders nach Pflegeskandalen schnell aufkommen, geht von der Unveränderbarkeit derzeitiger Personal- und Ressourcenprobleme in der Pflegelandschaft aus. Genau diese Bedingungen gilt es jedoch zu verbessern, damit professionelles Handeln ermöglicht wird.

Hier schließt sich der Kreis zu den anfänglichen Überlegungen: Wir brauchen Autonomie auf allen Ebenen, wenn wir die Pflege zum Schutz des Patienten, der Bewohner und Klienten entbürokratisieren wollen. Wir brauchen Autonomie in der Verwaltung, die dann zur Selbstverwaltung wird, und wir brauchen Autonomie auf der Ebene der Einrichtung und des Pflegepersonals. Auf allen Ebenen kann dies nur durch hohe Fachlichkeit und einen professionellen Habitus gelingen.

Teil G

Der demografische Wandel und die Situation der Pflegenden

Einflüsse demografischer Veränderungsprozesse auf die Arbeitssituation der Altenpflegekräfte – Faktenlage

Kathrin-Rika Freifrau von Hirschberg

Die deutsche Gesellschaft (über-)altert. Kontinuierlich steigende Lebenserwartung bei anhaltend niedrigen Geburtenraten führen zu drastischen Verschiebungen der Altersstruktur. Lag der Anteil der 60-80-Jährigen 1991 noch bei 16,6 Prozent, erreichte er 2012 bereits 21,5 Prozent. Der Anteil der über 80-Jährigen lag bei 5,4 Prozent [14].

Mit der deutlichen Zunahme hochaltriger Menschen geht ein Anstieg an Multimorbidität und Demenzerkrankungen einher. Bereits heute sind bis zu 1,4 Millionen Menschen in Deutschland an Demenz erkrankt. Prognosen sprechen von einer Erhöhung ihrer Zahl auf etwa 2,2 Millionen bis zum Jahr 2030 [14]. Verstärkt durch die Erosion traditioneller Familienstrukturen und dem zunehmenden Rückgang familialen Pflegepotentials[1], nimmt der Bedarf an professionellen, (intensiv-) pflegerischen Leistungen rasant zu. 2011 waren bereits 58 Prozent der über 90-Jährigen pflegebedürftig [23].

2011 wurden 2,5 Millionen Menschen im Sinne des Pflegeversicherungsgesetztes (SGB XI) in eine Pflegestufe eingestuft. 36 Prozent von ihnen waren 85 Jahre und älter.

Die Mehrheit (70 Prozent) der Pflegebedürftigen wurde zu Hause versorgt, (67 Prozent durch Angehörige, 33 Prozent mithilfe oder durch ambulante Pflegedienste), 30 Prozent waren in vollstationären Pflegeeinrichtungen untergebracht [23].[2]

Denkt man diese Entwicklung in die Zukunft weiter, so werden gemäß der Ergebnisse des Pflegeheim Rating Reports (2013) bis zum Jahr 2030 in Deutschland etwa 3,3 Millio-

---

[1] Nach Ergebnissen der Studie „Kundenkompass Selbstbestimmung im Alter" der Stiftung Zentrum für Qualität in der Pflege (ZQP) in Zusammenarbeit mit dem F.A.Z. Institut hat sich die Bereitschaft zur Pflege von Angehörigen unter den Befragten halbiert, der Anteil derjenigen, die ihren Angehörigen eine Unterstützung im Pflegefall verweigern würden, ist von rund sechs auf elf Prozent gestiegen [25]. Zudem machen weitere Studienergebnisse des ZQP deutlich, dass auch das Durchschnittsalter pflegender Angehöriger spürbar ansteigt: Ermittelt wurde, dass bereits 40 Prozent der pflegenden Angehörigen 65 Jahre und älter sind [24].

[2] Im Vergleich zu 1999 stieg die Anzahl der vollstationär versorgten Pflegebedürftigen um +32 Prozent, die durch ambulante Pflegedienste um +38.8 Prozent [23].

nen Menschen pflegebedürftig sein. Um diesem Bedarf gerecht werden zu können, werden 371.000 stationäre Pflegeplätze zusätzlich benötigt [2].

Die Entwicklung ist eindeutig: Die aus dem demografischen Wandel resultierenden sozial-gesellschaftlichen und strukturellen Veränderungsprozesse konfrontieren insbesondere das Pflegewesen mit kontinuierlich steigenden Anforderungen, die großen Einfluss auf die Arbeitssituation ihrer Beschäftigten haben. Sie sind es nämlich, die von den demografischen Veränderungen bilateral betroffen sind.

Denn auch unter ihnen steigt das durchschnittliche Lebensalter – von den 444.000 Altenpfleger/-innen[3] waren bereits 2011 rund 31 Prozent 50 Jahre und älter – im Jahr 2000 hatte ihr Anteil noch bei 20,3 Prozent gelegen [17].

Trotz der steigenden Ausbildungszahlen in der Altenpflege [9], [10] und Altenpflegehilfe[4] und der gezielten Bemühungen vieler Initiativen, so wie u.a. der von der Bundesregierung initiierten *„Ausbildungs- und Qualifizierungsoffensive Altenpflege"* [12] (bis 2015) oder dem Pilotprojekt *„Ausbildung von Arbeitskräften aus Vietnam zu Pflegefachkräften"* [15], bleibt abzuwarten, ob das Defizit bei Pflegefachkräften im prognostizierten Umfang von mehreren hunderttausend[5] zusätzlich benötigter Stellen bis zum Jahr 2030 tatsächlich reduziert oder gar vollständig abgedeckt werden kann, denn aufgrund der beschriebenen demografischen Verschiebung wird das allgemeine Erwerbspersonenpotential weiter abnehmen und die Zahl möglicher Auszubildender generell begrenzen.

Die geplante Vereinheitlichung der Pflegeausbildung, so wie sie im für 2015 angekündigten neuen Pflegeberufegesetz [12] vorgesehen ist, kann zwar einen wichtigen Beitrag dazu leisten, die Pflegeausbildungen zukunftsgerecht weiterzuentwickeln, den Konkurrenzkampf um Absolventen zwischen Altenhilfe, Kliniken und Gesundheitsdiensten wird sie möglicherweise allerdings verstärken.

Die Analyse der Bundesagentur für Arbeit weist bereits seit einiger Zeit auf den deutlichen Mangel an examinierten Altenpfleger/-innen in allen Bundesländern hin. Auf 100 gemeldete Stellen kommen rechnerisch lediglich 39 Arbeitslose. Die Folge ist: Stellenangebote bleiben derzeit im Bundesdurchschnitt 131 Tage vakant [11].

Vor diesem Hintergrund bleibt daher zurückhaltende Skepsis hinsichtlich der tatsächlichen Realisierbarkeit der im Zusammenhang des derzeit diskutierten Pflegestärkungsgesetz I gemachten Ankündigung ab dem 1. Januar 2015 „bis zu 20.000 zusätzlichen Betreuungskräfte" [13] zu rekrutieren, um den Pflegealltag – nicht nur der Pflegebedürftigen sondern auch der Pflegefachkräfte – zu verbessern.

Insgesamt bedeutet Fachkräftesicherung in den kommenden Jahren jedoch weit mehr als die Fokussierung auf die Nachwuchsgewinnung. Sie bedeutet vor allem auch eine nachhaltige Sicherung der Beschäftigungsfähigkeit der Altenpfleger/-innen, vornehmlich durch

---

[3] Die Zahlen beziehen sich auf Alternpfleger/-innen einschließlich Altenpflegehelfer/-innen [17].

[4] 2013 waren mit insgesamt 59.365 Schüler/-innen in der Altenpflegeausbildung bereits +6,1 Prozent mehr noch als im Vorjahr in der Ausbildung, die Ausbildungszahlen in der Altenpflegehilfe stiegen sogar um +29,7 Prozent auf 8.068 [10].

[5] Hinsichtlich des Pflegefachkraftdefizites existieren unterschiedliche Prognosen bzw. Berechnungen. Der aktuelle Pflegeheim Rating Report 2013 [2] ermittelte bis zu 331.000 zusätzlich benötigen Stellen in der ambulanten und stationären Pflege bis zum Jahr 2030. Die Bertelsmann Stiftung [4] errechnet für 2030 eine Versorgungslücke in der ambulanten und stationären Pflege (je nach Berechnungsszenario) von bis zu 491.744 Fachkräften.

Gewährleistung beruflicher Gestaltungs- und Entwicklungsmöglichkeiten, Implementierung altern(s)gerechter und damit demografiefester Arbeitsgestaltung sowie nachhaltiger Gesundheitsförderung [6]. Für die Betriebe stellt sich hier eine große Herausforderung, weil sich die beschriebenen Veränderungen spürbar verdichtend auf das Belastungsportfolio – physisch wie psychisch – der Pflegenden auswirken.

Neben den bereits bestehenden Anforderungen verstärken die in den letzten Jahren ebenfalls deutlich gestiegenen Zusatzaufgaben der Altenpfleger/-innen die Gesamtbelastung im Beruf [18]. Dazu gehören u.a. die Aufgaben in der Durchführung von aufwendigen Dokumentations-, Qualitätssicherungs- und Fehlermanagementsystemen. Sie nehmen einen unangemessenen hohen Anteil der täglichen Arbeitszeit in Anspruch, erhöhen Zeit- und Leistungsdruck und entfernen die Fachkräfte von den Kernaufgaben der Pflege. Der Sinngebung des gewählten Berufs wird damit die Grundlage entzogen. Zudem gerät die für die Pflege wesentliche bewohnerorientierte, zwischenmenschliche Betreuung zwangsläufig in den Hintergrund.

Die positiven Ergebnisse des auf Initiative der Ombudsfrau „Entbürokratisierung in der Pflege" durchgeführte Projektes *„Praktische Anwendung des Strukturmodells – Effizienzsteigerung der Pflegedokumentation in der ambulanten und stationären Langzeitpflege"* [3] lässt hoffen, dass bundesweit viele Pflegeinrichtungen und -dienste die Impulse des Projektes aufnehmen, eine verschlankte Pflegedokumentation etablieren und so tatsächlich eine Rückkehr zum Kernprozess der Pflege durch Zeitgewinn möglich wird [8]

Im Komplex aller Anforderungen wird vielfach vergessen, dass der Beruf der Altenpflege fast ausschließlich – 2011 waren es 86 Prozent – von Frauen ausgeübt wird. Von ihnen wird im Berufsalltag, der häufig durch Schichtdienste geprägt ist, für die schwierige Herstellung der Balance zwischen Familie und Beruf ein hohes Maß an Flexibilität und Eigeninitiative verlangt, insbesondere im Zusammenhang mit einem beruflichen Wiedereinstieg.

Der Blick auf die bereits hohe Quote der Teilzeitbeschäftigung in der Altenpflege – 2011 waren rund 51 Prozent in einem Teilzeitverhältnis tätig – verdeutlicht die Besonderheiten des Berufsbildes, aber auch die Wichtigkeit der Möglichkeit flexibler Arbeitsgestaltung [22]. Eher unbeachtet bleibt, dass hier bereits das Damoklesschwert einer möglichen Altersarmut über den Altenpfleger/-innen schwebt und Zukunftssorgen der Beschäftigten schürt.

Nach aktuellen Studienergebnissen [20] ist die Berufsbindung von Altenpfleger/-innen zwar höher als bisher angenommen[6], doch machen andere Bewertungen klar, dass diese zukünftig nur bedingt die steigenden und andauernden Belastungen wird ausgleichen können. Bereits 2007/08 gaben 52 Prozent der durch den DGB-Index Gute Arbeit befragten Altenpfleger/-innen an, dass sie ihre Arbeits- und Einkommensbedingungen als belastend erleben [26].

Und auch ein hoher Krankenstand unter den Pflegefachkräften kann durchaus als ein Resultat gestiegener Belastungen gesehen werden. Nach einer Analyse der Arbeitsunfähigkeitsmeldungen durch das wissenschaftliche Institut der AOK fallen in der stationären

---

[6] Von den 2004 befragten Altenpfleger/-innen waren 63 Prozent 15 Jahre nach dem Ende der Ausbildung noch in ihrem Beruf tätig oder kehrten nach Unterbrechung in diesen zurück [20].

Altenpflege 6,3 Prozent der Mitarbeiter/-innen jeden Tag durch Krankheit aus, während der Bundesdurchschnitt aller Branchen bei 4,5 Prozent liegt.

An Handlungskonzepten zur Fachkräftesicherung in der Pflege [5] an Empfehlungen zur Implementierung belastungsreduzierender Angebote und an altern(s)gerechter Arbeitskonzepten [21], [1] mangelt es genauso wenig wie an Erkenntniskonsens – einzig, aber unabdingbar: Es fehlt nach wie vor die konsequente flächendeckende Umsetzung, flankiert und unterstützt durch einen politischen „Push-Up" im Rahmen einer notwendigen, umfassenden und ganzheitlichen Reform, die nicht nur die entsprechenden Rahmenbedingungen schafft, sondern auch den Bedarfen der Pflegenden gerecht wird.

Ohne ein solches Fundament wird die deutsche Pflegelandschaft mit ihren Pflegebedürftigen und Pflegenden nicht zukunftsfest den Höhepunkten der demografischen Veränderungen begegnen können [7].

Erforderlich also, dass Zeiten von Diskussionen, wiederkehrenden Ankündigungen und „Stückwerk" beendet werden, der neue Pflegebedürftigkeitsbegriff im Rahmen des Pflegestärkungsgesetzes II [13] in der amtierenden Wahlperiode tatsächlich umgesetzt werden wird, und vor allem die geplanten Reformmaßnahmen deutlicher als momentan feststellbar, die Bedarfe der Pflegefachkräfte mit einbeziehen. Sonst ist die Zukunft der Pflege nicht bunt [16], sondern ziemlich schwarz.

13.1   Literatur

[1]   Afentakis, A. & Maier, T.: Projektionen des Personalbedarfs und -angebots in Pflegeberufen bis 2025. In: Wirtschaft und Statistik, 2010, H. 11, S. 990-1002

[2]   Agurzky, B., Krolop, S., Hentschker, C., & Mennicken, R.: Pflegeheim Rating Report 2013. Ruhiges Fahrwasser erreicht. Hannover 2013

[3]   Beikirch, E., Breloer-Simon, G., Rink, F. & Roes, M.: Projekt "Praktische Anwendung des Strukturmodells – Effizienzsteigerung der Pflegedokumentation in der ambulanten und stationären Langzeitpflege. Abschlussbericht. Berlin/ Witten 2014

[4]   Bertelsmann-Stiftung (Hrsg.): (2012). Themenreport „Pflege 2030". Was ist zu erwarten – was ist zu tun? Gütersloh 2012 Quelle: http://www.bertelsmann-stiftung.de/cps/rde/xbcr/SID-2CD73847-AC425594/bst/xcms_bst_dms_36923_39057_2.pdf (Aufruf 15. Juli 2014)

[5]   Bettig, U., Frommelt, M. & Schmidt, R. (Hrsg.): Fachkräftemangel in der Pflege. Konzepte, Strategien, Lösungen. medhochzwei, Heidelberg 2012

[6]   BGW Expertenkommission Pflege, Hirschberg v., K.-R., Kähler, B.& Stiller-Wüsten, C.: Entwicklungen und Handlungsbedarfe. Positionspapiere I-IV – eine Bilanz. Hamburg 2012, Quelle: http://www.bgw-online.de/SharedDocs/Downloads/DE/Medientypen/bgw-themen/Expertenkommission_Bilanz_Download.pdf?__blob=publicationFile (Aufruf 15. Juli 2014)

[7]   BGW Expertenkommission Pflege, Hirschberg v., K.-R., Kähler, B.& Stiller-Wüsten, C.: Nationaler Aktionsplan Pflege. Entwicklung und Umsetzung. Positionspapier. Hamburg 2010, Quelle: http://www.bgw-online.de/SharedDocs/Downloads/DE/Medientypen/bgw-themen/EP-Posi10-04-Positionspapier-IV_Download.pdf?__blob=publicationFile (Aufruf 09. Juli 2014)

[8]   BGW Expertenkommission Pflege, Hirschberg v., K.-R., Kähler, B.& Stiller-Wüsten, C.: Pflege raus aus dem Abseits – Empfehlungen zu einer Re-Fokussierung auf den Kernprozess der Pflege. An die Akteure im Gesundheits- und Pflegewesen. Positionspapier. Hamburg 2009

[9] Bundesinstitut für Berufsbildung (BIBB): (2014). Gesundheitsfachberufe im Überblick. Neues Serviceangebot des BIBB. Wissenschaftliche Diskussionspapiere Heft 153. Bonn.

[10] Bundesministerium für Bildung und Forschung (BMBF) (Hrsg.): Berufsbildungsbericht 2014. Bonn 2014. Quelle: http://www.bmbf.de/pub/bbb_2014.pdf (Aufruf 15. Juli 2014)

[11] Bundesagentur für Arbeit (BA). (Hrsg.): Fachkräfte gesucht. Fachkräfteengpassanalyse Dezember 2013. Der Arbeitsmarkt in Deutschland. Arbeitsmarktberichterstattung. Nürnberg 2013, Quelle: http://statistik.arbeitsagentur.de/Statischer-Content/Arbeitsmarktberichte/Fachkraeftebedarf-Stellen/Fachkraefte/BA-FK-Engpassanalyse-2013-12.pdf (Aufruf 14. Juli 2014)

[12] Bundesministerium für Familie, Senioren, Frauen und Jugend (BMFSFJ). Quelle: http://www.bmfsfj.de (Aufruf 09. Juli 2014)

[13] Bundesministerium für Gesundheit (BMG). Hermann Gröhe: "Klares Signal für eine gute Pflege in Deutschland." Pflegestärkungsgesetz nimmt erste parlamentarische Hürde. 2014. Pressemitteilung vom 4. Juli 2014. http://www.bmg.bund.de/ministerium/presse/pressemitteilungen/2014-03/pflegestaerkungsgesetz-i-im-bundestag.html (Aufruf 09. Juli 2014)

[14] Bundesministerium für Gesundheit (BMG). (Hrsg.): Daten des Gesundheitswesens 2013. Berlin 2013 Quelle: http://www.bmg.bund.de/fileadmin/dateien/Publikationen/Gesundheit/Broschueren/Daten_des_Gesundheitswesens_2013.pdf (Aufruf 09. Juli 2014)

[15] Bundesministerium für Wirtschaft und Technologie (BMWi). Quelle: http://www.bmwi.de (Aufruf 14. Juli 2014)

[16] Diözesan-Caritasverband für das Erzbistum Köln. Quelle: http://caritas.erzbistum-koeln.de/dicv-koeln/ (Aufruf 16. Juli 2014)

[17] Gesundheitsberichterstattung des Bundes. Quelle: http://www.gbe-bund.de (Aufruf 14. Juli 2014)

[18] Hielscher, V., Nock, L., Kirchen-Peters, S. & Blass, K.: Zwischen Kosten, Zeit und Anspruch. Das alltägliche Dilemma sozialer Dienstleistungsarbeit. Springer, Wiesbaden 2013

[19] IEGUS, VDI/VDE/IT & Universität Konstanz: PflegeZukunft kompetent gestalten. Ein Instrumentenkoffer für kleine und mittlere Unternehmen zur Fachkräftesicherung. Studie im Auftrag des Bundesministeriums für Wirtschaft und Technolgie. Berlin 2012, Quelle: http://www.vdivde-it.de/publikationen/leitfaeden/Handlungskatalog_PflegeZukunft.pdf (Aufruf 12. Juli 2014)

[20] Institut für Wirtschaft, Arbeit und Kultur (IWAK). (Hrsg.): Berufsverläufe von Altenpflegerinnen und Altenpflegern. Zentrale Studienergebnisse im Überblick. Frankfurt a.M 2009, Quelle: http://www.iwak-frankfurt.de/documents/berufsverlaeufe_broschuere.pdf (Aufruf 09. Juli 2014)

[21] Metz, A.-M., Kunze, D., Hamann, L., Gehltomholt, E. & Urbach, T.: Demografischer Wandel in der Pflege. Konzepte und Modelle für den Erhalt und die Förderung der Arbeits- und Beschäftigungsfähigkeit von Pflegekräften. Machbarkeitsstudie im Rahmen des Modellprogramms zur Bekämpfung arbeitsbedingter Erkrankungen. Berlin o. J. Quelle: http://www.komega.de/files/02_abschlussbericht_mbs_pflege.pdf (Aufruf 15.Juli 2014)

[22] Vereinigung der Bayerischen Wirtschaft e.V. (vbw). (Hrsg.): Pflegelandschaft 2030. Studie. München 2012, Quelle: http://www.prognos.com/fileadmin/pdf/publikationsdatenbank/121000_Prognos_vbw_Pflegelandschaft_2030.pdf (Aufruf 15.Juli 2014)

[23] Statistisches Bundesamt (destatis): Pflegestatistik 2011. Pflege im Rahmen der Pflegeversicherung. Deutschlandergebnisse. Wiesbaden 2013

[24] Stiftung Zentrum für Qualität in der Pflege (ZQP): Häusliche Pflege. Daten und Fakten. Berlin 2010 (a). http://www.zqp.de/upload/content.000/id00044/attachment00.pdf (Aufruf 14. Juli 2014)

[25]   Stiftung Zentrum für Qualität in der Pflege (ZQP): Repräsentative Umfrage: Bereitschaft zur Pflege von Familienangehörigen geht zurück. 2010 (b), Pressemitteilung vom 23.09.2010.

[26]   Vereinte Dienstleistungsgewerkschaft (ver.di) & Fuchs, T.: Arbeitsqualität aus Sicht von Altenpfleger/-innen. o.O. o.J. Quelle: http://www.verdi-news.de/download/dgb-index_altenpflege_end.pdf (Aufruf 09. Juli 2014)

Interview
Bundesminister a.D. Dr. Heiner Geißler

Interview geführt von Bjørn Kähler

1. *Sie beschäftigen sich seit Jahrzehnten mit der Thematik des Sozialstaates, waren u.a. in den 1980er-Jahren Bundesminister für Jugend, Familie und Gesundheit und haben die Sozialstationen mit ins Leben gerufen – vor diesem breiten Erfahrungshintergrund: Wie bewerten Sie die derzeitige Situation im deutschen Pflegewesen?*

Die Situation im deutschen Pflegewesen ist unbefriedigend und dringend reform- und verbesserungsbedürftig. Von diesem Urteil ausgenommen ist die überwiegende Mehrheit der ca. eine Million Menschen, die in der Pflege arbeiten und trotz aufreibender Arbeitsbedingungen eine sehr gute Arbeit leisten. Die Pflege in Deutschland ist insgesamt unterfinanziert, bürokratisiert und ökonomisiert.

2. *Seit Jahren wird die Pflegeversicherung als grundlegend reformbedürftig diskutiert – es folgten bisher allerdings nur Teilentwicklungen u.a. das Pflegeweiterentwicklungsgesetz (2008) und das Pflegeneuausrichtungsgesetz (2012): Warum ist es so schwierig eine umfassende Neuausrichtung zu schaffen, die den gesellschaftlichen Entwicklungen zu mehr Selbstbestimmung – Stichwort: das Altern selbst in die Hand nehmen – folgt?*

Diese Begriffe sind Schlagworte, die an den Interessen und Bedürfnissen der meisten Pflegebedürftigen bewusst vorbei gehen und einer weiteren Privatisierung der Pflegeversicherung den Weg bereiten sollen. Pflege in einem demokratischen Staat muss alle umfassen und darf nicht in ein 3-Klassen-System abgestuft werden. Mit den genannten Schlagworten wird im Grunde genommen gefordert: Jeder sorgt für sich selber, am besten dadurch, dass er einen Kapitalstock bildet. Dazu sind jedoch Millionen von Menschen wie z. B. die Lidl-Verkäuferin, der Busfahrer und Minijobber nicht in der Lage. Die sozialen Sicherungssysteme können nicht nach dem Kapitaldeckungsprinzip finanziert werden, sondern entspringen der solidarischen Pflicht der Bürgerinnen und Bürger, denen zu helfen, die in Not sind. Solange jemand nicht in Not ist, kann er sich selber helfen. Wird er aber krank und pflegebedürftig, ist er auf die solidarische Hilfe angewiesen, die nicht durch an der Gewinnmaximierung orientierten Institutionen und Einrichtungen geleistet werden kann. Hilfe und Betreuung von pflegebedürftigen Menschen ist eine öffentliche Aufgabe, die allerdings nicht allein vom Staat, sondern auch von frei gemeinnützigen und privaten Personen und Einrichtungen erfüllt werden kann, ohne dass deswegen aber diese öffentliche Aufgabe zu einer Privatangelegenheit der Institutionen und Personen gemacht werden darf. Alle müssen dieselben Qualitätsanforderungen für Ausbildung und Qualität der Leistung erbringen. Dies muss auch kontrolliert werden, aber wesentlich effizienter als dies zur Zeit vom MDK geleistet wird, der selber in hohem Maße reformbedürftig ist. Die Finanzierung der Pflegeversicherung sollte in der Zukunft durch eine Volks- oder Bürgerversicherung erfolgen, wie sie in der Schweiz für die Alterssicherung eingeführt ist: Alle zahlen von allem für alle für eine pflegerische und medizinische Leistung, die dann alle unabhängig von Alter, Geschlecht, Einkommen und Nationalität erhalten müssen.

3. *Mittlerweile wird die Umsetzung des neuen Pflegebedürftigkeitsbegriffs bis zum Jahr 2017 verschoben? Ist solch zeitliche Verschiebung hinnehmbar? Inwieweit hat der derzeitige Minister Gröhe mehr Chancen als seine VorgängerInnen für die Umsetzung einer umfassenden Pflegereform? Was wäre hier Ihre ganz persönliche Empfehlung an die Politik?*

Die Große Koalition kann zu einem Segen für das Pflegewesen werden. Die notwendigen Reformen sind bisher aus ideologischen Gründen behindert und verschleppt worden. Vor allem von der FDP, aber auch von den Marktradikalen in SPD und CDU (siehe Kopfpauschale und Agenda 2010). Regeln der Betriebswirtschaftslehre haben sich wie schleichendes Gift in den Strukturen der Pflege verbreitet. In den Dokumenten der Ministerien und Parlamente, aber auch der Caritas und Diakonie wird der hilfe- und pflegebedürftige kranke Mensch vom Patienten in einen Kunden umdefiniert, als ob das Pflegewesen eine Maschinenfabrik oder ein Discounter wäre. Die Große Koalition muss sowohl das SGB V wie das SGB XI reformieren. Die Kassen dürfen sich nicht mehr schwerpunktmäßig am Prinzip der Wirtschaftlichkeit und der Beitragshöhe allein orientieren müssen, vielmehr müssen die Kriterien Effizienz, Qualität und personelle Zuwendung die entscheidenden Kriterien werden. Die Pflegekräfte sind von unsinnigen bürokratischen Vorschriften der Dokumentation von Selbstverständlichkeiten zu entlasten, um Zeit für die medizinische und pflegerische Leistung zu gewinnen. Der im Sozialgesetzbuch enthaltene betriebswirtschaftliche Kostendruck führt zu einer Gefährdung der Patienten, weil wichtige Leistungen aus Kostengründen an private Anbieter aussortiert werden wie z. B. an Reinigungsfirmen, die aus Kostengründen die einfachsten Hygienevorschriften missachten und hauptsächlich für die Verbreitung der Krankenhausbazillen verantwortlich sind. So hat auch die von den Kassen propagierte Privatisierung der Krankentransporte in weiten Teilen Deutschlands zu verheerenden Folgen für viele der transportierten Kranken und Pflegebedürftigen geführt.

4. *Ein Kernthema (Zentrale Grundlage der Reformen) ist der neue Pflegebedürftigkeitsbegriff - Ist seine Umsetzung Ihrer Meinung nach der richtige Ansatz?*

Bei dem neuen Pflegebedürftigkeitsprinzip kommt es auf die grundsätzliche Erkenntnis an, dass der Mensch als eine Einheit von Geist und Körper und Seele und Leib gesehen werden muss, was die psychosomatische Medizin, aber auch die abendländische Philosophie schon immer gewusst hat. D.h. auch in der Pflege muss der ganze Mensch gesehen werden, unabhängig, ob er geistig behindert und/oder körperlich krank, ob er alt oder jung, ob er Mann oder Frau, ob er reich oder arm ist.

5. *Der Beruf AltenpflegerIn leidet immer noch an Attraktivität. Welche Rahmenbedingungen müssten aus Ihrer Sicht verändert werden, um das Berufsfeld der Altenpflege attraktiver zu machen?*

Die Zahl der über 80jährigen, heute 4,5 Millionen, wird auf über zehn Millionen im Jahre 2050 ansteigen und die Zahl der Pflegebedürftigen von heute 2,5 Millionen auf 4,5 Millionen im Jahre 2050 zunehmen. Der Beruf des Altenpflegers, der Altenpflegerin wird schon aus diesem Grund an Bedeutung gewinnen, auch seine Attraktivität am Arbeitsmarkt. Verändern muss sich aber das Bewusstsein in der Bevölkerung, dass Menschen, die keine Leistung mehr für das Bruttosozialprodukt erbringen können, weniger Wert seien. Der Mensch darf nicht zum Kostenfaktor degradiert werden nach dem Motto: Er gilt umso mehr, je weniger er kostet und er gilt umso weniger, je mehr er kostet. Es muss zum Allgemeingut werden, dass die Pflege eines Menschen so wertvoll ist wie der Bau oder die Reparatur eines Autos. Dementsprechend muss die Arbeit in der Altenpflege auch honoriert und an moderne Arbeitsbedingungen angepasst werden. Altenpflegerinnen und Pfleger sind attraktive und sichere Berufsbilder, aber in der Praxis wollen diese Menschen ihren Beruf so ausüben, wie sie in gelernt haben, d. h. auch mehr Zeit zu haben, weniger kontrolliert und durch eine Vielzahl von Dokumenten bürokratisch schikaniert zu werden. Die Pflegekräfte dürfen auch nicht einer Schmutzkonkurrenz durch private, ja sogar kirchliche Träger ausgesetzt werden, die mit Lohndumping, klerikalem Arbeitsrecht und mit im Schnellverfahren umgeschulten Dachdeckern und schlecht ausgebildeten osteuropäischen Pflegekräften rechtswidrig Leistungen nach dem Sozialgesetzbuch anbieten.

6. *Sie haben einmal in einem Interview gesagt, dass es Ihnen wichtig ist, das „Altern selbst in die Hand" nehmen zu können. Was bedeutet das konkret für Sie? Ist diese Möglichkeit/diese Autonomie Ihrer Meinung nach allen älteren Menschen und v.a. auch den Pflegebedürftigen gegeben, sich im Pflegefall die Hilfeleistungen zusammenstellen zu können bzw. sie sich leisten zu können, die man sich persönlich wünscht? Brauchen wir nicht sogar ganz variable Unterstützungs- und Pflegesettings der Pflegeversicherung unabhängig von ambulanter und stationärer Trennung?*

„Das Altern selbst in die Hand nehmen" ist eine fromme Illusion, wenn der Mensch pflegebedürftig wird. Pflegebedürftigkeit beginnt dort, wo der Mensch sich selber nicht mehr allein helfen kann, ein menschenwürdiges Leben zu führen. Wer nicht in Not ist, braucht auch keine Hilfe. Das ist der Bereich der Selbstbestimmung und der Selbsthilfe. Jenseits der medizinischen und pflegerischen Grundversorgung sollten individuelle zusätzliche

Wünsche und Optionen berücksichtigt werden können. Es darf aber nicht zu einer 3-Klassen-Pflege kommen. Die Verzahnung von stationärer und ambulanter Pflege ist notwendig und auch möglich. Die ambulante Pflege darf aber nicht zu einer Unterabteilung stationärer Einrichtungen werden, sondern muss in selbständigen Institutionen, wie z. B. den Sozialstationen, erhalten bleiben.

7. *Was glauben Sie, was die Gesellschaft tun muss, um erforderliche, tiefgreifende Reformen auszulösen, zu stützen, einzufordern? Warum ist die Politik so gehemmt und kommt seit Jahren nicht in Handlung?*

Politik und Gesellschaft müssen die tiefgreifenden Reformen dadurch ermöglichen, dass sie die ideologischen Irrtümer des Neoliberalismus der letzten Jahrzehnte überwinden, vor allem den Antagonismus falscher Alternativen, wie Eigenverantwortung statt Solidarität, jeder sorgt für sich selber, die Diffamierung der Nächstenliebe als Gutmenschentum, Gefühlsduselei, platonischen Idealismus. Es muss sich die grundsätzliche Überzeugung durchsetzen, dass die Nächstenliebe, moderner ausgedrückt die Solidarität, eine Pflicht ist jeden Bürgers, denen zu helfen, die in Not sind. Das marktradikale Denken der letzten Jahrzehnte hat diese Erkenntnis, die die Grundlage jeder Zivilisation ist, zu lange gehemmt und behindert.

8. *Warum engagieren sich junge Politiker nicht für dieses Thema? Was würden Sie denen raten?*

Jeder Politiker, vor allem die jungen, müssen sich klar machen, dass angesichts der demografischen Entwicklung ihr Mandat davon abhängt, dass sie die Pflicht zur Solidarität gegenüber Menschen, die in Not sind, zur Grundlage ihres politischen Handelns machen müssen.

und zu guter Letzt:

9. *Was müsste die Pflegebranche tun, um ihre Lobby bei der Politik mehr zur Geltung zu bringen (zu stärken/auszubauen)?*

Die Verantwortlichen im Pflegewesen müssen sich endlich zusammentun, was vor allem für Caritas, Diakonie und Arbeiterwohlfahrt gilt, um politischen Druck auszuüben. Ohne Krach und Streit können sie für die Mitarbeiterinnen und die Mitarbeiter und für die Kranken und pflegebedürftigen Menschen nicht viel erreichen. Sie müssen sich so organisieren, dass Krankenschwestern und Altenpflegerinnen und Pfleger auch auf die Straße gehen und streiken können. Die kirchlichen Träger müssen endlich ihre arbeitsrechtlichen Privilegien, die noch aus der Weimarer Zeit stammen, ablegen. Die Verantwortlichen für die Pflege dürfen sich nicht weiter von der Politik an der Nase herumführen und durch die Behauptung täuschen lassen, es gäbe kein Geld. Es gibt in Deutschland und in den Industrienationen genügend Geld, wenn man an die billionenfachen täglichen Umsätze der Devisenhändler, Spekulanten und Investmentbanker an den Börsen dieser Welt denkt, die bis heute keinen Cent Umsatzsteuer auf ihre Geschäfte bezahlen müssen, während alle anderen Menschen sich mit der Steuer auf jede Windel oder Kaffeemaschine an der Finanzierung des Allgemeinwohls beteiligen müssen. Es gibt auf der Erde Geld wie Heu, es fließt nur in die falsche Richtung.

Dr. Heiner Geißler war bis 1977 Minister für Soziales, Jugend, Gesundheit und Sport in Rheinland-Pfalz, bis 1985 Bundesminister für Jugend, Familie und Gesundheit und Generalsekretär der CDU bis 1989.

Interview Prof. Dr. jur. habil Thomas Klie

Interview geführt von Bjørn Kähler

1. *Halten Sie die derzeitigen Reformbemühungen der Bundesregierung für erfolgsverspre-chend? Ist hierfür die Umsetzung des neuen Pflegebedürftigkeitsbegriffs Ihrer Meinung nach der richtige und zukunftsweisende Ansatz?*

Wie in anderen Politikfeldern auch zeigt die Große Koalition Handlungsfähigkeit. Sie geht zügig, wenn auch eher symbolisch eine Pflegereform an. Wie bei der Mütterrente gibt es mehr Geld. Allein das zusätzlich zur Verfügung gestellte Geld entspricht eher einer Tarif-erhöhung denn einer Beitragssatzanhebung, die der Forderung „Mehr Geld ins System" wirklich Rechnung tragen würde. Die Große Koalition hat für die Legislaturperiode zwei Reformschritte in der Pflegeversicherung angekündigt. In einem zweiten Schritt soll der neue Pflegebedürftigkeitsbegriff eingeführt werden. Dieser wurde lange diskutiert. Es be-steht in Fachkreisen der Konsens, dass er zumindest besser ist als der alte. Wenn man allerdings die Erhöhung des Beitragssatzes im ersten Schritt limitiert hat, wird der zweite Schritt, der der Einführung eines neuen Pflegebedürftigkeitsbegriffes, nicht wirklich über-zeugend geraten können. Die Aussicht, Unterstützungsbedarfe in einem breiteren, Aspekte von Teilhabe einbeziehenden Sinne im Rahmen des Pflegebedürftigkeitsbegriffes anerken-nen zu wollen, setzt, wenn es keine Verlierer geben soll, mehr Geld für die Pflegeversi-cherung voraus. Das wird es aller Voraussicht nach nicht geben. Insofern darf man etwas skeptisch auf den zweiten Reformschritt schauen. Ich selbst halte einen neuen Pflegebe-dürftigkeitsbegriff keineswegs für den Schlüssel für eine nachhaltige Sicherung von Pflege und Sorge in der Gesellschaft und im sozialen und demografischen Wandel. Vielmehr be-steht die Gefahr, dass die Verbindung eines sozialrechtlichen Pflegebedürftigkeitsbegrif-fes, der zunächst die sehr nüchterne Funktion hat, Rechtsansprüche zu vermitteln und Geld zu verteilen, mit dem fachwissenschaftlichen Anliegen, im Konzept der Pflegebe-dürftigkeit ein wissenschaftlich begründetes Pflegeverständnis zu etablieren, miteinander konfligieren. Pflegebedürftigkeit ist und bleibt eine rechtliche und soziale Konstruktion. Der Pflegebedürftigkeitsbegriff wird seine stigmatisierende und statusfestschreibende

Bedeutung niemals verlieren. Insofern wäre es mir von vornherein lieber gewesen, wenn auf der einen Seite die Leistungen der Fachpflege präzise beschrieben und mit Rechtsansprüchen hinterlegt und ansonsten ICF-basiert der jeweilige pflegerische und weitere Unterstützungsbedarf von den subjektiv relevanten Teilhabebedarfen abgeleitet würde. Es gilt weiter: Pflegebedürftige Menschen sind zuvörderst Menschen mit Behinderung, die darin zu unterstützen sind, das, was für sie persönlich bedeutsam ist an Lebensthemen, an Teilhabe, an Gemeinschaft und Gesellschaft zu realisieren. Der Pflegebedürftigkeitsbegriff mag in der Lage sein, der Pflege im Sinne eines Fachberufes eine eigenständige Bedeutung zuzuweisen. Ob er für die auf Pflege angewiesenen Menschen segensreich ist, das darf bezweifelt werden.

2. *Was raten Sie der Politik – worauf sollte die Regierung besondere Aufmerksamkeit und Reformwillen richten? – In welche Richtung müssen wir aufbrechen?*

Die größte Pflegestelle der Nation ist immer noch die Familie, die auch im internationalen, west- und nordeuropäischen Vergleich in Deutschland Herausragendes leistet bzw. leisten muss. Zweitwichtigste Unterstützungsagentur für auf Pflege angewiesene Menschen sind die sozialen Nachbarschaften und Freunde: Sie werden kaum berücksichtigt. Sie sind aber entscheidend für die Frage, ob jemand weiter zuhause leben kann oder nicht. Weiterhin kommt es entscheidend darauf an, ob Menschen, die alltäglich der Unterstützung bedürfen, sei es in pflegerischer, in hauswirtschaftlicher oder sozialer Hinsicht, in einem Quartier, in einem Ort leben, in dem man sich gegenseitig soziale Aufmerksamkeit schenkt, in denen Nachbarn füreinander einstehen, in denen ein intelligenter Mix aus professionellen, anderen beruflichen, familiaren und freiwilligen Hilfen organisiert wird. Viele Beispiele zeigen, dass in einem gut ausgebauten Hilfesystem der von den meisten Menschen nicht gewünschte Aufenthalt in einem Heim vermieden werden kann. Die hierfür bedeutsame Kultur, Struktur und die gebotene Professionalität, sie ent- und besteht vor Ort. Darauf hat die Regierung in besonderer Weise Wert zu legen. Es sind die Orte, die Kommunen, die regionalen Zusammenhänge in den Blick zu nehmen und zu stärken. In der Koalitionsvereinbarung steht etwas von der Stärkung der Rollen der Kommunen. Hiermit muss ernst gemacht werden. Pflege und Sorge geschieht vor Ort: Nicht „in the space", nicht im Wettbewerb, sondern „on the place". Insofern sollte die Bundesregierung den Weg dafür frei machen, dass Kommunen, die über entsprechende Kompetenzen verfügen, die es sich zutrauen, sich als Caring Community auf den Weg machen und Aufgaben, die bislang den Pflegekassen übertragen sind, als eigene Aufgaben wahrnehmen können. Nicht alle Kommunen sind dazu in der Lage und willens, aber doch eine ganze Reihe. Wenn die Konzeption der Optionskommunen aus dem SGB II auf die Pflege übertragen würde, wäre das ein Meilenstein und das Signal: Es ist wirklich ein Aufbruch gefragt, der in Richtung Wertschätzung der Lebensorte, der Kommunen, der örtlichen Netzwerke und der örtlichen Governance geht.

3. *Warum kommt Ihrer Meinung nach die Politik nicht in Handlung?*

Das Thema Pflege ist von vielen gesellschaftlichen Ambivalenzen geprägt und wird von diesen begleitet. Wer will denn schon pflegebedürftig werden? Das Stigma *Pflegefall* nimmt Lebensmut und manche sprechen sich als „Pflegefall" die Würde ab. Sogar Prominente, wie ein Hans Küng oder Udo Reiter. Wir wollen einander nicht zur Last fallen. Wir mögen uns mit den vulnerablen Seiten unseres Lebens nicht auseinandersetzen. Insofern ist das Thema Pflege nicht wirklich „sexy", beschäftigt aber viele Menschen. Die „Sorge um die Sorge" ist in der Bevölkerung groß. Im Sorgenbarometer der Deutschen spielt das Thema Alter und Pflege eine herausragende Rolle. Es sind politisch dann eher die symbolischen Antworten, die gegeben werden: etwas mehr Geld in die Pflegeversicherung, ein symbolischer Vorsorgefond, der ökonomisch nichts bringt, aber die Politiker, die für die Jugend und den Generationskonflikt zu haben sind, befriedet. Die Rückübertragung von auf Bundesebene etablierten Aufgaben auf die kommunale Ebene ist überdies ein schwieriges Unterfangen. Man darf nicht unterschätzen: Es stehen erhebliche Interessen ökonomischer Art hinter der Pflege. Bei den Investoren, bei den großen Anbietern, aber letztlich auch bei den Kranken- und Pflegekassen. Es sind die Stakeholder, die die Pflegepolitik mitbestimmen. Die Medien wären gefragt und zivilgesellschaftliche Organisationen, sich des Themas anzunehmen, die Sorge der Bevölkerung zu spiegeln und daraus ein politisches Reformklima entstehen zu lassen.

4. *Wie bewerten Sie die aktuelle Situation der Pflege – an welcher Stelle ist die Pflege dauerhaft überfordert? Was sollte Ihrer Meinung nach Pflege im Kern leisten?*

Es gibt nicht die „Pflege". Daher spreche ich lieber zunächst von „Sorge", von der Verantwortungsübernahme, der anteilnehmenden und vorausschauenden, die wir als Bürgerinnen und Bürger, in Familien, Nachbarschaften und Freundschaften einander schenken. Es gibt die Verantwortungsübernahme in professionellen Kontexten: Pflege ist eine der Professionen, die ungemein bedeutsam sind. Es gibt aber auch die Hauswirtschaft und die Soziale Arbeit. Es gibt die Ärzte und die Therapeuten: Jeweils bringen sie wichtige Perspektiven ein, damit ein vergleichsweise gutes Leben unter den Bedingungen der Vulnerabilität gelingen kann. Wir projizieren zu viel auf die Pflege, die faktisch in ihren Orientierungen für die Vorgaben der Pflegeversicherung und der Autorität der Medizin determiniert ist. Insofern plädiere ich dafür, zwischen *Cure und Care*, wie es im angloamerikanischen Bereich üblich ist, zu unterscheiden. Bei *Cure* geht es um professionelle Intervention von Gesundheitsfachberufen, zu denen zweifelsohne die Pflegefachkräfte gehören. Ihre strukturelle Überforderung besteht darin, dass sie den professionellen Anforderungen, etwa hinsichtlich der Pflegeprozessplanung, der Aushandlung mit den auf Pflege angewiesenen Menschen und ihren Familien, zeitlich und fachlich nicht immer gewachsen sind. Überfordert sind auch viele Familien, die Pflegepersonen, wie wir es in Deutschland nennen: die Angehörigen, die die Verantwortung für die Begleitung ihres auf Pflege angewiesenen Angehörigen übernehmen. Es ist ein Skandal, dass pflegende Angehörige mit einer hohen Wahrscheinlichkeit in einer klinisch feststellbaren und diagnostizierten Depression landen. Die größten Leistungen, die größten Herausforderungen bestehen nicht in der Fachpflege, sondern in der Unterstützung und Begleitung durch und von pflegenden Angehörigen. Zu den Kernaufgaben der professionellen Pflege, die sich weiter zu profilieren hat, gehört die Steuerung des Pflegeprozesses, die Aushandlung mit den auf Pflege angewiesenen Menschen und ihren An- und Zugehörigen, die Koordination des Hilfe-Mixes, des Pflegearrangements. Diese Aufgaben haben schon Hilde Steppe und Elisabeth Beikirch vor Einführung der Pflegeversicherung als Kernaufgaben der professionellen Pflege identifiziert. Hieran hat sich nichts geändert. In diese Richtung hat sich die Fachpflege weiter zu profilieren. Leider wird sie verhängnisvollerweise dominiert durch sozialadministrative Vorgaben der Pflegekassen und der sogenannten gemeinsamen Selbstverwaltung, die fachlich problematische Qualitätsvorgaben an die ambulante und stationäre Pflege formuliert, die nicht nur viel Zeitressourcen, sondern vor allem Motivation und Identifikation mit den beruflichen Aufgaben gefährden. Das Beispiel Pflegedokumentation mag hier stellvertretend stehen für Fehlentwicklungen durch eine sozialadministrativ gesteuerte und zu wenig professionalisierte Pflege: Die Vorstellung, man müsse den Pflegeprozess lückenlos dokumentieren, verstößt nicht nur gegen das informationelle Selbstbestimmungsrecht der auf Pflege angewiesenen Menschen, sondern offenbart ein Kontrollbedürfnis, das den Kern der Pflege als Interaktionskunst, als vertrauensgeprägte Beziehung, als hermeneutischer Prozess und stete Aushandlung völlig verkennt. Nur weder die großen Träger und Pflegeeinrichtungen noch die Verbände der Pflegekräfte selbst sehen sich in der Lage, diesen sozialadministrativen, semiprofessionellen Übergriff auf die Pflege selbstbewusst entgegenzutreten. Da das Thema Langzeitpflege begleitet wird von gesellschaftlichen Ambivalenzen, die sich etwa in dem Buchtitel „Mutter, wann stirbst Du endlich?" ausdrücken, gibt es auch kaum gesellschaftlichen Protest und kaum gesellschaftliche Mobilisation gegen eine fachlich mehr als fragwürdige und kulturell schädliche, Stakeholder-dominierte Dokumentations- und Qualitätspraxis in der ambulanten und stationären Pflege.

5. *Bürgerbeteiligung und Ehrenamt, Mehrgenerationenwohnen und Wohngemeinschaften, etc. – glauben Sie, dass so die Pflege- und Betreuungslücken realistisch (und flächendeckend) aufgefangen werden können und damit letztlich auch der professionellen Pflege bei der Bewältigung der Aufgaben wirklich geholfen werden kann?*

Es ist eine Innovationskultur gefragt. Für sie steht Bürgerbeteiligung, stehen Wahlverwandtschaften, steht Mehrgenerationenwohnen. Die traditionelle Familie wird die Pflegeaufgaben der Zukunft (allein) nicht tragen können und sollen. Müsste sie dieses tun, wäre es auch unfair: im Generationen- und Geschlechterverhältnis. Wir brauchen neue Pflegearrangements. Es gibt unendlich viele gute Beispiele: Wohngruppen in geteilter Verantwortung, Quartierskonzepte, Care und Case Management, Hausgemeinschaften, Bürgergenossenschaften, die sich auch des Themas Sorge annehmen. Sie sind (noch nicht) flächendeckend zu haben. Sie sind aber resonanzfähig in der Breite der Bevölkerung. Hier bedarf es Investitionen in die Innovationsfähigkeit lokaler Gesellschaften, bedarf es der Innovation in das, was *Caring Communities, sorgende Gemeinschaft,* genannt wird. Dabei geht es nicht so sehr darum, der professionellen Pflege bei der Bewältigung ihrer Aufgaben zu helfen, sondern umgekehrt: Die Profis haben sich in den Dienst von Familien, von Bürgerinnen und Bürgern, von Projekten und Konzepten zu stellen, in welchen die Verantwortung geteilt und die Sorge um ein gutes Leben am Ende des Lebens als gemeinsame Aufgabe verstanden wird. Das, was heute noch Mittelschichtsphänomen ist, kann morgen in der Breite der Bevölkerung ankommen, wenn es weiterhin gute Beispiele einer ermöglichten Unterstützung durch den Staat, mit einer verantwortlichen und wohlwollenden Begleitung durch Professionelle in der Pflege gibt. Damit wären wir wieder bei den Kernaufgaben der Professionellen. Sie liegt nicht in der ganzheitlichen Pflege im Sinne des Tuns, sondern in der Verantwortungsübernahme für eine ganzheitliche Pflege in geteilter Verantwortung.

6. *Halten Sie in diesem Zusammenhang das Modell der Integrierten Versorgung noch für zukunftsweisend und auch umfassend umsetzbar? Welche Maßnahmen wären aus Ihrer Sicht für eine bessere Versorgung der Betroffenen im Zusammenspiel mit den Leistungserbringern erforderlich?*

Die Integrierte Versorgung gem. §§ 140 a FF SGB V wurde unter der Gesundheitsministerin Andrea Fischer zum politischen Programm erhoben. Seit 2008 fehlt es an der finanziellen und ökonomischen Unterstützung für integrierte Versorgungsmodelle, die, wie man am Beispiel des *Gesunden Kinzigtals* studieren kann, höchst erfolgreich sein können. Sie passen aber nicht wirklich zu einem System des Wettbewerbs der Kassen untereinander. Sie verlangen eine hohe regionale Intelligenz, für die es kaum Anreizstrukturen gibt. Insofern würde man sich wünschen, dass der Wettbewerb zwischen den Kassen auf seine Funktionalität gerade in der Langzeitpflege hin überprüft wird. Kann es sein, dass eine Kasse einen Wettbewerbsvorteil daraus sieht, dass sie weniger Ausgaben für die Versorgung chronisch Kranker als andere Kassen hat, letztlich eine Art Unterversorgung in Kauf nimmt, aber für die Jüngeren durch Beitragsrückzahlung attraktiv wird? Das ist keine verantwortliche Gesundheitspolitik. Populationsbezogene integrierte Versorgungsverträge machen Sinn, verlangen aber Public-Health-orientierte Gesundheitspolitik. Leider sind weder in Konkurrenz zueinander stehende Krankenkassen noch ein von Renditeerwartungen geprägtes Feld der Leistungserbringer an den Erfolgen einer Public-Health-orientierten Gesundheitsökonomie wirklich interessiert. Das ist ein Fall für die Politik. Als Vorstufe umfangreicher „reifer" integrierter Versorgungskonzepte ist ein abgestimmtes Care und Case Management System zu fordern. Hierfür gibt es von der gesetzgeberischen Seite gute Voraussetzungen: § 11 SGB V und §§ 7a, b SGB XI vermitteln Ansprüche auf Case-Management-basierte Beratung, Begleitung und Unterstützung. Leider werden auch diese im Kassenwettbewerb nicht wirklich gesundheitsökonomisch sinnvoll eingesetzt, sondern sind vielmehr eingebunden in Partikularinteressen der jeweiligen Akteure. Insofern wäre es ein großer Schritt, wenn eine wirkliche Unabhängigkeit von Care und Case Management garantiert werden könnte und diese Aufgaben in einem leistungsträgerübergreifenden Konzept und System verankert und wahrgenommen würden. So gibt es gerade für die Langzeitpflege ausgearbeitete Vorschläge, die einen wesentlichen Beitrag dazu leisten könnten, dass Elemente Integrierter Versorgung, dass problematische Schnittstellen zwischen Profession und Leistungsträgern mit ihren für die Betroffenen schädlichen Auswirkungen reduziert werden könnten.

Es kann empirisch gezeigt werden, dass Case Management die Versorgungssituation von auf Pflege angewiesenen Menschen deutlich verbessert und Familienangehörige und Familienpflegesituationen entlastet und stabilisiert. Es ist ein strukturelles Versagen der Pflegepolitik, dass nur ein kleiner Teil der Pflegekassen die Aufgaben des Case Managements, so wie im Gesetz vorgesehen, ortsnah, zugehend und mit entsprechender Fachlich-keit ausgestaltet realisieren. Das Care und Case Management gehört auf kommunale und regionale Ebene. Die Schlussfolgerung aus den Implementationsdefiziten der Pflegebera-tung zu ziehen, dies wäre Aufgabe einer überzeugenden Pflegepolitik. Es gibt eine Reihe von Ländern, die mit den Kassen vorbildliche Wege eingeschlagen haben und praktizieren: das Saarland, Rheinland-Pfalz, um einige Beispiele zu nennen. Es gibt auch eine Reihe von Kassen, die gute Arbeit leisten. Wenn sich aber nicht alle Kassen daran halten, dann gerät die Übertragung der Pflegeberatung an die Kassen unter Legitimationsdruck.

7. *Was sollte aus Ihrer Sicht an der gegenwärtigen Ausbildung der Pflege verändert werden,*
    um mehr Auszubildende für die Altenpflege zu gewinnen?

Es muss nicht unbedingt die Ausbildung der Pflege verändert werden. Hier sind viele en-gagierte Ausbildungsträger und Ausbilder unterwegs. Die jungen Menschen, die in die Al-tenpflege finden, die stammen nicht primär aus den Gewinnermilieus der Bundesrepublik Deutschland. Insofern bedürfen sie auch der besonderen Unterstützung und Begleitung – nicht immer, aber doch im Vergleich zu anderen Ausbildungsgängen häufiger. Eine gut begleitete Pflegeausbildung ist gerade in der Altenpflege gefragt. Es bewähren sich lokale Bündnisse und Allianzen, in denen sich Anbieter von Langzeitpflegediensten mit der Ar-beitsagentur, mit den Schulen, mit den Kommunen zusammentun und das Berufsfeld der Altenpflege als ein attraktives kommunizieren. Da helfen keine großflächigen Kampagnen mit attraktiven Gewinnertypen, die man sonst auch im Bankgewerbe finden würde. Hier ist eher eine diskrete Strategie der Kommunikation gefragt. Es gibt wunderbare Beispiele, an denen gerade über die Einbeziehung von Peergroups die Altenpflege regional attraktiv gemacht werden kann. Ganz wichtig erscheint dabei die Erkenntnis, dass junge Menschen nur oder vor allen Dingen dann in Berufen für Menschen landen, wenn sie frühzeitig in ihrer Familie, in ihrem Umfeld oder in ihrer Schule gute Erfahrungen in der Verantwor-tungsübernahme für andere Menschen sammeln konnten. Insofern sind früh die Grundla-gen dafür zu legen, dass Menschen sich interessieren, sich öffnen für Berufe für Menschen, zu denen auch die Altenpflege zählt.

8. *Wie könnte man Ihrer Meinung nach junge Menschen vom Berufsfeld der Gesundheits-*
    und Altenpflege begeistern und was muss geschehen, um den Pflegeberuf attraktiver zu
    machen?

Wir müssen das Feld der Langzeitpflege öffnen, davon sind wir überzeugt: Bitte keine Fo-kussierung der Pflege. Es geht auch um Hauswirtschaft, es geht um soziale Unterstützung, es geht um Teilhabe: Die Fokussierung und Fixierung auf die Pflege scheint mir nicht wei-terführend zu sein. Es lassen sich Menschen für Verantwortung begeistern, es lassen sich Menschen für die Solidarität und die Interaktion mit vulnerablen Menschen begeistern und gewinnen. Nur auf die Pflege zu schielen, und dies im derzeitigen System der Lang-zeitpflege wird nicht funktionieren. Selbstverständlich ist es sinnvoll und geboten, Pfle-geausbildungen auf der Seite der Ausbildungskosten attraktiv zu machen. Selbstverständ-lich ist es auch geboten, den Bereich der Langzeitpflege attraktiv zu kommunizieren. Noch wichtiger ist es aber, die Motivation von Menschen, Menschen in ihrer Lebensgestaltung, in der Überwindung von Lebenskrisen und sozialen Problemen, in der Sicherung ihre Teilhabe zu unterstützen, aufzugreifen. Insofern plädiere ich für ein breites Berufsgruppenkonzept zwischen Cure und Care mit vertikaler und horizontaler Durchlässigkeit, so wie es der deutsche Qualifikationsrahmen vorgibt und eigentlich allen Bildungsträgern zur Pflicht macht.

9. *Welche Rahmenbedingungen müssten noch verändert oder neu geschaffen und welche Maßnahmen müssten aus Ihrer Sicht (noch) durchgeführt werden, um einen langfristigen Berufsverbleib der Pflegefachkräfte zu erreichen?*

Der Verbleib von Altenpflegerinnen und Altenpflegern in ihrem Beruf ist überdurchschnittlich hoch. Mit 19 Jahren liegt er weit über dem Berufsverbleib von Physiotherapeuten. Die Zahlen, die in der Ambivalenz, die man der Langzeitpflege und dem Feld der Pflegebedürftigkeit gegenüber insgesamt pflegt, begründet liegen, stehen für eine kurze Verweildauer in dem Beruf. Sie berücksichtigen nicht hinreichend, dass es meist Frauen sind, die in den Beruf finden. Diese unterbrechen ihre Berufstätigkeit durch Kindererziehungszeiten. Es ist zentral eine Aufgabe der Arbeitgeber im Rahmen der Personalarbeit, das Arbeitsfeld – auch im Lebenslauf – attraktiv zu halten. Professionelle Personalarbeit im Sinne der Personalgewinnung, -bindung und -entwicklung sind gefragt. Gelingt dies, werden Mitarbeiter nicht verschlissen, nicht gedemütigt, nicht den verfehlten Qualitätsanforderungen der Kostenträger unterworfen, sondern gefördert, sowohl persönlich als auch fachlich, dann kann das Arbeitsfeld der Langzeitpflege zwischen Cure und Care ein hochinteressantes sein, das vielen Menschen offensteht, einen langen Verbleib verspricht und als eine gute Perspektive für die eigene Lebensführung und Berufskarriere eröffnet. Bitte keine weiteren Kampagnen, sondern überzeugende Personalarbeit und ein Ernstmachen mit dem Konzept des lebenslangen Lernens und der Durchlässigkeit der Bildungssysteme. Nicht alles ist Fachpflege, was in der Pflege benötigt wird. Wir brauchen auch Profis der Hauswirtschaft und Menschen, die haupt- oder nebenberuflich, ohne Profis zu sein, in der Assistenz für den auf Pflege angewiesenen Menschen ihre berufliche Erfüllung finden – sei es auch nur auf Zeit.

10. *Halten Sie das Älterwerden im Pflegeberuf für problematisch? Wenn ja, warum? Welche Rahmenbedingungen müssten nach Ihrer Einschätzung geschaffen werden, um ein gesundes Älterwerden im Pflegeberuf zu fördern und zu unterstützen?*

Auch Pflegekräfte werden älter. Wir wissen, etwa von den osteuropäischen Pflegekräften, dass dort gerade Ältere gefragt sind. Bei einem Besuch bei Vermittlungsagenturen in Österreich und in der Slowakei, die Pflegekräfte und Haushaltshilfen für Pflegebedürftige in Österreich und Deutschland vermitteln, wurde deutlich, dass sogar 70- und 80-jährige als Haushalts- und Pflegekräfte arbeiten und begehrt sind. Das ist nun *Benchmark* für die berufliche Pflege. Lebenserfahrung, Lebensalter können bei gutem betrieblichem Gesundheitsmanagement zu einer besonderen Eignung oder Kompetenz in der Begleitung von auf Pflege angewiesenen Menschen führen. Lebenszyklusorientierte Personalarbeit ist auch und gerade in der Pflege gefragt. Selbstverständlich darf man älteren Pflegekräften keine schweren körperlichen Arbeiten allein übertragen. Hier sind entweder technische

Hilfsmittel oder weitere Mitarbeiterinnen und Mitarbeiter gefragt. Aber an sich gibt es keine Altersgrenzen für die Pflege. Dafür ist das Aufgabenspektrum zu breit, die Interaktionskunst überhaupt nicht an das Alter gebunden, im Gegenteil gerade häufig im Alter in besonderer Weise entfaltet, wenn denn kein Zynismus, sondern Menschenfreundlichkeit die Grundhaltung der Pflegekräfte prägt. Es gibt wunderbare Beispiele exzellenter Personalarbeit in der Langzeitpflege. Sie sind aber mitnichten überall etabliert. Darum plädiere ich dafür, eine Art *Think Tank*, ein Kompetenzzentrum für exzellente Personalarbeit in der Langzeitpflege zu gründen und dies zusammen mit anderen Branchen und Unternehmen, die ebenfalls darum ringen, ältere Arbeitnehmer zu halten, zu qualifizieren, in ihren Kompetenzen zu stärken und ihnen auch als älteren Arbeitnehmern Bedeutung zu schenken. Das Demographie Netzwerk, das *ddn*, würde sich hierfür anbieten.

11. *Glauben Sie, dass der Zugang zu den Pflegeleistungen einem demokratischen Gleichheitsgrundsatz entspricht? Ist die Autonomie von Pflegebedürftigen, sich die Pflege zu nehmen, die man sich wünscht, gewährleistet? Wovon hängt dies ab und was müsste geschehen, um dies sicherzustellen? Wann haben wir oder worin liegt eine Pflegegerechtigkeit?*

Es ist eine Errungenschaft, dass wir eine Pflegeversicherung haben, die einkommensunabhängig Zugang zu Pflegeleistungen verschafft. Es ist wichtig, ein faires Konzept zu realisieren, dass unterschiedliche, aber gleichwertige Bedarfe in gleicher Weise gewürdigt werden: nicht nur somatische, sondern eben auch mentale und seelische Beeinträchtigungen und Teilhabebedarfe gilt es in gleicher Weise zu würdigen. Das ist bisher nicht hinreichend gewährleistet. Der neue Pflegebedürftigkeitsbegriff steht für dieses Anliegen. Es wäre darüber hinaus ein großer Schritt, Pflegebedürftige nicht primär als Pflegebedürftige, sondern als Menschen mit Behinderung mit individuellen Teilhabeansprüchen zu sehen. Die Behindertenrechtskommission ist das kulturell reifste Programm, demokratisch Zugang zur gesellschaftlichen Teilhabe zu eröffnen. Das Konzept der Pflegebedürftigkeit ist und bleibt latent diskriminierend, auch wenn es dankenswerterweise auf einem höheren Niveau der sozialen Sicherung in Deutschland angekommen ist als die Eingliederungshilfe. Ein neuer Pflegebedürftigkeitsbegriff könnte Randprobleme der Gerechtigkeit und Gleichheit aufgreifen, die aber durch im geltenden Pflegeversicherungsrecht schon reflektiert werden. Nochmals: Den großen Durchbruch schafft ein neuer Pflegebedürftigkeitsbegriff nicht.

Das Bild der Autonomie von Pflegebedürftigen ist ein kulturell anthropologisch durchaus anspruchsvolles. Es ist nicht mit Autarkie gleichzusetzen: Die Pflegebedürftigkeit ist gekennzeichnet durch die Verwiesenheit auf die Hilfe anderer Menschen, nicht durch Selbstbestimmung und die Fähigkeit, alles selbst zu gestalten. In einem anthropologisch reflektierten Sinne gehört zu einem Konzept der Autonomie die Akzeptanz von Abhängigkeit. Der rote Faden unseres Lebens muss auch Vorstellungen von einem Leben integrieren, in dem wir auf fremde Hilfe anderer existenziell verwiesen sind. Insofern kann es auch nicht allein darum gehen, sich in der Pflege zu nehmen, was man will und wünscht. Man ist immer verwiesen auf ein subsidiär angelegtes soziales Sicherungssystem, in dem Familie, in dem Freunde, in dem Menschen, die einem bedeutsam sind, die zentrale Rolle spielen. Insofern ist Vorsorge gefragt, vor allen Dingen im Sinne der sozialen Vorsorge. Pflegegerechtigkeit heißt vor allem, Lebenslagen zu reflektieren, soziale Ungleichheit in die Konzeption der Pflegesicherung aufzunehmen, unterschiedliche soziale Netzwerkkonstel-

15 Interview Prof. Dr. jur. habil Thomas Klie

213

lationen zu reflektieren und das wertzuschätzen, was dem jeweiligen Menschen am Ende seines Lebens, unter Bedingung der Verwiesenheit auf dauerhafte Hilfe anderer, besonders bedeutsam ist: als Lebensthemen, an Zugehörigkeit, als Aktivität. Insofern geht es um eine individuelle, bedarfsorientierte Gerechtigkeit. Pflegegerechtigkeit ist eine Gerechtigkeit, die die *Pflegebedürftigkeit* in unserer aller Lebensführung als Herausforderung, als Anlass zur Solidarität und zur Gestaltung von Verantwortungsbeziehung verankert und dies im Zusammenspiel mit professioneller Hilfe und staatlicher Unterstützung, die keine selbstreferenziellen Systeme produziert, sondern sich in den Dienst einer subsidiär angelegten, solidarischen Gesellschaft stellt.

12. Braucht es einen neuen Aufbruch Pflege? Brauchen wir auch wir eine Art gesellschaftliche Vereinbarung, wie wir mit Alter und Pflege zukünftig umgehen wollen?

Wir brauchen einen Aufbruch, allerdings nicht in der Pflege, sondern in einer Sorgekultur. International sprechen wir von der *Compassionate Community*, von der *sorgenden Gemeinschaft*, von *Caring Communities*, von *sorgenden Gemeinschaften*. Das Thema gehört in die Mitte der Gesellschaft, nicht delegiert an sozialstaatliche Akteure. Es kann gelingen, durch ein intelligentes und ein synergetisches Zusammenwirken von Zivilgesellschaft, von Professionellen, die für ihren Beruf und ihre Aufgabe eintreten, von Verantwortungsträgern im Sozialstaat wie der BGW, von verantwortlichen Akteuren in der Pflegeversicherung, dass wir Strukturen schaffen und eine Professionalität verankern, die Zuversicht stiftet, dass für mich gesorgt sein wird. So kann ein Beitrag dazu geleistet werden, dass Menschen nicht den Ausweg fordern, sich gegebenenfalls assistiert, das Leben nehmen zu lassen oder zu nehmen zu können. In einem intelligenten Mix aus professioneller, beruflicher, familiärer und freiwilliger Hilfe finden viele heute schon die Wertschätzung am Ende des Lebens, auch unter Bedingung von Demenz, die sie als vulnerable, als verletzliche Menschen für die Wahrung ihrer Würde brauchen. Es ist eine Kulturfrage, es ist die Wiederentdeckung einer Anthropologie, die im Glück des anderen auch das eigene erkennt. Junge Menschen in Kerala in Indien erzählten mir, warum sie zu den 70.000 Freiwilligen in Palliative Care gehören. Sie entdecken, durch die Begleitung von Sterbenden, von chronisch Kranken, was Leben heißt, worauf es im Leben ankommt, was das Geschenk des Lebens ausmacht. Hierauf haben wir uns zurückzubesinnen und uns zu verabschieden von einer einseitigen Ökonomisierung des Bereichs der Langzeitpflege.

Prof. Dr. Klie ist Rechtsanwalt, Mitglied der 6. und 7. Altenberichtskommission und Vorsitzender der 2. Engagementberichtskommission der Bundesregierung. Bis 2010 war Prof. Dr. Klie im Vorstand der Deutschen Gesellschaft für Gerontologie und Geriatrie

Interview mit Pflegepraktikerin Renate Neumüller

Interview geführt von Monika Isanovic, Thomas Behr

Es muss etwas Sinnstiftendes in der praktischen Arbeit der Pflege geben, wenn man bis ins hohe Alter noch in einem Pflegeheim in der Altenpflege arbeitet und arbeiten will! M. Isanovic ist Pflegedienstleiterin in einer großen Einrichtung der Diakonie Fürstenfeldbruck und sie führt ein Gespräch mit ihrer Mitarbeiterin Renate Neumüller, die mit 77 Jahren noch stundenweise in der Pflege arbeitet.

1. *Ich bin jetzt 42 Jahre und arbeite seit 22 Jahren in der Altenpflege. Mir war schon in der Jugend immer klar, dass ich Krankenschwester werden will. Sie sind jetzt 77 Jahre alt, seit wann sind Sie als Pflegekraft in der Altenhilfe tätig?*

Nach der 10. Klasse in den Jahren 1956 bis 1959 habe ich eine Ausbildung als Krankenschwester gemacht. In der damaligen DDR erwies sich dieser Wunsch als schwierig und es hat sich nicht ergeben. Ich hatte aber immer den Gedanken, etwas im pflegerischen Bereich zu machen. Ich bin seit 1978 ununterbrochen in der Alten- und Krankenpflege tätig.

2. *An meinem Beruf ist es für mich persönlich sehr schön, dass ich etwas für einen Menschen tun kann und ihm helfen kann und ich freue mich sehr oft über die persönliche Dankbarkeit der betreuten Menschen. Wenn ich z. B. aus dem Urlaub zurück komme, freuen sich unsere Bewohner und bei Bemerkungen wie z. B. „schön, dass Sie wieder da sind", merke ich, dass man den Menschen fehlt. Es gibt sehr viele persönliche Momente in diesem Beruf, die ich als sehr bereichernd empfinde. Was ist das Schöne und persönlich Bereichernde an Ihrer Arbeit?*

Ich habe großes Interesse für Leib und Seele des Menschen. Wenn Menschen Hilfe brauchen, ist das für mich die größte Motivation. Mein Wunsch ist die Betreuung der Psyche des Menschen. Ich betrachte dies als Beschäftigung und nicht als Arbeit.

3. *Die größte Veränderung der letzten Jahre zeigt sich für mich darin, dass man von der praktischen Pflege weggekommen ist, die Qualitätsanforderungen sind sehr gestiegen und mit der Einführung der Pflegeversicherung fehlt uns die Zeit für den einzelnen Menschen. Was hat sich aus Ihrer Sicht in den Jahren Ihrer Tätigkeit in der praktischen Pflege verändert?*

Das Positive in der praktischen Pflege sind die neuen Geräte und Hilfsmittel, die uns die Arbeit sehr erleichtern, z. B. die Spritzmethoden sind heute sehr viel einfacher.

Das Negative in der Pflege liegt darin, dass durch die Pflegeversicherung in Minuten abgerechnet wird. Man steht immer unter Zeitdruck. Früher war die Arbeit persönlicher, man hat entspannter gearbeitet und man hatte mehr Zeit. Man war ruhiger und wir haben die Beschäftigung mit dem Patienten untereinander geregelt. Es ist schwierig mit Dementen einen Zeitplan einzuhalten, man muss abwarten, bis der Einzelne bereit ist. Man hatte damals keine Zeitwerte.

4. *Nach meiner Meinung ist die Einführung der Expertenstandards absolut misslungen. Die Einführung dieser Standards hat uns eingeschränkt. Die Bewohner werden auf Skalen und Zahlen reduziert. Wir haben uns ab einem bestimmten Zeitpunkt nicht mehr getraut, fachliche Entscheidungen zu treffen. Welchen Einfluss haben fachliche Veränderungen wie z.B. die Einführung der Expertenstandards auf Ihre praktische Arbeit?*

Es hat für mich insoweit Einfluss, dass die Dokumentation erledigt werden muss. Ich finde es wichtig und richtig für den Bewohner, dass die Dokumentation durchgeführt wird. Nur ist mit Einführung der Standards die Dokumentation viel zu umfangreich geworden, es wird vieles zwei- oder dreifach dokumentiert. Die gesamte Dokumentation kostet sehr viel Zeit, die uns dann bei der Betreuung der Bewohner fehlt. Früher haben wir weniger dokumentiert, es war aber auch in Ordnung. Bei der praktischen Arbeit war es z. B. früher viel schwieriger, einen Dekubitus zu behandeln, was heute sehr viel einfacher ist.

5. *Es ist immer noch mein Traumberuf. Ich habe es keinen Tag bereit, mich für diesen Beruf entschieden zu haben. Es mach mir immer noch Spaß. Was macht es aus (Sinn?), dass Sie in ihrem Alter immer noch in der Pflege arbeiten?*

Ich arbeite gerne und es ist mein Beruf, den ich mir ausgesucht habe. Ich arbeite nur noch 4 Stunden und ich habe nicht mehr die große Verantwortung für z.B. eine gesamte Abteilung, sondern nur noch für den einzelnen Bewohner. Ich habe keinen langen Arbeitsweg und ich wohne im Grünen und komme entspannt zur Arbeit. Außerdem habe ich Zeit und arbeite ausgesprochen gerne. Ich bin gesund und körperlich fit und bin durch die Arbeit nicht belastet. Ich kann mir meinen Tag frei einteilen.

Frau Monika Isanovic ist Pflegedienstleitung im Diakonie Pflegeheim Haus Elisabeth in Puchheim. Frau Renate Neumüller ist als Fachkraft in der Aushilfe im Diakonie Pflegeheim Haus Elisabeth tätig.

Teil H

Fazit

Schlusswort des Herausgebers

Thomas Behr

In dem vorliegenden Werk sind die grundlegenden Themen, die die Altenpflege heute beschäftigen, umfassend dargestellt. Die damit zusammenhängenden Probleme und Problemlagen wurden von Experten differenziert erörtert und Lösungswege aufgezeigt. Die Frage bleibt: Aufbruch Altenpflege? Wohin? Die Merkmale einer krisenhaften Situation sind nicht zu verkennen und alle sind sich einig, dass es so nicht weiter gehen kann.

Ein sinnvoller Aufbruch kann den Charakter einer Rückbesinnung haben, einer Rückbesinnung und Rückführung allen Handelns auf das Wesentliche: die Sorge und Pflege für die der Betreuung und Pflege Bedürftigen. Nicht mehr die Systeme der Versorgung und ihre Ansprüche pflegen, sondern die betroffenen Menschen! Den Mitarbeitenden, die eben dies tagein, tagaus in ihrer praktischen Arbeit tun, mit gesellschaftlicher Wertschätzung und Respekt begegnen, sodass sie dies auch wahrnehmen können. Wir können ihnen vertrauen, sie sind mit vielen ehrenamtlich Tätigen die verlässliche Größe im System der Versorgung unserer alten Menschen. Aber sie benötigen in viel höherem Maße bessere Arbeitsbedingungen, Vergütungen, einfache Handlungs- und Qualitätsszenarien und vor allen Dingen gesundheitsfördernde Fürsorge. Dies wäre ein entscheidender Schritt.

Misstrauisch muss man bleiben, ob die systemische Drift, die man in der gesetzlichen Organisation und Planung des Leistungsbereiches und seiner praktischen Gestaltung in Form und Wirkung einer zunehmenden Ökonomisierung und Technokratie feststellen kann, aufzuhalten ist. Fraglich ist auch, ob sich eine sinnvolle Neugestaltung des Systems der Altenhilfe im Ganzen gegen die vielen Einzelinteressen durchsetzen lässt. Bedenklich wäre es, wenn das politische Handeln weiter den Eindruck einer defensiven und kurzfristig ausgelegten Kompensationskompensation machte.

Folgen wir abschließend der Betrachtung des Philosophen Peter Sloterdijk, so sitzen die betroffenen Bürger oftmals in der ersten Reihe, „wenn es gilt, dem überdehnten Staat bei der Selbstverwaltung seiner Ohnmacht zuzusehen." [1] Bezogen auf die moderne Zivilisation, als deren Teil man die Versorgung alter und pflegebedürftiger Menschen sehen muss, scheinen wir dazu verurteilt, „… das Schiff der modernen Zivilisation auf offener See umzubauen, ohne es je zur gründlichen Überholung in ein Dock bringen zu können. Wir nehmen Anzeichen wahr, daß das hektisch reparierte Schiff bei voller Fahrt sich von selbst in seine Bestandteile zerlegt." [1]

Es ist sehr zu wünschen, dass das Schiff der Altenpflege in Ruhe ein Dock erreichen kann, um von Grund auf überholt zu werden. Die Pflegebedürftigen verdienen es genauso wie die Pflegenden.

17.1 Literatur

[1]   Sloterdijk, P.: Die schrecklichen Kinder der Neuzeit. Suhrkamp-Verlag, Frankfurt am Main 2014